Maintenant l'Afrique

Enjeux prophétiques
et historiographiques
du réveil africain

Serge Mboungou

Maintenant l'Afrique

Enjeux prophétiques et historiographiques du réveil africain

L'Harmattan
Congo-Brazzaville

5-7, rue de l'Ecole-Polytechnique, 75005 Paris

http://www.harmattan.fr
diffusion.harmattan@wanadoo.fr

ISBN : 978-2-343-09969-9
EAN : 9782343099699

Remerciements

Mes pensées vont naturellement vers deux hommes. Il s'agit de mes encadreurs, les Dr. Mamy R. et Laurent G. Loubassou, tous deux, spécialistes en Ancien Testament. La réalisation de ce livre en certains endroits très technique a nécessité un apport en ouvrages et un encadrement que j'ai pu trouver quand cela dépendait d'eux.

Je m'en voudrais si je devrais me soustraire du devoir de dire merci au professeur Théophile Obénga qui n'a pas hésité à nous autoriser l'exploitation des textes tirés de ses œuvres. Merci aussi pour les encouragements que nous avons pu trouver à l'ombre de ce Baobab.

Je voudrais enfin remercier tous mes compagnons de route dans cette longue marche sur le sentier du renouveau africain. Il s'agit de : Ngampio Kévin Damas, Alexis Bongo, Jean Ngandou-Kéndé, Caprucine Timo, Samuel Sandza, Emmanuel Makoungui, Tela Kinanga, Yvon E. Louhouamou, Jeannette Mikouisa, Marius Mayéngué, Patrick Mizidy, Armel Moukouamou, Yvorette Malonga, Manda Chary, Fortuné F. Sérieux B. D. Ibelmba, Brel Ibouanga, sans oublier nos amis de la fondation Cheikh Antan Diop.

Avant-propos

Nostradamus (1503-1556) fut assurément le prophète le plus illustre et le plus consulté de son époque et même, des temps qui l'ont suivi, en Europe d'après Jean Pange.[1] À sa mort, il laissa 12 centuries en groupe de cent quatrains qui contiendraient la révélation du destin de l'humanité. Mais s'étant penchée sur ces déclarations du reste énigmatiques, l'interprétation de ses prophéties ne fit pas l'unanimité. Néanmoins, ces prophéties sur la fin du XXe siècle ont donné lieu à une concordance de vue. Ainsi, suite à ses révélations, il est apparu que la fin du XXe siècle devait, se caractériser par une paix universelle après une série de catastrophes. En nous penchant sur les prophéties de la Bible, nous ne ferons donc que perpétuer une tradition ancienne.

Le livre de Daniel rapporte un épisode relatif à un songe fait par le roi Nebucadnetsar. Dans ce songe prémonitoire que la cour occulte du roi sera incapable d'interpréter, c'est l'histoire de l'humanité qui est décrite. Le roi fait un songe où il voit une statue dont la tête était d'or pur, la poitrine et les bras d'argent, son ventre et ses cuisses étaient d'airain, ses jambes de fer ; ses pieds, en partie de fer et en partie d'argile. Il s'agissait en réalité des différents empires universels de la terre. Le filigrane de l'histoire du monde moderne devrait donc y figurer. C'est tout l'intérêt de la prophétie dans le contexte actuel. Mais, la consultation des médiums est une pratique bien courante en Afrique depuis des temps immémoriaux.

1 Jean Pange, *Les européens*, Table ronde, mai 1947, p. 52.

Lorsqu'une maladie ou un décès défie toutes les sciences de la santé, les Africains ont recours aux services d'un devin pour en déterminer le sort. C'est dans ces conditions que nous sommes amenés à nous interroger sur le curieux sort de l'Afrique. Berceau de l'humanité après moult confrontations épistémologiques, certains égyptologues occidentaux lui réfutent pourtant l'honneur d'être le berceau de la civilisation des pharaons. Ce débat demeure d'un enjeu majeur et justifie tout le combat mené de haute main par le professeur Cheikh Anta Diop et tous ses équipiers. En effet, selon que l'on reconnaitra ou non à l'Afrique l'antériorité nègre de la civilisation égyptienne, cela sera déterminant quant au sort final de l'Afrique noire, ainsi que du devenir de l'humanité tout entière. Soit l'Afrique se relève et relance la marche du monde, soit elle demeure effondrée et finit par disparaître.

De même que les Africains parcourent des kilomètres à la recherche du sorcier le plus émérite du village pour avoir des révélations sur un sort advenu au sein de la famille, de même, à la recherche des révélations sur le sort de l'Afrique, Dakar (avec Cheikh Anta Diop), Addis-Abeba (avec la reine du Midi), Jérusalem (avec le prophète Esaïe) et le Kongo (avec Simon Kimbangu), seront autant de repères dans notre odyssée pour le souvenir. D'après Esaïe, les héritiers des pharaons règneront de nouveau au firmament des civilisations avant la fin des temps. En plaçant la révélation au cœur de la trame du relèvement africain, le prophète Esaïe situe les enjeux du réveil africain qui, loin d'être une question d'ordre infrastructurel comme on a tendance à le croire, est avant tout un problème d'ordre spirituel, c'est-à-dire d'ordre élitiste ou épistémologique (l'Égyptologie), initiatique ou mystique (la Prophétie) et donc métaphysique. Un adage chinois stipule : « Les feuilles qui tombent reviennent aux racines ». L'homme noir est simplement tombé telle une feuille morte. C'est donc avec à-propos que Senghor situe la question nègre au niveau de la racine.

Pour Senghor, ce chantre de la Négritude, l'Afrique déracinée est malade d'amnésie sur la trame de son histoire. La crise amnésique de l'homme noir est telle que l'Africain, pris d'étourderie du fait de divers chocs historiques, ne sait plus d'où il vient ni où il va. Car, il ne sait simplement pas ce qu'il est. L'homme africain vit de cultures d'emprunt, réduit qu'il est au sort de la gardienne de la culture des autres. La reconstitution de la toile existentielle de l'homme noir devrait, dès lors, s'inscrire dans les priorités du développement d'un continent qui ne sait plus se souvenir. L'homme africain est malade à la racine. Le ré enracinement prôné par Senghor se présente donc comme la voie de salut par excellence. Il s'avère que tout ce qui touche à la racine relève de la métaphysique nous dira Descartes. Plongeant les méninges dans la métaphysique chrétienne et égyptienne, nous trouvons dans la Bible et dans la Pyramide, des schémas tout tracés sur le sentier du relèvement nègre. D'aucuns nous reprocheront de vouloir corriger une aliénation par une autre aliénation. Car, la Bible est un instrument qui a longtemps servi la cause de l'impérialisme occidental d'une part, et juif de l'autre. Certes ! Mais c'est en lisant ce livre particulier que nous découvrirons « le voleur et l'objet volé » nous dira le sage africain Simon Kimbangu.

En réalité, l'Occident n'a jamais été à la base d'une religion de portée universelle. « La religion chrétienne est d'essence afro-orientale », soutient la princesse Akini.[2] « Les Africains ont été des chrétiens longtemps avant les Européens »[3]. reconnaitra sobrement J. Paul II, le Pape le

2 Akini, in *Journal new Africa* no 5 novembre-décembre, 2008, p.12.
3 Jean Paul II, in *Journal New Africa,* Ibid, p. 7.

plus africain de l'histoire. D'ailleurs, les substrats de la religion juive à savoir : la Nation (le peuple) ; le prophète (Moïse) et la loi (le décalogue) sont d'essence géo africaine. Les quelques dizaines de juifs, qui parvinrent en Égypte à la suite des fils de Jacob, étaient en effet, loin de constituer une communauté nationale comme telle. C'était plutôt une structure tribale minée d'antagonisme. C'est là, en Égypte, unis par le sort, que les fils d'Abraham vont se développer et devenir une nation à part entière. De même, Moïse, leur prophète, va naître ici en terre africaine, élevé dans toute la sagesse des pharaons, d'une mère juive et d'un père dont on ignore tout sur son identité, soit dit en passant, si ce n'est le fait que celui-ci était un homme de la maison de Lévi. Du moins, si l'on s'en tient au récit relatif à la naissance de Moïse.[4] Il en sera d'ailleurs de même de sa mère. Alors, certains se demandent comment l'anthropologie juive d'ordinaire si tatillonne sur le patronyme, a-t-elle pu laisser échapper un détail si important, lorsque l'on réalise l'importance du personnage, surtout que le livre d'Exode qui entretient ce flou généalogique, est attribué à Moïse lui-même.

Moïse, auteur des plus anciennes généalogies sur l'histoire d'Israël, sinon de l'humanité tout entière, aurait-il oublié le nom de son propre père, ou faut-il comprendre cela, tout au plus comme un effet de style ? Mais, il est vrai, ce vide est comblé plus loin dans le récit, dans la partie réservée à la généalogie.[5]Ici, Amram et Jékobed sont présentés comme les parents biologiques de Moïse.

---

4 Exode 2:1 : Ce texte est celui qui relate la généalogie de Moïse. Celui-ci était censé fournir les amples informations sur le personnage de Moïse et sa parenté. Ce sont d'autres textes, plus loin qui se chargeront de le faire des années plus tard.
5Exode 6 :20.

Il est certain que cela ne change rien à l'histoire de cette icône inégalée du parcours du peuple juif. Mais, il est des chercheurs, à l'exemple de Diabangouaya Nzinga Mayala, qui y voient une volonté délibérée de dissimulation des milieux rabbiniques sur les vraies origines de Moïse. Car, d'après ceux-ci, l'on cacherait de la sorte une origine métisse à Moïse. Ce qui lui aurait permis de passer incognito pour le fils du pharaon et de s'attirer par ailleurs la faveur d'un certain Jétrho, homme Madianite, qui lui fit la gentillesse de lui donner sa fille Séphora comme épouse. Ne s'est-on jamais demandé, disent ces critiques, pourquoi Moïse fut identifié par les filles mêmes de ce Jértho, comme un égyptien plutôt que comme un juif ? Nous n'en irons pas jusque-là. Mais, ce ne serait pas pour la première fois si manipulation il y a eu, qu'il y aurait des manipulations autour de la personne de Moïse.

Glaeson Archer, un des plus grands érudits de l'Ancien Testament, évoque dans son ouvrage de référence intitulé : Introduction à l'Ancien Testament[6], comment pour préserver la dignité de Moïse, un fils est attribué à Manassé, en ajoutant savamment la lettre noune, c'est-à-dire la lettre (n) dans la composante hébraïque du nom Moïse ; de sorte qu'on a pu obtenir Manassé au lieu de Moïse, selon la version actuelle de Juges.18 : 30. A-t-on besoin d'aller si loin pour montrer le rapprochement entre le peuple juif et le peuple africain ?

Sur le plan anthropologique par exemple, ne s'est-on jamais demandé comment la circoncision, pratique juive par définition, s'est-elle retrouvée au cœur des rites anthropologiques africains, sachant que cette pratique est étrangère à l'anthropologie occidentale, si ce n'est par une

---

6 Gleason L. Archer, *Introduction à l'Ancien Testament*, Editions Emmaüs, Saint-Léger (Suissse), 1978.

interculturalité mettant en évidence la sociologie juive d'un côté et africaine de l'autre ?

Sur le plan linguistique de même, des rapprochements dialectaux foisonnent. Notamment entre la langue kongo et l'hébreu. À titre d'exemple, en kikongo, la cité se dit, di yelu ou yelu. La paix se dit nguemba ou salemi. Yelu dia salemi est devenu yelusalemi puis Jérusalem. Assemblée enkikongo se dit, dikahala. En hébreu on dira kahal. Enfants se dit bana en kikongo, en hébreu cela se dit ben. Enfin, on notera pour arrêter cette longue évocation qu'en kikongo sur la tête se dit gogota, pour donner en hébreu golgota pour dire, sur le crâne. On aurait pu parler de vueza, pour véza en hébreu (qui veut dire mépriser), de meza (table) ou de kuela pour kula en langue hébraïque (voulant dire se marier).[7]Mais, ce n'était, là encore, qu'une parenthèse !

Au sujet de la loi, il faut dire que le papyrus ne sera pas le moindre des supports sur lesquels la Parole sainte sera incrustée : le papyrus d'Alep par exemple, est un des précieux supports de l'histoire de la transmission des Saintes Écritures. C'est encore en Égypte, à Alexandrie que la toute première Bible sera éditée : la septante. Par ailleurs, nous savons désormais que les toutes premières traductions de la Bible en latin, latina vetuste qui serviront de base aux concepteurs européens de la première Bible latine appelée la Vulgate, sont aussi géoafricaines. Sans parler du Codex du Caire, 850 apr. J.-C., les attaches consanguines ou simplement historiques entre le peuple juif et les peuples d'Afrique, que ceux-ci s'appellent Égyptiens, Nubiens ou Éthiopiens, sont si étroites et directes que l'un et l'autre peuvent trouver à se ressourcer dans leur histoire

7 Diabangouya Nzinga Mayala, *N'silulu Repères Noirs*, Editions. Caarec, Bénin, p. 68.

réciproque ou commune. Les eaux communes entre les deux peuples ont dû aussi motiver notre descente vers Jérusalem dans une démarche de reconstitution de la mémoire nègre.

Un autre facteur de notre motivation, c'est qu'on ne saurait être plus royaliste que le roi. Autrefois en effet, vivait en Afrique une reine établie en Éthiopie. Dépositaire de toute la sagesse nègre que l'on puisse imaginer, celle-ci eut quelques énigmes. Elle alla alors à Jérusalem, aux pieds d'un roi juif fort réputé pour sa sagesse : il s'agit de Salomon. Aux pieds de Salomon, la reine du Midi finit par avoir la lumière sur l'ombre de toutes ses énigmes. Pourquoi donc se priver d'avoir recours à la même source de sagesse aussi vraie que l'Afrique demeure une énigme à ce jour ! Nous en voulons pour preuve, le fait que la population la plus misérable du monde soit établie sur la terre la plus riche au monde ! Que le berceau de l'humanité soit devenu une tanière de renards, au point que les fils d'Afrique aspirent instamment à voir naître leurs progénitures sur des terres de refuge, n'est-ce pas là une autre énigme ? Voilà le chemin de Jérusalem tout justifié pour l'homme africain. Car, il y a là-bas aujourd'hui, plus sage que Salomon !

La loi du commencement est la loi de la fin, dit-on. Si l'Afrique a été le berceau de l'humanité, il est tout normal, face à la menace qui pèse de nos jours, sur notre survie collective, que l'homme recherche en Afrique de nouvelles sources d'énergie, et de nouvelles sources d'inspiration. En tout cas, le continent noir s'avérera d'un recours incontournable à cet égard. Le chaos qui caractérise notre monde aujourd'hui est d'une ampleur telle que, quelle qu'en soit l'issue, notre monde misérable présentera un autre visage en ce troisième millénaire. Le millénaire de l'esprit si l'on devait s'en tenir à une assertion attribuée à André Malraux disant : « Le 21e siècle sera religieux ou il ne sera pas. ». Cette assertion faite dans un contexte où, plus que jamais, les prouesses de la science avaient permis à l'homme de domestiquer pratiquement la nature était, pourrait-on dire, pour le moins, surprenante.

En effet, après avoir « domestiqué » la nature comme l'homme le prétend, celui-ci ne devait-il pas, naturellement se lancer à la conquête d'autres planètes, pour un contrôle total de l'univers ? Une telle déclaration, en plein bouillonnement de la science, était, non seulement à contre-courant de l'histoire, mais, en plus, de nature à classer un Malraux déjà politologue et homme de culture, à séjourner dans le panthéon des prophètes. Tant il est vrai que cette déclaration était non seulement une prophétie, mais que cette prophétie tend à se réaliser aujourd'hui. L'homme, l'outil de la science à la main, se découvre ravageur de l'équilibre plantaire et social. Loin d'être le prolongement de la main que définissait F. Engels dans son ouvrage de référence *Dialectique de la Nature*, la science est devenue l'outil de la destruction de l'homme. La science produit les armes de destruction massive des hommes ; la science produit les déchets toxiques ; elle produit les gaz à effet de serre destructeurs de notre ozone protecteur ; elle produit le chômage du fait de son machinisme outré ; elle...

Il n'est pourtant pas question de supprimer la science. Néanmoins, sa spiritualisation s'impose comme une condition sine qua non du devenir de l'homme dans un monde en perdition. Une manière de réhabiliter François Rabelais lorsque celui-ci disait : « science sans conscience n'est que ruine de l'âme ». La conscience qui est une notion abstraite porte cependant sur deux volets essentiels. Il s'agit du volet intellectuel d'une part, et du volet spirituel ou religieux de l'autre. Soutenir que le 21e siècle sera spirituel revient donc à dire que le débat intellectuel et religieux fera un retour en force au cœur même du discours politique et social. Car, si la science par ses avancées nous a imposé les contours d'un village planétaire, la cohésion sociale dans un tel contexte sera l'aboutissement d'un processus de dialogue et de compromis entre cultures. Le choc de civilisations qui prévaut dans le monde de nos jours, dénote d'une absence d'un cadre de dialogue entre différentes civilisations. L'Afrique dont le sens du dialogue fait partie des traits distinctifs, à travers la légendaire notion de l'arbre à palabres, aura donc une voix prépondérante dans ce rendez-vous du « donner et du recevoir » dont rêvait déjà Senghor.

Au surplus, le religieux qui s'invite dans le débat politique manifestera d'une manière évidente l'homme africain comme un acteur de premier plan. L'Africain est religieux par définition. Partant de l'assertion de Malraux, il est clair que le réveil de l'Afrique est une évidence prophétique. Si le monde doit écouter l'Afrique sur le double plan intellectuel et religieux, le continent noir doit cependant avoir un discours éminemment structuré sur ces deux plans. Il s'avère que l'Afrique n'a ni la maîtrise de la lettre, ni la maîtrise de l'esprit relatif au discours de son propre relèvement déjà, avant de se tourner vers les peuples du monde entier. Comment pourrait-il en être autrement, aussi vrai que, suite à différents traumatismes historiques qui émaillent son parcours tant esquinté, le continent noir demeure trouble dans sa mémoire ! Voilà ce qui justifie la tenue des assises à partir desquelles, l'homme africain se redéfinira par rapport à l'histoire : c'est la conférence pour la proclamation du Jubilé de l'Afrique.

Introduction

Au moment où les Africains attendent des solutions concrètes sur des questions aussi lancinantes que celles de l'alimentation, celle liée à la santé publique ou celle du chômage des jeunes, cela peut paraître curieux, voire dilatoire, d'envisager le relèvement du peuple africain par le canal de la recherche prophétique et historiographique. Mais, si tant est que le problème de l'homme du troisième millénaire soit moins d'ordre matériel que d'ordre spirituel, nous devons explorer toutes les voies qui mènent à cette fin, pour des solutions idoines.

En effet, jamais la science n'avait atteint des standards aussi élevés. Le passage de l'analogie au numérique a ouvert à des opportunités inouïes dans tous les domaines de la recherche et matière de savoir. Mais, il se dégage l'impression que plus la science se perfectionne, plus celle-ci est incapable de résoudre les questions brûlantes de l'homme. Réchauffement climatique, insécurité, chômage ou famine. L'ironie du sort est tel que, censée apporter des réponses aux problèmes existentiels, elle fait elle-même partie du problème. La science détruit l'Ozone si vital pour la survie de la planète ; la science détruit la vie par la production du nucléaire par exemple, et la robotisation de la production engendre le chômage, alors que les Organismes génétiquement modifiés développent de réels problèmes de santé chez l'homme...

Voici, « la terre est dans le deuil épuisée. Le monde épuisé dépérit ; ils dépérissent, les gens haut placés de la terre. La terre a été profanée par ses habitants ; car ils enfreignaient, les lois altéraient les prescriptions. Ils rompaient l'alliance éternelle. C'est pourquoi la malédiction dévore la terre et ses habitants en portent la culpabilité »[8].

« La terre se fissure, la terre craque, la terre est secouée, titube comme titube l'ivrogne. Elle vacille comme une cabane ; son crime pèse sur elle.

Elle tombe et ne se relève plus. En ce jour-là l'Éternel châtiera là-haut, l'armée d'en haut et sur la terre les rois de la terre. On les ramassera (comme) une masse de détenus dans une fosse... »[9]Telle est la somme des consultations que nous tenons du grand médecin des âges que nous avons consulté sur l'état du monde. La science détruit la nature et précarise la vie de l'homme. Devant l'impuissance des puissants, l'homme, pris d'angoisse s'interroge : où va le monde ?

En réalité, « toute la création attend avec un ardent désir la révélation des fils de Dieu »,[10] la science de l'homme étant devenue elle-même un problème. Il y a donc lieu de spiritualiser la science. Comme l'avertissait déjà au XVe siècle, François Rabelais. Au regard des défis planétaires à relever, le monde rassemble ses forces. Le contexte de globalisation qui prévaut dans le monde s'explique donc de manière scientifique. Mais, en réalité, le rassemblement est un comportement typique du troisième jour, selon la littérature biblique. Dans le livre de la Genèse qui explique l'origine de toute chose, nous lisons :

8 Esaïe24:4-6.
9 Esaïe24:19-20.
10 Romains 8:19.

« Dieu dit : que les eaux qui sont au-dessous du ciel **se rassemblent** en un seul lieu, et que le sec paraisse. Et cela fut ainsi. »[11]

Dieu appela le sec terre, et il appela l'amas des eaux mer. Dieu vit que c'était bon. Puis Dieu dit : que la terre produise de la verdure, de l'herbe portant de la semence, des arbres fruitiers donnant du fruit selon leur espèce et ayant en eux semence sur la terre (...)

Ainsi il eut un soir, et un matin : ce fut le troisième jour. Nous sommes particulièrement intéressés par le comportement du troisième jour parce qu'il est censé refléter notre siècle. Car d'après les Écritures, un jour pour Dieu est comme mille ans sous les yeux de l'homme. (1p.3 : 8.) Et mille ans un jour devant Dieu. Sur cette hypothèse, le troisième millénaire selon l'homme correspond au troisième jour de Dieu. Or, à la différence des deux premiers jours de la création où le créateur s'emploie plutôt **à séparer** (séparer la lumière d'avec les ténèbres ; séparer les eaux d'en haut d'avec les eaux d'en bas), au troisième jour, le créateur rassemble. Il **rassemble** les eaux d'en bas. Le rassemblement est donc un trait distinctif du troisième jour. L'élan de globalisation qui caractérise le monde aujourd'hui, peut ainsi, trouver sa justification.

De même, le créateur confirme le principe de la dynamique de l'évolution sur une base bipolaire **: la mer** d'une part et **le sec** de l'autre. Que devaient donc préfigurer pour notre siècle ces deux éléments fondateurs du troisième jour, si ce ne sont les deux forces qui devraient propulser la marche de l'histoire de nos jours à savoir : le groupe arabo-islamique d'une part, et d'autre part, le bloc judéo-chrétien. Quelque rébarbatives que paraissent ces considé-

---

11 Romains 1:19.

rations, celles-ci n'annoncent pas moins une réalité nouvelle dans le monde. En effet, les peuples sont comme des fuseaux horaires sur la grille des temps historiques. Un temps vient ou tel peuple domine l'arène des civilisations avant de devoir décliner comme une étoile qui s'écrase au bout de son cycle de vie. Puis, viendra un autre temps où, telle autre civilisation rayonnante, dominera à son tour de toute sa grandeur, dans le firmament de l'histoire des peuples. Tout se passe comme pour les heures d'une horloge. Chaque heure connait son zénith, puis son crépuscule. L'heure est donc venue où l'Afrique va devoir prendre l'avant-garde de la marche des peuples. Tel est le message fondamental de notre propos.

Le fait est que le continent noir dort encore, alors même qu'elle doit carillonner le réveil des peuples pour un autre rendez-vous du donner et du recevoir. Les acteurs de la génération montante devraient à cet égard se sentir investis d'une mission. Celle de relever le défi d'un continent malmené par les cascades intraitables de l'histoire depuis la nuit des temps. Pour défi, c'en est en effet un, au regard de la distance prise par les autres peuples, même parmi certains alliés de Bandung.

Entre 1978 et 2004, la progression du PIB de la Chine et de l'Inde par exemple, est respectivement de 9,7 et de 6,5 % ; celle de la croissance de l'industrie de 11 et de 6,7 % ; et enfin celle de la croissance de la production par habitant, de 8,50 et de 4,60 %, respectivement[12].Réalisez à présent que la Chine, selon les prévisions du FMI, incarnera la première économie mondiale à partir de 2016. Qui l'aurait cru, lorsque l'on sait qu'il y a 60 ans, nous étions tous, Africains et Asiatiques, logés à la même enseigne ! Nous avons parlé de génération montante. Mais lorsqu'une

12 Source : Banque Mondiale.

génération a justement conscience de sa responsabilité disait Franz Fanon, deux attitudes s'imposent à elle : soit elle l'assume et s'exécute comme un certain Gédéon dont parle la Bible, soit elle démissionne et accepte de subir le cinglant jugement de l'histoire. C'est plutôt assumer son destin que d'avoir l'audace jusqu'à dire : maintenant l'Afrique ! Mais cela ne suffit pas de le dire. Il faut encore réveiller les héros.

Réveiller les héros, tel est l'objectif principal de notre démarche qui consistera pour l'essentiel, en une véritable plongée dans les arcanes de l'histoire par la double méthode de l'investigation dialectique, sur le plan prophétique et historiographique. De manière concrète, notre méthodologie consistera à rechercher par ce double procédé, le peuple promis à prendre l'avant-garde de la marche des peuples en ce siècle, comme c'est le cas dans chaque époque. D'entrée de jeu, nous poserons à travers la confrontation arabo-islamique d'une part, et le bloc judéo-chrétien de l'autre, les fondamentaux de la nouvelle configuration sociétale, avant de s'attarder sur les enjeux du réveil africain comme tels. Autour du temporel et de l'intemporel, nous allons nous atteler à montrer comment de fil en aiguille, l'histoire de l'Afrique noire est rattachée à celle de l'Égypte antique, avant un survol des paramètres géostratégiques qui prédisposent l'Afrique à s'affirmer dans le concert des nations aujourd'hui. Nous terminerons notre démarche par un appel solennel à la convocation de l'élite africaine pour une sorte de contre conférence de Berlin, le lieu où le sort actuel de l'Afrique fut décidé, en 1885, soit exactement deux siècles après la promulgation du code noir par Louis XIV (1685). C'est seulement alors qu'interviendra la conclusion.

N'aurait-on pas à se demander pourquoi le rapport entre les deux blocs de civilisation sus mentionnés est si utile pour l'Afrique pour que nous puissions nous y attarder ?

Il faut remarquer que si la mer est le premier élément de la dynamique du troisième jour, le sec commencera en premier à produire ses semences. Pourquoi ?

En quoi est-ce que ce discours sur les origines de la terre intéresse-t-il l'Afrique ?

Si le réveil de l'Afrique est une évidence historique comme nous croyons le soutenir, il reste que les différentes étapes du processus sont clairement définies. Quelles sont alors ces étapes ? Une question à laquelle nous répondrons point par point, étape par étape.

Une jeunesse en ébullition manifeste de plus en plus son impatience au regard du mal-être africain. Mais cette génération est-elle prête à assumer les grands défis de notre continent aujourd'hui ? Et à côté de la jeunesse, quel devait être le rôle de la femme dans le contexte social actuel sur notre continent ?

Peut-on parler de l'implication de l'intemporel dans le processus du relèvement de l'Afrique sans l'implication des chrétiens ?

Telle se trouve constituée, la toile de notre problématique avant d'en saisir bientôt la portée véritable.

Chapitre I
Le troisième jour : la guerre des religions ? L'islam en mouvement !

« Ce que l'on remarque tout de suite dans l'Islam, c'est l'absolue soumission à la prière quotidienne, appelée salah en Arabe, et Namaz en Turc ou en Persan ».[13]Ce n'est pas Mahomet qui parle. Cette mention si élogieuse soit-elle à l'égard de l'Islam, est du Dalaï-lama, le moine tibétain.

Un survol de la religion musulmane nous amènerait à dire que c'est en 622, lorsque sous la dictée d'un ange, Mahomet qui mène une vie de mystique, écrit le Coran, d'après le récit officiel. Il commencera par communiquer sa vision à son entourage le plus immédiat. En cela, il bénéficiera du soutien de son épouse Adjijha et son oncle. Mahomet mènera une lutte féroce contre le culte idolâtre alors pratiqué sur sa terre natale en Arabie, précisément à la Mecque. Le prophète de l'Islam va rencontrer une hostilité telle que, Mahomet est contraint de quitter la Mecque pour Médine : c'est ce que l'on appellera l'hégire. C'est ici qu'il va développer ce qui deviendra une des religions les plus influentes du monde, donnant du coup au monde arabe l'occasion de dominer pour une assez longue période de l'histoire, le monde entier. L'Islam se conçoit sur

13 Le Dalaï-lama, *Islam, Christianisme, Judaïsme, comment vivre en paix, vers la fraternité des religions* ; Éditions j'ai lu, Paris, 2011, p.101.

cinq piliers. Sous l'éclairage J.M. Nicole[14], ces piliers peuvent se présenter ainsi qu'il suit :

La confession : Tout musulman doit reconnaitre Allah comme le seul Dieu et Mahomet son prophète.

Salat qui se traduit par la prière rituelle qui se pratique à la Mecque, le visage tourné vers le ciel.

Zakha qui est une aumône que chaque croyant doit pratiquer en guise de charité à l'égard du prochain.

Sawm, le jeûne à la fois dans sa dimension rituelle, ascétique et le jeûne compensatoire. Le jeûne est une pratique courante dans la foi islamique.

Enfin, le Hajj, c'est-à-dire le pèlerinage à la ville sainte de l'Islam : la Mecque. Tout bon musulman digne de ce nom doit au moins avoir fait une fois le voyage de la Mecque.

Quant à la doctrine de l'Islam, Imân, c'est-à-dire ce qu'il faut croire, elle se résume à 6 éléments principaux à savoir :

— Dieu ou Allah. Il n'a point d'égal. Lui seul est digne d'être adoré. On ne doit adorer ni Jésus, ni sa mère.

— Les livres. La religion islamique considère 104 livres. Les 100 premiers donnés à Adam, Seth, Énoch et à Abraham ont été perdus. Les quatre livres qui restent sont : la Torah confiée à Moïse, le Zabourou livre des Psaumes remis à David, l'Indjil ou Évangile confié à Jésus et le coran dicté par Gabriel à Mahomet. Est-il que les trois premiers ont été corrompus par les juifs et les chré-

14 J.M. Nicole, *Précis d'Histoire des Religions*, Editions de l'institut biblique, Nogent-Sur-Marne, France, 2005.

tiens. Le coran par contre est considéré comme l'ouvrage par excellence. Il reste à ce titre éternel et incréé.

— Les Anges. Ils se présentent en trois catégories : les bons anges, parmi lesquels l'ange Gabriel, ange messager. Il y a en plus les génies ou djinns, esprits de feu, ils sont bons ou mauvais selon les cas. Enfin il ya les Iblis, le diable ou démon.

— Les Prophètes. La théologie musulmane présente 315 grands prophètes et 124 000 petits prophètes. À cette liste, il faut ajouter les 6 apôtres. Il s'agit d'Adam, que l'on présente comme l'élu de Dieu ; Abraham, l'ami de Dieu ; Noé, le prédicateur de Dieu ; Moïse, l'orateur de Dieu ; Jésus, Issa en Arabe, c'est-à-dire le verbe ou l'esprit de Dieu ; et Mahomet, l'envoyé de Dieu.

— Le jugement dernier. Comme dans la doctrine chrétienne, le cinquième article soutient que les hommes répondront de leurs actes au jour du jugement, après la résurrection. Le salut sera donc fonction des actes de chacun.

— La prédestination. L'Islam c'est la religion par définition qui consacre la souveraineté de Dieu. Certes, l'homme reste le seul responsable de son salut, car ce sont ses œuvres qui vont l'y qualifier. Mais Dieu reste en dernier ressort le seul censeur de tout salut.

Comme on le constate, la religion musulmane est presque aussi vieille et aussi structurée que la religion chrétienne. On peut alors s'interroger sur les raisons de son actualité. C'est dans la Bible des chrétiens que nous croyons trouver la raison de cette montée en puissance du témoignage islamique aujourd'hui.

En effet, partant du principe qu'un jour pour Dieu est comme mille ans pour l'homme, le troisième millénaire nous place dans le contexte du troisième jour. En réalité, le décor de ce siècle fut planté depuis la genèse du monde. Il ya semble-t-il des théologiens qui prétendent que les onze tout premiers chapitres de la Bible ne sont que de plats récits de contes épiques de la mythologie Babylonienne. C'est invraisemblable ! Il faut déjà remarquer que c'est dans ce fragment de texte que l'on trouve ce que d'autres théologiens assimilent à juste titre à ce que l'on appelle le proto Évangile : « Je mettrai inimitié entre toi et la femme, entre ta postérité et sa postérité : celle-ci t'écrasera la tête, et tu lui blesseras le talon ».[15]C'est là un texte qui suggère et en dit long des enjeux de la bataille frontale entre le fils de la femme, Jésus et Satan, le serpent ancien qui porte désormais une plaie fatale depuis le coup de la croix.

Le récit du troisième jour nous donne une autre raison de balayer cette spéculation théologienne sans fondement. Le tableau du troisième jour nous décrit une scène qui annonçait en réalité les enjeux du troisième millénaire comme nous l'avons montré en introduction. Trois faits sont caractéristiques du troisième jour selon le texte de Genèse : le rassemblement (symbolisé par la mer), la dualité (spécifiée par la mer et la terre) et l'émergence du sec. Le texte dit exactement ceci : Dieu dit : « que les eaux qui sont au-dessous du ciel se rassemblent en un seul lieu, et que le sec paraisse. Et cela fut ainsi.

10. Dieu appela le sec terre, et il appela l'amas des eaux mer. Dieu vit que cela était bon.

11. puis Dieu dit : que la terre produise de la verdure, de l'herbe portant de la semence, des arbres fruitiers don-

15 Genèse 3:15.

nant du fruit selon leur espèce et ayant en eux leur semence sur la terre. Et cela fut ainsi.

12. la terre produisit de la verdure, de l'herbe portant de la semence selon son espèce, et des arbres donnant du fruit et ayant en eux leur semence selon leur espèce. Dieu vit que cela était bon ». (Genèse1 : 9-12)

La mondialisation qui est un des traits distinctifs de ce millénaire est, selon le texte susmentionné, bien conforme au principe du rassemblement qui doit caractériser ce millénaire. Le monde est dans un contexte de globalisation et cela ne fait l'ombre d'aucun doute. L'Organisation du système des Nations Unies nous place à l'évidence de cette réalité. Dans le domaine de l'économie par exemple, l'organisation mondiale du commerce (O.M.C) en constitue une illustration. Sur un tout autre plan, l'avènement des nouvelles technologies de la communication et de l'information ont permis de relier le monde en réseau de vases communiquant. Dans la lutte contre le terrorisme qui menace le monde à l'échelle planétaire, tout comme dans la lutte pour la sauvegarde de l'environnement, etc. nous assistons à une mutualisation des efforts à la dimension des fléaux à combattre. Il est clair, nous sommes bien dans l'ère du rassemblement comme le stipule le texte de la Genèse.

Parlant du dualisme, le texte de la Genèse dit que les eaux devaient se rassembler d'un côté pour former la mer, et la terre devait émerger pour former le sec. Que la dualité soit posée comme principe actif de toute évolution, cela n'est pas en soi étonnant, autrement l'histoire s'arrêterait comme croyait le craindre Fukuyama. En fait, le génie de la recherche devait aujourd'hui consister à décoder les deux éléments basiques qui sont : **le rassemblement de l'eau** d'en bas en mer d'une part, et d'autre part,

l'émergence de la terre ferme en sec. A supposer que quelque chose d'emblématique allait se produire pour structurer le nouveau rapport dual qui devra propulser la roue de l'histoire en ce début de millénaire, au nom du dépassement du clivage idéologique est-ouest, devenu caduc. N'est-ce pas qu'il serait impérieux d'identifier les fondamentaux bipolaires de notre siècle ? En effet, après la chute du mur de Berlin au mois de novembre 1988, l'histoire avait l'air de s'arrêter en attendant que les nouveaux pôles de sa marche soient mis en évidence. Tous ceux qui minimisent le réveil islamique en ce début de siècle diront avec le philosophe japonais que l'histoire s'est arrêtée avec la fin de la guerre froide. Mais en décryptant l'arrière-plan des attaques du 11 septembre 2001, et suivant la nouvelle ligne de démarcation qui se profile derrière les conflits inter religieux qui déchirent le monde aujourd'hui, nous comprenons que le fondement du nouveau rapport de force était désormais posé. Le monde a en effet basculé d'une simple confrontation idéologique, vers un choc frontal de civilisations comme nous le verrons plus loin.

La mer qui se rassemble représenterait donc le monde arabo-islamique qui en ce siècle se structure pour pouvoir entrer en activité sous un jour nouveau. Les Américains se sont dits surpris de ce qu'Oussama Ben Laden ait été soigneusement placé sous bonne protection d'un gouvernement musulman : le Pakistan. Ce alors même que celui-ci était ardemment recherché, telle une aiguille dans un amas de foin. Mais, en réalité, c'est un secret de polichinelle, ce Ben Laden était devenu une icône. C'est-à-dire un symbole de la fierté islamique. Ce que l'on a appelé à tort ou à raison les révolutions arabes est également à mettre au compte de cette poussée islamique typique. Signe qui ne trompe pas, l'on compte plus de musulmans en France aujourd'hui que dans tous les émirats arabes (un peu plus de quatre millions de fidèles). Cette tendance est loin d'être renversée. Cela vous dit-il quelque chose qu'en lieu et place de la République du Mali, un État islamique soit en train de se constituer depuis le mois de mars 2012, au nord de ce pays laïc quasiment sous l'indifférence, on dirait coupable des États arabes qui avoisinent ce pays ? Comment comprendre que le Qatar, que l'on dit parrainer ces nouvelles colonnes de Médie, puisse acheminer de l'aide matérielle à des troupes si lointaines, pour que celles-ci se promènent si aisément, lourdement armées, dans un environnement aussi découvert que le désert du Sahel, sans bénéficier de complicité régionale. Il faut simplement y voir l'accomplissement d'un fait : la configuration du bloc arabo-islamique en cours de réalisation. Mais le fait que ce renouveau se soit déclenché en Afrique (Tunisie 2010) et s'y développe est symptomatique quant au rôle déterminant que ce continent va désormais jouer dans le monde en ce troisième millénaire. La mer est donc le symbole typique d'un peuple reconnu pour son tempérament remuant et agité, violent dans certains des cas. Caractéristiques conformes au portrait que la Bible fait d'Ismaël, le tout premier fils d'Abraham. D'après le discours de la Bible, les peuples arabes descendraient de l'un des fils d'Abraham que l'on nomme Ismaël. Or, sur cet Ismaël il est dit : « Il sera comme un âne sauvage ; sa main sera contre tous, et la main de tous sera contre lui, et il habitera en face de ses frères. »[16]

Cette solitude d'Ismaël, soit dit en passant, Mahomet l'aura en personne expérimentée. Alors que le prophète excellait à peine dans son ministère, il dut faire face à l'hostilité d'une communauté ancrée dans le syncrétisme ambiant qui dominait autrefois la péninsule arabique. Ce qui le contraignit de quitter la Mecque pour Médina en

16Genèse 16 : 15.

622, suite à la double perte de sa chère épouse Khadija et son oncle en 619, avec le carré de ces obligés. Mahomet est alors âgé de 40 ans. Tout comme il connaitra à l'instar d'Ismaël, un déficit affectif par rapport à ses parents. Son père meurt avant sa naissance, et sa mère le quitta de bas âge ». Mahomet est donc élevé par son grand-père Agd-Al Muhalib puis son oncle AguTalib.

Le texte poursuit : « Lève-toi, prends l'enfant, saisis-le de ta main ; car je ferai de lui une grande nation. »[17] Enfin ; la Bible déclare au sujet de cet ancêtre des Arabes : « Dieu fut avec l'enfant, qui grandit, qui habita dans le désert, et devint tireur d'arc ».[18]Au regard de ce tableau, les éléments constitutifs d'un type d'homme qui sera tout, sauf doux, sont réunis. L'emblème de la mer agitée se justifie donc suffisamment à travers ce portrait. À commencer par la mère d'Ismaël, Agar, l'Égyptienne. Voilà une femme qui n'avait rien demandé et qui, pour avoir donné tout ce qui lui avait été demandé, se retrouve dehors, chassée comme une bête de désert, avec un enfant entre les mains, sur les dunes chauffées à blanc. Peut-on imaginer autrement l'état psychologique de cette femme pendant sa grossesse et après son accouchement, si ce n'est le stress ? Bannie comme un métèque, dans un environnement hostile : le désert, Agar avait des raisons d'être anxieuse et révoltée. Son fils non plus, n'avait pas demandé de naître, surtout pas sous l'emblème d'un âne sauvage, avec tout ce que cela peut impliquer sur le plan caractériel. En effet, au-delà de ses services, l'âne est caractérisé par sa nature rebelle, têtue. Mais il faut en plus que cet âne soit sauvage. Il devient aisé de dessiner le caractère des islamistes sur cette base. Et comme si cela n'était pas assez, il doit habiter dans le désert avec pour fonction, tireur d'arc. Que peut

17 Genèse 21:18.
18 Genèse.21:20.

devenir un arc, arme offensive par excellence, entre les mains d'un homme révolté, dans un environnement inclément. L'agressivité caractérielle des fondamentalistes musulmans est donc congénitalement atavique. Il est surprenant que les chrétiens qui manipulent la même Bible au quotidien soient scandalisés de l'état d'esprit de l'homme arabe, inventeur de l'islam. Il semble qu'il y ait des gens qui croient attribuer la violence islamique aux fondamentalistes égarés. Erreur ! D'ailleurs, les textes et les hommes fondateurs de l'islam s'en défendraient. Voilà ce que déclarait Abu Bekr, le successeur immédiat de Mahomet :

« Guerriers d'islam, arrêtez-vous un instant, et écoutez bien les préceptes que je vais vous promulguer pour les temps de guerre ! Combattez avec bravoure et loyauté ! »[19]Quant à Mahomet (570-632), le prophète et géniteur de la foi islamique, il déclarait que « les hommes étaient répartis en deux catégories bien tranchées : d'un côté, les Arabes, croyants et dépositaires de la vérité divine ; de l'autre, les païens mécréants, qui niaient l'existence d'Allah, l'immortalité de la chair ; et la mission du musulman à l'égard de ces derniers était simple : il devait s'efforcer de les rallier à l'islamisme et les exterminer sans pitié s'ils refusaient de se convertir. »[20] Le prophète déclarait ensuite un jour à ces fidèles : « Lorsque j'étais assiégé à Médine, j'ai pris moi-même la pioche pour creuser une fosse. Mon pic fit jaillir trois étincelles : la première m'annonça la soumission de Yémen ; la seconde, la conquête de la Perse et de l'Orient ; la troisième, la conquête de l'Égypte et de l'occident. Soldats, jugez

---

19 Pierre Lanares, *Qui dominera le monde*? Editions SDT, France, 1959, p.95.
20 Pierre Lanares, op.Ibid, P.93.

par-là, quels triomphes vous attendent. »[21]On ne saurait dire à la lumière de ces quelques évocations que Mahomet soit si étranger à la rhétorique guerrière qui accompagne si systématiquement le témoignage islamique. Le Coran nous en donne d'ailleurs une parfaite illustration lorsqu'il déclare :

« ô croyants ! Combattez vos voisins infidèles. Qu'ils trouvent des ennemis ».[22] « Ne montrez point de lâcheté. N'offrez point de paix. Vous êtes supérieurs à vos ennemis. »[23] « La récompense de ceux qui combattent contre Dieu et ses prophètes… sera la mort, le supplice de la croix. Vous leur couperez les pieds, les mains. Vous les bannirez de leur patrie ».[24]C'est toute la différence entre Mahomet et Jésus.

Alors que le Christ est menacé d'arrestation, il intime l'ordre à un ses disciples, qui par instinct de conservation crut bon de brandir son épée pour assurer la défense de son Maître, de remettre son épée au fourreau. « Qui tue par l'épée meurt par l'épée » devait sentencieusement conclure ce Maître de la non-violence que la doctrine de l'Islam reconnait tout au plus comme le verbe de Dieu.

A contrario, le prophète Mahomet fait l'apologie de la violence au nom même de l'idéologie islamique comme nous venons de le voir. Ses recommandations aux allures lyriques furent exécutées à la lettre, au prix d'un bain de sang énorme. L'épopée de ses 140.000 hommes assemblés à Médine commence avec la prise de la Syrie (633) puis vint le tour de l'Asie Mineure et de Jérusalem. En effet, après son séjour forcé à Médine, Mahomet fera un retour

---

21 Pierre Lanares, Ibid, p.96.

22 Sourate 9 : 124.

23 Sourate 47:37.

24Sourate 5 : 37.

en triomphe. Il soumettra les adeptes de la confrérie des cohréichites, versés dans un culte idolâtre, suite à une guerre âprement délivrée. C'est ainsi qu'il se rend maître de toute l'Arabie. Bientôt, il nourrit des ambitions hégémoniques. Vint le tour de la Perse, la Chaldée, de l'Assyrie et de toutes les provinces jusqu'à l'Indus. La campagne de la côte du Sud de la Méditerranée débutera en 639 pour se terminer en 675 avec la conquête de l'Afrique du Nord. L'Occident est atteint à partir de l'Espagne ou les savants arabes descendant de l'école d'Alexandrie vont développer la science. Ce sont les savants arabes qui en effet, apporteront la science en Espagne. Toute l'Espagne passera sous la coupe de la loi islamique autour de 719 ; et les légions islamiques atteindront Avignon, en France, en 730 et ne seront stoppées qu'en 732 par les troupes de francs sous le commandement de Charles Martel. Cependant, la domination musulmane se poursuivra jusqu'à la prise de Constantinople.

La chute de Byzance, ville d'influence mondiale, permit aux musulmans d'avoir une position d'hégémonie dans le monde entre le 7e et le 16e siècle. On assistera donc à une domination mondiale de l'Islam sur plus de huit siècles, quoi qu'entrecoupée par de passagères périodes de relâchements. Mais, avec le Siècle des lumières, on verra la lune islamique entrer dans son dernier quartier jusqu'à l'effacement total. L'Occident devait à son tour dominer le monde jusqu'à la lisière du troisième millénaire.

Depuis le déclin annoncé du système occidental, on voit de nouveau le monde musulman relever la tête. C'est le réveil islamique. Les musulmans dans une large mesure, sont convaincus de ce que le monde occidental se trouve dans une phase de déchéance qui va s'inscrire dans la durée. Devrait-on reprocher aux musulmans de prendre leurs responsabilités face à la dérive éthique et morale du monde judéo-chrétien incarné par un Occident décadent ? Quand le monde voit dans les mausolées de Tombouctou des sites inscrits au patrimoine mondial de l'humanité, les islamistes, wahhabites en particulier, y verront des objets d'une dévotion plutôt dévoyée. En effet, les cultes aux saints qui traduisent une forme d'idolâtrie sont contraires aux croyances islamiques selon la ligne de lecture wahhabite.

Il faut dire qu'il existe plusieurs obédiences dans l'interprétation de la doctrine islamique. On peut citer à titre indicatif les Druses, les Chiites et les Sunnites. Mais de tous, les wahhabites semblent les plus orthodoxes. Que devrait-on donc reprocher aux musulmans aujourd'hui, si ce n'est le fait d'appliquer leur charia au reste de la société ne confessant pas la foi islamique, et de défendre leur Dieu avec des coutelas ! Est-il normal que les musulmans se voient accorder le droit d'exercer leur foi en toute liberté, dans tous les pays du monde, et qu'en retour, ceux-ci se montrent si intolérants à l'égard des communautés de confession différente, sur les terres acquises à la cause de l'Islam ? Rappelons-nous le massacre des moines de Tibéhirine. Des gens pacifiques, sur qui on ne rencontrait nulle trace de prosélytisme, rendant d'énormes services sociaux aux populations, le cas du frère Luc, médecin du monastère, présenté comme un homme affable, accueillant à l'égard des malades qui fréquentaient son dispensaire. Des gens bien intégrés, car c'est depuis l'indépendance de la Tunisie qu'ils vivaient dans ce pays. Des septuagénaires pour d'aucuns, des octogénaires pour d'autres, froidement égorgés au seul motif que ceux-ci n'étaient pas musulmans de confession. Des messes de Noël ensanglantées comme le 25 décembre 2012 dans une église du nord du Nigéria, et en décembre 2011 dans une église copte en Égypte, cela projette de l'Islam une image plutôt intolérante pour le moins. Ce, d'autant plus que ces actes d'une barbarie à nulle autre pareille, laissent le clergé islamique dans une certaine mesure, dans un état d'indifférence quasi totale. L'Islam qui tolère mal la concurrence se veut pourtant une religion conquérante sur les terres des autres.

« D'après certains historiens, les musulmans cachemires s'installèrent au Tibet dès le XIIe siècle durant tout le règne du 5^e^Dalaï-lama, l'un de mes plus illustres prédécesseurs, une communauté musulmane à part entière s'établit au Tibet. Une famine terrible sévissait au Cachemire au milieu du XVIIe siècle. Nombreux des musulmans de cette région cherchèrent alors refuge à Lhassa. Le 5^e^Dalaï-lama accorda certains privilèges aux musulmans : il leur alloua des terres pour y établir mosquée et cimetière, leur permit d'élire un comité de cinq personnes pour la supervision de leurs affaires internes, leur octroya de droit de se faire justice entre eux et les exempta d'impôts. »[25] Les musulmans n'accordent pas les mêmes droits aux autres communautés, alors même que le Hadith d'al-Nawawi, 13, rapporte : « Nul d'entre vous n'est un croyant s'il ne désire pas pour son frère ce qu'il désire pour lui-même ». À moins de nous dire que seul un musulman peut se réclamer frère d'un autre musulman.

Au demeurant, on n'est pas loin de croire que le Bon Dieu serait en train d'utiliser les musulmans pour amener les chrétiens au réveil face à la dérive sociétale actuelle. Les chrétiens dorment dans un monde en décomposition qui se débat pour renaître. La société à venir pourrait donc se bâtir sans les chrétiens, mais non sans les musulmans qui n'hésitent pas à acheter les chapelles qui sont désormais vendues aux enchères en Europe. L'Islam est donc promis à un avenir prodigieux dans un monde en divagation, en dépit des excroissances islamistes. Ils sont

---

25 Le Dalaï-lama, Op. Cit. p.109.

d'ailleurs de plus en plus nombreux les chrétiens qui ne jurent plus que par le Inch-Allah islamique.

En tout cas, les mutations actuellement en cours dans le monde arabe nous placent dans le contexte prophétique du troisième jour. Que l'on ne s'imagine pas que les drones ou autres armes de destruction, massives suffiront pour pouvoir arrêter la marée arabe. Il s'agit d'une vague offensive. On n'arrête pas une vague montante avec des bombes. Une chose est bien certaine en tout état de cause, la configuration du monde sera totalement modifiée au bout de cette mutation en cours. Cela relèverait de l'exploit si jamais le Nigéria par exemple devait échapper à la logique de scission savamment préparée dans certains milieux arabes et que l'on veut attribuer aux exubérances des islamistes, selon la nouvelle terminologie consacrée. Le monde arabe sera en ébullition jusqu'à ce que l'émergence du sec devienne évidente. C'est-à-dire, jusqu'à ce que le réveil de l'Église devienne effectif, tel que le préfigure le livre de la Genèse.

Chapitre II
Annonce prophétique du réveil de l'Afrique

Moïse sera certainement le premier à prophétiser sur le réveil de l'Afrique noire. Dans le livre de Deutéronome, nous lisons : « Ils ont excité ma jalousie par ce qui n'est pas Dieu. Ils m'ont irrité par leurs vaines idoles et moi j'exciterai leur jalousie par ce qui n'est point un peuple ; je les irriterai par une nation insensée ».[26]

Cette parole que l'auteur du livre de Romains rapporte au chapitre 10 : 19, est confirmée par le Christ en personne, au chapitre 21 verset 43, du livre de Matthieu. « C'est pourquoi, je vous le dis, le royaume de Dieu vous sera ôté et sera donné à un peuple qui en produira les fruits ». À la lecture de Romains 10 : 19-20, il apparaît que cette question se rapporte à l'élection des païens au salut. Fait qui n'est pas nouveau de l'avis même de l'apôtre Paul. Dans l'Ancien Testament en effet, nous rencontrons plusieurs cas mettant en évidence la qualification des païens au salut. On aurait pu évoquer les cas de la veuve de Sarepta ou celui de Ruth, arrière-grand-mère de David, donc de la lignée du Messie, dira John Mac Arthur.[27] Mais l'épisode de Jonas dans la conversion des Ninivites est nettement plus éloquent. Il s'agit bien ici, d'une expérience vétérotestamentaire de la conversion d'un peuple païen au culte de Yahwhé.

---

26 Deutéronome 32 : 21.
27 John Mac Arthur, *Commentaire du Nouveau Testament*, Les épîtres de Paul, Impact, Canada, 2005, P.237.

Il s'avère que le Christ qui relance la question, plusieurs millénaires après Moïse, s'exprime lui aussi au futur. L'intérêt de la question tient donc davantage à la perte du leadership du peuple juif pour un autre peuple, que d'une simple élection des gentils. Il est question d'un peuple inespéré à qui Dieu accorderait une grâce particulière. Mais, à la différence de Moïse qui présente ce peuple comme sans intelligence, dans certaines versions, un moins qu'un peuple, dans d'autres, une nation folle, Jésus lui, dans le passage de Matthieu que nous venons d'exploiter, va le présenter d'une manière à lui trouver une caractéristique particulière : cette nation-là, contrairement à Israël, produirait les fruits du royaume. C'est au point que 2000 ans après, l'on est en droit de se demander si cette prophétie est enfin accomplie. Si tel est le cas, il ya lieu de s'interroger quand cela eut-il lieu, et à travers quel peuple ? Il est du plus grand intérêt de rechercher ce peuple qui sera ou qui aura été pour le monde, la source d'une grande bénédiction. Voilà qui nous fait descendre dans les profondeurs de l'histoire, à la recherche ce peuple particulier. Deux hypothèses de travail nous paraissent les plus plausibles possible : celle impliquant le profil du peuple européen d'une part, et celle recoupant avec le portrait du peuple de l'Afrique noire d'autre part.

Le peuple européen dans le prisme de Deutéronome 32 : 21

La plupart des personnes avec qui nous avons pu partager cette question ont eu tendance à exclure l'Europe du portrait dressé par Moïse, parlant d'un peuple qui n'en est pas un. Pour les personnes interrogées, l'Europe demeure à ce jour le miroir du monde moderne. Dire de l'Europe que c'est un peuple sans intelligence est justement sans intelligence. Car, l'Europe est à la pointe de la science de nos jours. De nos jours disons-nous. Il s'avère que cette prophétie a été faite sous les temps antiques, puis reprise par Jésus, il y a un peu plus de 2000 ans. On ne saurait affirmer qu'au premier siècle déjà l'Europe avait atteint le niveau actuel dans l'ordre de la connaissance. L'histoire de la missiologie européenne définit une courbe temporelle à quatre étapes : de la période romaine (0 à 400 APR. J.-C.)Aux Sarrasins (1200-1600 APR. J.-C.), en passant par les barbares (400 à 800 APR. J.-C..), et puis la période de la réforme au XVIe siècle.

En effet, si le christianisme s'est développé au bout de trois siècles dans l'Empire romain dominant, sous Constantin, des peuplades venues du nord-ouest, réfractaires à la civilisation, sapèrent les efforts dans l'empire, en plein dans l'accomplissement de l'ordre suprême de Christ. Car, tous les voisins de Rome étaient pratiquement en train d'être gagnés à la cause de l'Évangile lorsque les Visigoths, les Ostrogoths et les Vandales se montrèrent hostiles à la civilisation par des actes de vandalisme qui seront d'un impact réel sur le cours du reste de l'histoire. A la différence des Vikings venus eux du pôle Nord, opposés à l'évangélisation comme les Barbares, ceux-ci vinrent du nord-ouest de Rome. Mais ils finirent tous par adopter le christianisme comme valeur de civilisation et idéal de vie.

Les Vikings se caractérisent par leur brutalité contre les lieux de culte, ils tuent, et massacrent systématiquement tous ceux qui s'identifient à la religion chrétienne. L'Europe est dans une période d'une instabilité indescriptible. Mais, bon an mal an, les efforts d'évangélisation entrepris sont loin d'être stoppés. L'Afrique, à travers les Coptes éthiopiens, les chrétiens d'Alexandrie et du Maghreb, pendra d'ailleurs une part active à cette évangélisation de l'Europe. Des généraux éthiopiens prendront part à ces événements, à une époque où l'Europe est disputée entre chrétiens et musulmans. À peine l'Évangile avait-il eu raison des Vikings, qu'il doit en effet, faire face à une autre menace réelle.

Une nouvelle religion, pleine d'énergie et de dynamisme voyait le jour dans la péninsule arabique : l'Islam. C'est alors que, revitalisée par le sang des Vikings, l'Église va se livrer à de véritables croisades. À partir du XIIIe siècle en effet, l'Europe va se lancer dans une campagne d'évangélisation spectaculaire, conduite par les moines. Ce sera la mission chrétienne la plus massive, mais aussi la plus tragique de l'histoire de l'Église. Les Sarrasins sont donc gagnés au prix du sang. Arrive alors la période de la réforme protestante.

Ce réveil s'accompagnera de nouvelles découvertes de terres, et donc, de nouveaux champs d'évangélisation, à savoir les Amériques et l'Afrique. Après plus de deux siècles d'atonie historique, l'Europe se réveille sous les réacteurs d'un protestantisme conquérant. Nous sommes au XIVe siècle et l'évangélisation des Amériques et de l'Afrique se fait sous les relents d'un colonialisme débridé. L'Afrique est à son tour touchée par la mission évangélique européenne sur fond de mercantilisme et, là aussi, par des méthodes souvent d'une atrocité peu recommandable. Mais, depuis les premiers âges de l'évangélisation du monde par les Européens à ce jour, les fruits sont tout de même perceptibles. Les chrétiens ont construit des universités et de grandes écoles formant de la sorte l'élite intellectuelle qui va influencer le cours de l'histoire. La loi internationale est essentiellement le fruit des milieux chrétiens. Le code Napoléon par exemple, inspiré de la Bible, sera la source du Droit positif. Par ailleurs, l'élan humanitaire qui prévaut dans le monde semble se nourrir également des valeurs chrétiennes. L'exemple le plus ostensible en la matière c'est l'institution de la croix rouge internationale, organisation à connotation indiscutablement chrétienne.

Sur le plan évangélique, l'Europe peut se prévaloir de l'évangélisation du monde. La pénétration de l'évangile sur les terres exotiques des Amériques, de l'Inde de la Chine et de l'Afrique, est bien le fait de l'engagement des chrétiens européens. Grâce aux Européens la religion chrétienne s'est fondamentalement imposée aux États-Unis d'Amérique où le président américain prête serment sur la Bible. Et ce n'est pas rien de rappeler que deux de grands leaders chinois étaient chrétiens par le fait, là encore, des Européens. Il s'agit de Chang Kai-Shek et Sun Yat Sen. L'implantation de l'église en Afrique est essentiellement l'œuvre des missionnaires européens. Le monde compte aujourd'hui plus d'un milliard de croyants confessant la foi chrétienne. Les chrétiens constituent de ce fait le groupe religieux le plus important au monde, devant les musulmans. L'on compte 75 % de chrétiens dans les peuples du tiers-monde en 1992 par exemple, contre 1 % en 1800. Cela est essentiellement le fruit de la mission européenne quel qu'en fût le prix ! L'Occident ou l'Europe en particulier, a donc produit du fruit digne du royaume. Mais cela suffit-il pour conclure que c'est de la nation européenne dont il est question dans Deutéronome 32 : 21 et Matthieu 21 : 43.Certains faits semblent plutôt infirmer cette thèse :

— La brutalité des méthodes européennes
— Le fait que l'Europe ne soit pas moins que rien.
— Le fait que l'Europe soit sous la tente de Sem
— Le fait que les Occidentaux n'aient pas fait une démonstration de puissance à l'égale des juifs.

a) La brutalité des méthodes

En effet, le Christ lui-même réfléchirait plus d'une fois avant d'arguer de ce que les Européens aient produit plus du fruit du royaume que les juifs sous les temps méthodes brutales et dévastatrices. Cela ne tenait qu'à Moïse vétéro-testamentaires. Car, les juifs auraient peu à envier à cette évangélisation aux Deutéronome 32 : 26, les juifs auraient de réels motifs de rougir des exploits réalisés par les Européens dans l'évangélisation du monde. Ces croisades qui se soldèrent par des massacres de musulmans qu'il fallait chasser des lieux saints par exemple, permirent certes aux Européens de tenir pendant un siècle Jérusalem par exemple, mais ces épisodes sanglants résonnent comme de cinglants échecs dans l'évangélisation à l'endroit des musulmans, violents par nature. Si c'est cela le prix du fruit du royaume, les juifs n'avaient pas de quoi rougir. Car le royaume des cieux disait Jésus, c'est la paix, la justice, et l'amour. L'Europe nous paraît donc par ses méthodes, davantage que par son produit, loin de cette nation dont parle Jésus. Ce ne sera pas de cette manière que l'on devait susciter la jalousie du juif qui lui, ferait plutôt une démonstration de puissance pour amener à la conversion.

b) L'Europe nation insensée ?

Une des caractéristiques par lesquelles l'on reconnaitra ce peuple consiste au fait que celui-ci serait moins qu'un peuple. Nous sommes au premier siècle lorsque Jésus reprend cette prophétie, au futur. « Un peuple qui en produira les fruits… » dit-il.

Peut-on franchement soutenir que l'Europe était moins qu'un peuple au premier siècle ? Jésus lui-même n'est-il pas obligé de payer l'impôt à César pendant qu'il fait cette déclaration ! Que dire de Constantin ou de l'œuvre d'un certain Alexandre dit le grand dans la diffusion de la Bonne Nouvelle ! Non, on ne saurait dire des Européens qui, dès les premiers âges de l'Église ont codifié les livres du Canon, avant d'avoir à peine contribué à retrouver les manuscrits si éparpillés dans la nature, que c'était un peuple d'insensés. Le seul apport de la langue grecque dans la rédaction du Nouveau Testament suffirait pour ne pas faire pareille injure à l'Europe. En dépit des barbares et autres vikings dont l'histoire de l'Europe est si marquée, l'Europe ne saurait se donner à lire à travers Deutéronome 32 : 21. Il faut aller chercher ce peuple ailleurs !

c) Les apôtres inégalés en Occident

Produire des fruits au-delà d'Israël revient à dire, œuvrer dans l'accomplissement de l'ordre suprême, au-delà de ce qu'Israël a produit jusqu'ici. Il s'avère en termes de puissance que les prophètes juifs, en l'occurrence Élie et Moïse de même que les Apôtres, demeurent inégalés. Dans la manifestation de puissance, les juifs se considèrent encore à ce jour, comme les plus grands. En effet, il ne s'est pas levé en Europe un prophète de la taille de Moïse par exemple. Pour exciter la jalousie d'Israël, la nation annoncée dans Mathieu 21 : 43 devrait manifester une puissance au-delà des prophètes d'Israël. Jésus n'a-t-il pas dit que vous ferez de plus grandes choses que moi ? Ainsi, le peuple qui accomplira cette prophétie fera nécessairement plus que tous les prophètes et apôtres juifs réunis. On ne peut dire sans se tromper que cela soit le cas de l'Europe.

d) L'Europe et l'Amérique sous la tente de Sem

Nous retenons que les Européens descendent d'un des fils de Noé du nom de Japhet. Or, ce Japhet devait avoir sa part de bénédiction, dans la tente de Sem, l'ancêtre des juifs selon ce qui est écrit (Genèse 9). Il serait peu réfléchi que de vouloir exciter la jalousie d'Israël par les exploits d'un peuple si voisin. Chaque fois qu'un Européen accomplit un exploit, aussi bien dans le domaine de la science que celui de la foi, il suffit parfois de peu d'attention pour y voir l'ombre d'un juif. Le sang juif est si mêlé au sang européen du fait de la dissémination des juifs en Europe, qu'il est souvent difficile de déterminer qui est juif et qui l'est moins. On peut dire d'Einstein qu'il fut un émérite savant autrichien. Mais il est tout aussi juste de soutenir qu'il était juif. Jésus-Christ devait donc prendre un peuple plus éloigné, s'il devait exciter la jalousie des juifs par un peuple autre que le peuple juif. Pour ces raisons nous sommes obligés de conclure que l'Europe et l'Amérique, qui ont pourtant tant fait dans l'ordre suprême de Christ, sont encore loin d'être la nation missionnaire qu'annonce Jésus-Christ.

Mais quel est donc ce peuple ? Disqualifier l'Europe qui seule pouvait disputer la couronne avec le peuple juif, veut simplement dire que Mathieu 21 : 43 demeure une prophétie ouverte ; c'est-à-dire non accomplie. Car, aucun peuple au monde n'est parvenu à ce jour à accomplir ne serait-ce que la moitié de l'œuvre missionnaire réalisée par les Européens. Il faut donc conclure ce volet en affirmant que la prophétie de Jésus-Christ peut, dans une certaine mesure, se vérifier dans l'œuvre missionnaire opérée par un Occident conquérant. Il reste cependant que cela le soit dans les proportions qui susciteraient la jalousie d'Israël. Selon toute vraisemblance ce degré ne sera atteint que dans une phase secondaire finale, sur l'échelle de la domination des nations sur Israël. Là, se profile nécessairement l'ombre du peuple noir africain.

L'Afrique dans le portrait de Deutéronome 32 : 21 et de Matthieu 21 : 43

Il est clair, l'Afrique n'a jusqu'ici produit aucun effort missionnaire à l'échelle planétaire. La seule chance de ce peuple, c'est justement d'être un moins que rien. Son principal atout c'est justement le fait d'être « sans intelligence », exactement comme Esaïe en a fait la description lorsqu'il dit : « ce peuple sera hors d'état de faire… ». Y a-t-il au monde un continent qui pourrait concurrencer le peuple noir dans les contre-performances ? Regardez combien est riche ce continent ! Pourtant sa population croupit dans la misère la plus indicible qui soit. Les puissants le dépouillent et accourent vers les coffres forts de ces pays réputés riches, pour les enrichir davantage.

Berceau historique de l'humanité, c'est partout sauf en Afrique que les Africains vont trouver le repos. Les Africains accourent vers un Occident déclinant au moment où les paradigmes de l'Afrique émergente sont attendus sur le marché des peuples. La mer Méditerranée est devenue un grand cimetière pour les jeunes Africains en quête du mieux-être. Oui, nous sommes là devant un cas typique d'une nation insensée ainsi que l'a annoncé Esaïe. C'est donc aussi et surtout par ce peuple honni, du fait même de la couleur de sa peau, piétiné de par le monde, qu'Adonaï va confondre Israël.

Un texte du livre du prophète Amos semble nous donner une indication allant dans le même sens. Au verset 7 du chapitre 9, nous lisons en effet : « N'êtes-vous pas pour moi comme les enfants des Éthiopiens, enfants d'Israël dit l'Éternel. N'ai-je pas fait sortir Israël du pays d'Égypte, comme les philistins de Caphtor et les Syriens de Kir » ? Cette phrase a été diversement interprétée. Certains ont cru lire en cela des relents d'un racisme à l'égard du peuple noir. Car les Éthiopiens sont présentés ici comme des contre modèles dont se servirait Dieu pour manifester l'ingratitude d'Israël qui aurait la mémoire courte. D'autres par contre ont vu à travers l'évocation de l'Éthiopie une référence à l'éloignement. Nous voulons parler du territoire que l'on trouve au sud de l'Égypte et non du foyer Kushite que l'on a aussi pu identifier en Mésopotamie, si l'on s'en tient à Genèse 10 : 13. Il ressort de ce texte que Nemrod, le chasseur tant renommé, basé en Asie, serait le fils d'un certain Kush. Ceci a amené certains à penser qu'il y aurait à côté du Kush africain, un Kush asiatique. Il s'agirait de la souche mésopotamienne dont découleraient les Kassites que l'on situe dans la péninsule arabique. Si l'on doit admettre un foyer kassite parallèlement à Kush, il nous parait invraisemblable par contre d'admettre un kush d'origine asiatique. Ce serait donc un Kush sans généalogie. Car,il existe un seul Kush selon la Bible ; il s'agit d'un des cinq fils de Cham. Il s'avère que Nemrod ne figure pas dans la descendance de Kush selon Genèse 10 : 7a. En effet, les fils de Kush sont : Saba, Havila, Sabta, Raema et Sabteca. Kush a donc pu être un père pour Nemrod, mais dans un tout autre sens que celui d'une filiation biologique. Telle est d'ailleurs l'acception qu'en fait le commentaire biblique contemporain lorsque celui-ci affirme : « Il semblerait ici que le terme « père » ait le sens « d'ancêtre » plutôt que de géniteur direct.[28] Par conséquent si Kush a pu émigrer ici et là, avant de pouvoir atteindre sa terre d'attache ou après, il reste que dans l'inconscient collectif juif, le pays de Kush

28 Tokunboh Ayedemo, *Commentaire biblique contemporain*, Éditions, Farel, France, 2008, p.28.

devait représenter l'autre bout du monde. C'est sous cet angle que F. Andersen et de D. Freedman aborderont la question posée par Amos 9 : 7. « Pour moi n'êtes-vous pas comme des fils nubiens, fils d'Israël ? Oracle du Seigneur. N'ai-je pas fait monter Israël du pays d'Égypte, les philistins de Kator et Aram de Qir ? » Citant ces deux auteurs au sujet de ce passage, L. E. Bissila Ambila rapporte : « Pour autant que sa localisation puisse être définie par rapport à l'Égypte, Put et Lud, Koush a été définie avec la Nubie ou l'Éthiopie. L'unique mention par Amos de ce peuple le laisse sans association pour nous guider sur sa pensée et son intention. De quelle manière essaie-t-il de dire qu'en ce qui concerne Yahvé, les Israélites sont simplement comme les Koushites ? On ne trouve aucun récit concernant le rapport de Yahvé avec cette nation, qui puisse être la plus éloignée de tous les peuples connus ».

D'après Wolf, « les Égyptiens également appelaient les « Koushites » ces tribus nubiennes dans la grande partie en forme de « S de la seconde cataracte du Nil : ils incluaient souvent à travers cette désignation les noirs qui vivaient même plus loin au sud. Comparer les Israélites aux Koushites ne signifie probablement pas en soi dire quelque chose de répréhensible à propos d'eux. Ils sont mentionnés simplement comme représentants de peuples étrangers et éloignés qui vivaient à la partie la plus reculée du monde connu. Si Israël est le même qu'eux aux yeux de Yahvé, alors ils ne peuvent revendiquer aucune sorte de position privilégiée ». Plus nuancés, Bovati et Meynet déclarent quant à eux : « Il est difficile de savoir s'il existait une certaine nuance péjorative dans la référence aux Éthiopiens ; le nom évoque peut-être un peuple habitant les régions les plus éloignées de la terre (...) qui, justement à cause de son éloignement, est celui auquel Israël pensait ressembler le moins. Certains auteurs disent qu'il pourrait y avoir une allusion à l'Égypte elle-même, étant donné qu'à l'époque d'Amos c'était une dynastie nubienne qui gouvernait ce pays ». Les Nubiens se présenteraient alors aux yeux des Israélites comme un peuple de référence. Étant donné que plusieurs fois l'Éternel reprochera à Israël son recours à l'Égypte.

Certes ! Mais, l'évocation des Kushites dans Amos 9 : 7, comme dans Jérémie 13 : 23, traduit plutôt un sentiment réprobateur de Yahvé à l'égard d'Israël, au regard de la suite des événements. Cela ne fait pas des Cushites les hommes les plus misérables de l'humanité. Bien au contraire ! Il s'avère que par rapport au contexte, on ne peut pas dire comme le soutient David T. Adamo, que Koush est ici cité en modèle lorsque celui-ci déclare : « le même Dieu qui a conduit Israël hors de l'Égypte a aussi placé les Africains là où ils sont. » Pour Adamo ce verset veut simplement dire que Dieu n'est pas plus attaché à une nation qu'à une autre. Ni le contexte immédiat, ni le contexte large ne nous permettent de soutenir cette exploitation d'Amos 9 : 7. En effet, Israël de même que l'Égypte seront frappés de déchéance par la main de Yahvé dans la suite des événements. L'évocation de Kush ici ne peut être que contre-productive, quoi que l'on dise. Ainsi, les Kushites seraient donc ce peuple dont parle le texte de Deutéronome 32 : 21. Un peuple tiré de rien, mais à qui Dieu accorderait de la valeur ajoutée.

À quelque chose malheur est bon stipule un dicton. Pour une fois, la condition de nègre sera regardée non plus comme une infirmité, mais comme un atout crucial dans l'histoire des peuples. Et mieux qu'un atout, c'est une très grande responsabilité que celle qui incombe à ce peuple par lequel le Maître de l'histoire va susciter la jalousie d'Israël. Il s'agit de produire les fruits dignes du royaume. Le fait d'être un peuple stupide ne constitue pas l'unique critère qui procèderait de l'élection de l'Afrique noire. Cela tient aussi à un autre acte prophétique.

Il faut se rappeler que l'homme qui aida le Messie à porter sa croix jusqu'au « tout est accompli », fut un homme originaire de Cyrène, donc d'Afrique. Quand bien même il n'est fait aucune mention sur ses origines raciales. Dès lors, le décor était planté pour que le dernier élan missionnaire vienne d'Afrique. L'Afrique incarnera à coup sûr, la dernière force, la dernière énergie, le dernier souffle qui devra porter jusqu'à cette voix qui criera : « voici l'époux ! ». C'est donc par la puissance de la « **pluie de l'arrière-saison »** que l'Afrique, au nom des nations, parviendrait à produire au-delà d'Israël, les fruits du royaume. Cette position de l'Afrique était d'ailleurs déjà annoncée par Esaïe parlant de la moisson avant la moisson ou la chaude moisson. Nous y reviendrons. De même, en évoquant l'Égypte avant l'Assyrie, c'est-à-dire, d'un point de vue géographique, l'Afrique avant l'Asie et Israël, dans Esaïe 19, et surtout en désignant l'Égypte comme étant **son peuple,** le retour de l'Afrique pour un rôle prééminent dans l'histoire était scellé et annoncé par Adonaï. Cependant, cela ne sera possible qu'après l'œuvre de restauration du Saint-Esprit. Voilà le sens du réveil que l'Église africaine attend.

Il va falloir pour cela aménager l'autel. C'est-à-dire le lieu où le feu de la restauration flambera pour la toute première fois, avant de devoir embraser tout le continent, et par-delà, le monde entier. La construction de l'autel est par conséquent importante à ce point. Car, il s'agit de bâtir l'autel de l'alliance de l'homme africain avec Adonaï. C'est seulement alors pensons-nous, que les Africains seront qualifiés comme étant son peuple. Tel est l'objet de l'autel.[29]

29 Esaïe 18:12.

Chapitre III
Le réveil africain

Tout le monde parle du réveil de l'Afrique comme d'un leitmotiv aujourd'hui. C'est au point que même ceux qui estimaient que l'Afrique n'était pas assez entrée dans l'histoire ne jurent plus que par ce « continent dit de l'avenir, la nouvelle frontière du monde ». Qui peut dire que l'Afrique se réveille si ce n'est celui qui avait constaté son état de sommeil. Par ailleurs, qui peut dire que l'Afrique dort si ce n'est celui qui sait qu'elle ne dormait pas toujours ? C'est-à-dire, celui qui réalise qu'il fut un temps où elle fut éveillée. Il y a donc lieu, avant de nous lancer à corps perdu sur les enjeux du réveil comme tels, de s'attarder sur la notion même de réveil africain.

Le préfixe (ré) devant le radical (veil) qui vient du verbe veiller, signifie une action qui se répète. Celui qui se réveille c'est donc celui qui a déjà, au moins une fois, connu l'état de veille et qui s'est rendormi. On peut alors se demander à quoi correspond cet état de veille pour le cas de l'Afrique.

L'âge d'or africain

1) Le berceau égyptien

L'Afrique a connu un âge d'or que l'on situe sous les temps antiques. Berceau de l'humanité scientifiquement démontré, ce continent a naturellement développé la science. Vu que le développement de l'intelligence humaine est fonction de l'expérience accumulée par l'homme dans sa volonté et sa capacité à maîtriser les lois de la création, il était donc logique que les premières communautés scientifiques se soient développées en Afrique. Notamment, dans le royaume nubien puis en Égypte qui devient très tôt et pour longtemps, le berceau de la civilisation, quoi que cela soit objet de controverse, nous le verrons plus loin. En ce sens que dans cette région dite du Moyen-Orient antique, l'Égypte florissante devint un pôle d'attraction *civilisationnel* pour les peuples voisins.

Les Grecs comme Hérodote, Platon, Thales, par exemple, connaîtront très tôt la route de l'Égypte où ils se font disciples des pharaons. Thalès en particulier, considéré comme le père de la philosophie grecque, à partir de l'école de Milet qu'il fonda après son long séjour en Égypte. Puis vint le tour des Romains, des Perses et autres. Ils venaient et puisaient dans tous les domaines possibles : science, culture, art, astronomie, ou les mathématiques. Mais, le mérite des chercheurs hellénistes c'est qu'une fois retournés, ils adaptaient localement leurs acquis au point de produire de l'originalité à partir des brevets d'autrui. Ainsi, ils vont par exemple inventer leur propre religion et concevoir leur propre philosophie à partir des rudiments rapportés de l'Égypte.

De fil en aiguille, les autres peuples parviennent eux aussi, à se bâtir un empire. C'est alors que l'Égypte, victime des conquêtes croisées, et des influences extérieures, finit par décliner peu à peu jusqu'à ne plus être qu'un souvenir dans l'histoire. Et avec elle, toutes les civilisations voisines voire au-delà.

2) Le royaume du Kongo

Dans son ouvrage : l'histoire du Royaume du Congo, paru en 1591, Filippo Pigafetta, rapporte avec une rare honnêteté, comment par exemple au cœur du continent africain était établi un royaume structuré de manière cohérente autour de six provinces. Parlant des navigateurs portugais qui à cette époque arpentaient les côtes il affirme : « Les capitaines étaient étonnés de trouver des rues bien aménagées, bordées de part et d'autre de deux rangées d'arbres ; pendant des jours, ils voyageaient au milieu de magnifiques champs, dans un pays habité par des hommes vêtus d'habits colorés qu'ils avaient eux-mêmes tissés ».[30]Ce que les peuples de ce royaume situé autrefois en Afrique centrale ne savent plus faire. Lorsque l'explorateur portugais Diégo Cäo fit sa première rencontre avec le Mani Congo, le navigateur portugais est marqué par l'organisation d'une structure politique qui n'avait aucun complexe à nourrir vis-à-vis des Portugais. Le roi du Congo est assis sur un escabeau royal en ivoire, entouré de ses conseillers et ces hommes d'armes, rapporte B. Davidson. Et les rapports qui s'établirent entre les deux souverains c'est-à-dire le Mani Kongo et le roi portugais, étaient cordiaux, décomplexés et d'égal à égal. Voici ce que rapporte Bazil Davidson pour illustrer la cordialité de cette relation.

« Quelques années après cette visite à Mbanza, les frères royaux du Portugal et du Congo s'écrivaient dans des termes de complète égalité de rang. Ils échangeaient des émissaires. Des relations s'établirent entre Mbanza et le Vatican. Un fils du Mani Congo fut nommé, à Rome évêque de son pays.

30Akiny,op. cit., p.12.

Ce n'est que deux cents ans plus tard que les Portugais devaient réussir à détruire l'indépendance du Mani Congo. Ce n'est qu'en 1883, soit quatre cents ans après que Diego Cao eut contemplé avec émerveillement les flots bruns du Congo… » [31]Après avoir établi de manière évidente que le continent noir, qu'on le désigne sous l'appellation de l'Afrique ou sous un autre nom, a connu son apothéose, eu égard à toutes ces civilisations qui ont émergé sur cette partie du monde, il devient étonnant de constater l'état piteux dans lequel tout le continent africain a sombré au fil des âges. C'est au cœur de ces civilisations nubienne, éthiopienne, congolaise, égyptienne... où l'homme affiche déjà la maîtrise de la géométrie, des mathématiques, de l'astronomie, bref, c'est au cœur même de la pyramide qu'il va falloir situer l'âge d'or africain pour ainsi dire.

3) L'empire Ashanti

Après s'être rendu dans l'empire Ashanti en 1817, l'anglais Bowditch a décrit en ces termes la grande procession de l'escorte du roi à Kumasi : "Le roi, ses tributaires et les capitaines, resplendissaient au loin, entourés de courtisans de toutes sortes… Des hommes portaient plus de cent ombrelles, faites de superbes tissus et soies rouges et jaunes, couronnées de croissants, de pélicans, de tonneaux, d'armes et d'épées d'or, qui pouvaient abriter 30 personnes."

"Les marchands africains, leurs capitaines et leurs serviteurs, portaient des tissus Ashanti très luxueux, faits de soies étrangères coûteuses qu'ils avaient tissées pour créer une grande variété de couleurs et de motifs… (Ces tissus)

31Bazil Davidson, *Mère Afrique*, Presse universitaire de France, Paris, 1965, p. 149.

jetés sur les épaules exactement comme une toge romaine étaient d'une taille et d'un poids incroyables", rapporte Akinyi.[32] Le plus étonnant c'est que non seulement cette civilisation ne parviendra jamais à se relever, mais, bien plus, le peuple établi autrefois sur cette aire "*civilisationnelle* », ne se souvient plus de rien, et ne sait plus rien faire, exactement comme l'avait prédit le prophète Esaïe au VIIIe siècle AV. J.-C.

Le réveil de l'Afrique s'entend donc comme un mouvement de retour vers sa situation initiale. Quand cela se fera-t-il et de quelle manière ? Des questions qui nous ouvrent sur la perspective des enjeux réels du réveil africain. Car, le réveil de l'Afrique ne se fera pas vaille que vaille comme cela s'est fait jusqu'aujourd'hui. Certaines conditions d'ordre conjoncturel présideront à son déclenchement si l'on s'en tient à la prophétie. Déjà, certains faits sur le plan stratégique s'annoncent comme des signes avant-coureurs d'un jour nouveau pour l'Afrique. Mais, au regard de la controverse portant sur la notion même d'Afrique, il sera utile de définir les contours de ce que l'on entend par Afrique.

Ne faut-il pas être d'accord avec celui qui soutient que « l'Afrique n'est pas assez entrée dans l'histoire » ? Si tant est que l'Afrique évoque ici une notion nominale qui colle au temps et non à une aire culturelle donnée, et surtout pas au peuple établi sur celle-ci. Il s'agirait alors de l'Afrique contemporaine. Cette Afrique qui n'a pas connu les gloires passées du berceau de la civilisation qu'elle fut. Cette Afrique humiliée, dira Aminata Traoré, qui n'a connu que honte sur honte, déchéance sur déchéance, viol sur viol. Il s'agit donc de cette Afrique des vaincus, dont l'élite ne

---

32Akinyi, Op. Cit. p.12.

sait plus arborer ses rues et tisser ses toiles ainsi que nous l'a montré Pigafetta.

Le substantif Afrique en effet est postérieur au continent et au peuple qui habitait ce continent. Il remonterait à la conquête de la côte méridionale de la Méditerranée par les explorateurs venus de la côte nord. Le mot Afrique est une invention européenne qui est rattachée à l'histoire de Carthage en Tunisie. Mais il ne s'agit nullement de l'Afrique des mythes fondateurs de l'humanité. Jésus-Christ est venu confirmer à sa manière cette vocation de berceau que représente la terre de nos ancêtres, en ce que, menacé par Hérode, bras armé de l'Occident ravageur, Jésus trouva en terre africaine ce lieu d'asile tant recherché, et nulle part trouvé ailleurs. Cet exil de Christ en Afrique dura quelques années.

L'histoire se répéta lorsque, menacé par la disette, le peuple hébreu trouvera en terre africaine (l'Égypte), le lieu de naissance de leur sauveur (Moïse), mais aussi de la naissance de leur nation. La nation juive est indiscutablement née en Égypte. C'est là, en Égypte en effet, qu'unis par le sort, les Hébreux réalisèrent leur unité en tant que peuple. C'est en rangs dispersés qu'ils vinrent sur la terre des pharaons après qu'ils eurent vendu leur frère Joseph. Le fait que les explorateurs grecs, parvenus à Carthage (Tunisie) évoquèrent pour la première fois ce mot pour indiquer ces terres inconnues marqua une nouvelle ligne de démarcation. De cette manière, il peut s'entendre que l'Afrique soit un continent d'histoire récente, comparée à l'Europe, désignée parfois sous l'épithète de vieux continent. Autrement, on aurait du mal à comprendre qu'un quelconque continent soit plus vieux que le continent où la vie est apparue pour la première fois d'après les données scientifiques, depuis le paléolithique supérieur avec le négroïde d'Afrique (Omo I, Kanjera) 150 000 ans) en passant par celui de Grimaldi (33 000 ans) sans compter les récentes découvertes de Lucie et surtout d'un certain Toumaï (2000 000 d'années), tout le monde s'accorde à reconnaître aujourd'hui en l'Afrique, le berceau scientifique de l'humanité. Ce serait la plus abjecte incongruité que de soutenir que le berceau de l'humanité ne soit pas assez entré dans l'histoire de l'humanité, alors que cette histoire, pour grande qu'elle soit, ne se définit que par rapport à son centre : le continent noir. Tout le monde a été noir, au moins une fois de son histoire, jusqu'à ce qu'un jour, le déballage des mystères de Fatima[33] par exemple tenus captifs par le Vatican, vienne à nous prouver le contraire. Le grand esprit, troublé en son repos ce mois de juillet 2007, peut donc continuer de reposer en paix !

Il est ahurissant de constater sinon l'ignorance, du moins, l'indifférence dont font preuve les nouvelles générations en Afrique, à l'égard du combat des héros de la cristallisation de la conscience noire que sont entre autres Senghor, Césaire et surtout Cheikh Anta Diop et son disciple Théophile Obenga. Cela est une nécessité dialectique dans l'optique de notre redéfinition dans l'histoire en tant que nation. On ne saurait bâtir le renouveau africain que dans la mesure où les travaux de ces géants d'esprits serviront de repères fondateurs aux architectes d'une Afrique nouvelle. Car, c'est alors que nous comprendrons que les Noirs ont connu l'aventure scientifique bien avant ceux qui se prévalent d'en être les détenteurs exclusifs aujourd'hui. C'est là, un des paramètres spirituels du réveil

33Ville du Portugal devenue célèbre depuis l'apparition d'une vierge noire à trois jeunes portugais.
Des révélations furent livrées à l'occasion, dont certaines sont gardées secrètes à ce jour par le Vatican. Certains observateurs croient savoir qu'il s'agit des informations liées à la place de l'homme noir dans l'histoire de l'humanité.

africain. Un des paramètres, car l'autre paramètre est d'ordre prophétique ainsi que nous l'avons souligné. Mais l'on comprendrait mieux ce paramètre d'ordre prophétique en évoquant les causes de la déchéance africaine.

La déchéance
Les causes historiques

Innombrables sont les causes historiques qui sont à la base de la déchéance du continent africain. Nous allons nous contenter ici de quelques cas.

Cas du royaume du Congo

Il vient d'être prouvé historiquement qu'il a existé au cœur de l'Afrique, un grand royaume, dont l'équilibre fut mis à mal par l'intrusion coloniale. Un des secrétaires de P. Savorgnan de Brazza, témoigne que ce fut une structure politique cohérente, chapeautée par un roi à qui les différentes villes (Mbanza) devaient allégeance. Les Occidentaux décrivent ces peuples comme courageux, forts et laborieux. La géographie de cette région est quant à elle, dépeinte comme des plus riches de la planète. C'est au point que même des pierres ordinaires ici sont impressionnantes. Cet administrateur de l'explorateur français de dire :

« Comment le peuple intelligent qui autrefois habitait ici, a-t-il pu être remplacé par ce peuple barbare et ignorant ! »

Il est vrai qu'il n'ya pas de commune mesure entre l'homme politique d'alors, visionnaire et protecteur, aux hommes d'affaires et chefs de clans que nous trouvons à la tête des peuples d'Afrique aujourd'hui dans le gros des cas. Mais c'est le fait de la déstructuration de nos sociétés par les agressions extérieures répétées, de quelle que nature qu'elles fussent. La bataille d'Ambuila par exemple fut l'élément déclencheur de la décadence du royaume du Kongo. Car, cette défaite face aux envahisseurs portugais, mina considérablement l'unité du royaume avec toutes les conséquences qui s'en suivirent. Sans vouloir revenir sur la stigmatisation du fait colonial et la traite des noirs, nous devons reconnaître l'intrusion étrangère comme une des causes objectives de la décadence de l'âge d'or africain. Mais l'affaissement de la structure politique locale pouvait aussi s'expliquer par les accointances d'ordre culturel ou politique avec l'aristocratie portugaise. Peu à peu, les mœurs locales ont fini par se diluer dans ce que l'on appelait abusivement « la civilisation ». D'où l'assimilation qui n'était en réalité qu'une conséquence logique. Ce fut d'ailleurs le cas en Égypte comme nous venons de le mentionner. La forte émigration que connut cette terre mythique poussa les Égyptiens à intégrer l'étranger dans leurs structures politiques et militaires. Ce qui se révéla être une grande erreur. Ces étrangers avaient fini par prendre le contrôle du pays pour l'affaiblir progressivement.

Les causes prophétiques

Pour passer d'un extrême à un autre, de l'âge d'or à l'obscurantisme, il avait fallu qu'une subversion d'ordre exogène fût ourdie contre l'Afrique. Mais, au-delà des faits, il fallait plutôt y voir l'accomplissement d'un dessein prédéterminé par la très haute main qui gouverne l'histoire. L'Occident, tout cartésien qu'il se définit, était le premier à vouloir trouver une explication prophétique au sort de l'Afrique. C'est le fameux argument de la malédiction de cham.

Cham était un des trois fils de Noé. Après s'être enivré de vin doux, Noé s'abandonna dans une posture physique qui offrait du spectacle à tout venant. Son fils Cham qui était passé par là ne put interdire ses yeux du maudit spectacle. Par-delà, il fit de cela un sujet de commérage. Revenu à lui, Noé apprit l'histoire des indélicatesses de Cham. Sur quoi il s'empressa de maudire non pas Cham, l'auteur immédiat du forfait, mais un des fils de Cham, le 4e notamment, du nom de Canaan. Disant : « que Canaan soit l'esclave de ses frères ». Vu que Cham s'établit après son forfait en Égypte, qu'on appelle d'ailleurs à juste titre le pays de Cham selon la littérature biblique, les Occidentaux prétendirent que le pays de Cham (notion étendue à la condition de l'homme noir) payait par sa galère, le prix de la malédiction de Cham.

S'étant penché sur la question, Cheikh Anta Diop résuma en ces termes : Dans l'hypothèse où Cham serait maudit, comment donc expliquer que ce soit en Égypte que le reste de ses frères non maudits, aillent se réfugier, pour échapper à la disette qui sévit dans leur contrée ? C'est à travers Joseph, établi en Égypte, que Jacob et tous ses autres fils auront la vie sauve. Ce que Cheikh Anta Diop ne dit pas, c'est que leurs sauveurs, c'est-à-dire Moïse et Jésus qui est aussi le sauveur du monde, ont appris à marcher, sur la terre de Cham, sans vouloir revenir sur ce qui est déjà dit. Car, nous l'avons soutenu, le pays de Cham est le berceau même de la nation juive. Dans la mesure où leur guide est né et forgé ici, leur nation taillée sur des pierres qui ne sont pas étrangères à la terre du pays de Cham. C'est ici que furent forgées les fibres qui ont constitué la toile de leur unité en tant que peuple. Ce serait donc faire injure à l'histoire que de soutenir que le pays de

Cham porte une quelconque malédiction sur cette base. Bien au contraire !

Cependant, cela ne nous permet pas d'évacuer comme tel, l'argument imprécatoire. Car, un regard attentif sur l'homme noir, nous amènera au même constat. Comme Sisyphe, l'homme noir vit un sort malheureux qui semble lui coller à la peau, quelle que soit sa position géographique. En Amérique, en Europe, en Asie ou sur sa propre terre, son sort est le même : l'homme noir mène une existence de souffrance. L'on ne peut plus se contenter de faire un procès au colonialisme pour tout expliquer. Car, voici deux siècles que Haïti est indépendante. Mais la condition du noir là-bas n'est guère enviable. Là où des pays comme la Corée du Sud, la Chine, l'Inde, le Brésil... ont mis juste 50 ans, pour changer leur niveau de vie, deux siècles d'indépendance ne sont pas assez pour atteindre la moitié du niveau des autres. Pourquoi donc ?

Il y a là, nécessairement une cause que l'on doit situer au-delà des lois physiques. C'est en fouinant dans la Bible que nous trouverons les raisons profondes de cette déchéance chronique. C'est en lisant dans la Genèse déjà que nous trouverons une explication prophétique à la situation de l'homme noir. En effet, lorsque Dieu dit à Abraham que ses descendants seraient esclaves sur une terre étrangère, il promet qu'il châtierait le peuple par lequel cet esclavage serait venu (Gen.15 : 14).

Dieu dit : je jugerai ce peuple. Le jugement, même si on était innocent, a toujours été vécu comme un moment d'angoisse et de privation de sa liberté pour celui qui le subit. Il faut répondre quand on veut se taire, il faut se lever quand on veut rester assis. Or le jugement ici doit être pris comme une conséquence du fait d'avoir opprimé le peuple de Dieu. Ce Dieu n'avait-il pas promis à Abraham qu'il maudirait celui qui maudirait Abraham ; et qu'il bénirait celui-ci. Alors le Dieu d'Abraham a dû opprimer les Africains, dans l'hypothèse où les Égyptiens évoqués ici seraient assimilés aux Africains noirs, pour avoir opprimé le peuple de Dieu. Et c'est peut-être pour cette raison que la traite des noirs avait duré à peu près le même temps que l'oppression d'Israël en Égypte ; à savoir quatre siècles. Un Dieu réputé juste aurait eu tort d'opprimer les Égyptiens au-delà de quatre siècles.

Dans la même optique, il se trouve d'autres textes qui pourraient expliquer le sort de l'homme noir. C'est le cas de cet épisode où pour annoncer l'exode Moïse déclarait : Ces Égyptiens que vous voyez, demain vous ne les verrez plus. (Exode 14 : 13.) Il est vrai qu'on pouvait y voir une allusion faite à l'oppression dont les Égyptiens étaient les instruments. Mais par extension, l'annulation de l'oppresseur lui-même, sujet de l'oppression du peuple de Dieu. Les nazis, pour s'être trouvés quasiment dans la même situation que les Égyptiens, en firent à leur tour l'amère expérience. L'Allemagne paya un lourd tribut pour avoir persécuté les juifs. Ainsi, on ne verra plus l'Afrique, berceau de la civilisation, pendant une longue période de l'histoire, jusqu'à ce jour.

Enfin, nous aurons aussi pu évoquer ce texte de Cantiques des Cantiques, qui présente la femme noire comme la gardienne de la vigne des autres. Beaucoup de commentaires ont été faits sur la teneur de la mélanine dans la peau de la Sunamite. Une chose est sûre, celle-ci n'avait pas la peau blanche. Sa vigne à elle, elle ne l'a pas gardée. (Cantique1:1-7).

La vigne est un champ de raisins. Le produit de cette culture est exploité de façon allégorique par Jésus pour être assimilé à son sang, source de vie. Autrement dit source de l'épanouissement intégral de l'homme :

— Épanouissement spirituel

— Épanouissement scientifique

— Épanouissement économique

— Épanouissement socioculturel.

Être privé de vigne peut être assimilé à ce qui est privé de toute vie. L'homme noir dont le sort est semblable à celui de la Sunamite serait donc réduit au rôle de simple gardien des biens des autres. L'homme noir paraît étranger à toute vie normale sur cette terre. Par conséquent, pendant longtemps il sera écarté des délices du champ dont il a pourtant le secret en tant que gardien. Ainsi, sur une longue période de l'histoire, l'homme africain se nourrira de la culture des autres, au point de lui dénier toute idée de civilisation. L'histoire prétend qu'il est sans histoire, lui qui est pourtant source de la civilisation. Ce serait donc conformément à la prophétie que l'homme noir sera pour un temps, banni des sentiers de l'histoire, hors d'état de faire, dira Esaïe. Mais cela devait durer un temps et non une éternité. C'est le prophète Esaïe qui nous en donnera une nette indication.

Dans le chapitre dix-neuf du livre d'Esaïe, nous trouvons une prophétie qui nous paraît certainement la plus plausible de toutes, sur le sort de l'homme noir. Par conséquent ce texte constituera dans le cadre de nos travaux la principale hypothèse de recherche pour essayer de comprendre la trame existentielle si complexe de l'homme noir, par le prisme de la prophétie : les Égyptiens dont parle Esaïe sont des Africains noirs. Mais avant tout, il ne sera pas inutile de savoir qui est Esaïe.

Le prophète Esaïe et son livre

Esaïe, fils d'Isaïe est un des trois prophètes majeurs en Israël. C'est le premier sur le canon prophétique. À cheval entre les temps de la captivité (déportation d'Israël) et la restauration, Esaïe s'illustre en particulier par ses projections prophétiques sur les temps messianiques. Descendant de famille royale, son nom Esaïe signifie « Yahvé est salut ». Il commence à prophétiser vers 740-739 av. J.C à la mort du roi Osias. Sur ses prophéties au sujet des nations, Esaïe portera un regard particulier sur l'Égypte, au regard du chapitre dix-huit et dix-neuf, du livre qui porte son nom. Mais, attardons-nous sur l'objet de notre étude exégétique qui consiste à vouloir comprendre la cause des souffrances de l'homme noir.

Parlant des Égyptiens décrits dans le chapitre dix-neuf, le prophète nous invite à accompagner le Dieu qu'on appelle l'Éternel, dans sa visite de l'Égypte, autrement dit de l'Afrique, quand bien même une certaine opinion n'admet pas que l'on parle indistinctement de l'Égypte et de l'Afrique noire.

L'on reproche au livre d'Esaïe son peu d'unité structurelle et quelques incohérences d'ordre chronologique. De plus, il se trouve, des théologiens qui réfutent à Esaïe la rédaction de certains livres des 66 dont la tradition lui reconnaît être l'auteur. Certains critiques estiment par exemple que les chapitres 36 à 39 sont parallèles à 2Rs.18 : 3-20 ; 19 et dans 2Ch26 : 22. Le livre présente par ailleurs un ordre chronologique relatif. Ainsi, les chapitres 2 à 5 proviendraient d'une première période ; alors que le chapitre 7 : 1-9 daterait d'environ 734 av. J.C ; 18-

20 de 745-711 et diverses prophéties des chapitres 28-37 entre 705-701, d'après les scanographes[34].

Ainsi, on parlera de proto Esaïe (chap.1-39), du deutéro-Esaïe (chap. 40-66), que l'on attribuerait à des rédacteurs faisant partie du cercle de ses disciples, alors que d'autres critiques ont parlé du trito-Esaïe (40-55) et voire du quarto-Esaïe, consacré au reste des chapitres, c'est-à-dire les chapitres 56-66. Le proto dont nous avons tiré le segment de texte soumis à notre analyse est sans conteste attribué à Esaïe. Sans vouloir prendre position dans ce débat, le fait que Christ ait confirmé à travers le Nouveau Testament les prophéties de ce livre comme écrits d'Esaïe, encourage ceux qui soutiennent qu'Esaïe seul est le rédacteur de ce livre.

En tout cas, mis à part ces observations des critiques, Esaïe est présenté comme le plus grand des prophètes de l'Ancien Testament du fait de l'unité de son style, la fiabilité de ses prédictions et son niveau élevé. La richesse spirituelle est un autre trait qui distingue le livre d'Esaïe.

Il présente Dieu comme le Saint d'Israël. Un Dieu qui sait à la fois punir le péché et pardonner au pécheur son péché. Les thèmes majeurs des livres sont : Foi et politique-la sainteté — la punition — le salut — le Messie et l'espérance. Le livre s'adresse à la fois à Israël et aux Nations, dont l'Égypte et l'Éthiopie. C'est dans ce contexte qu'il faut prendre les chapitres 18 et 19. Pour clore cet aperçu sur Esaïe, avant de nous porter à un examen approfondi de tout le chapitre 19, nous retiendrons que quoique l'on dise, sur ce livre, le fait que le Christ ait utilisé un rouleau du livre du prophète Esaïe pour révéler au monde son œuvre messianique (Luc 4), donne à ce livre et à son

34 *Le Grand Dictionnaire de la Bible*, Éd. Excellais, Italie, 2010.

auteur, une originalité qui balaie d'un revers de la main tout ce qui a été fait comme réserves sur certains livres ou chapitres d'Esaïe. Lorsque l'on réalise la sensationnelle découverte de Qumran en mer morte[35], 1947, le livre d'Esaïe est le seul qui offre un jeu complet des 39 manuscrits qui composent l'ouvrage (Bible hébraïque). Chose curieuse, non seulement les 66 chapitres du livre d'Esaïe ont survécu à tous les toilettages rabbiniques, mais, en plus, toute la Bible finira par compter 66 livres.

Nous avons donc des raisons de croire que ce que le prophète déclare sur l'Égypte et l'Éthiopie devait s'accomplir. D'ailleurs, nombre de ces prophéties se sont fort bien accomplies. Telles, celles se rapportant à l'effondrement de l'Égypte, la captivité de Juda, la restauration, et toutes ses prédictions sur la naissance et le Ministère du Messie sont d'une exactitude insoupçonnable. C'est aussi le cas de celle que nous avons évoquée dans Esaïe 61 : 1-2, accomplie en Luc 4. Mais, il est des prophéties de ce livre qui demeurent à venir ou sont en voie d'accomplissement. C'est le cas de la prééminence annoncée de l'Égypte selon Esaïe 19 : 25. Une prééminence égyptienne, c'est-à-dire africaine, qui sera confirmée par le Christ lui-même, à travers l'évocation de l'épisode de la reine de Sabbat. Épisode sur lequel nous reviendrons avec force détails. Mais les Africains auront une raison toute particulière de s'attarder sur le livre d'Esaïe en considération du récit de l'eunuque éthiopien.

---

35 En 1947, un jeune Bédouin, vraisemblablement contrebandier, découvre dans des grottes des manuscrits datant de plusieurs siècles. Le livre d'Esaïe est un des plus complets qui seront trouvés.

L'eunuque éthiopien

En effet, le livre du prophète Esaïe est bien celui que parcourait l'eunuque éthiopien, un haut fonctionnaire africain rentrant de Jérusalem. Alors qu'il lisait le chapitre 53 du livre d'Esaïe, sans jamais ne rien comprendre, l'Éternel lui envoya le secours de Philippe qui le baptisa par la suite en plein désert. On ne saurait admettre que ce soit le fait du hasard que ce prestigieux personnage politique éthiopien se soit porté à la lecture du livre d'Esaïe, au chapitre 53 : 5. Nous devons plutôt y voir le fait de la providence divine. Voici ce que stipule ce verset en effet :

« Mais lui, il était blessé à cause de nos transgressions, brisé à cause de nos fautes ; la punition qui nous donne la paix est tombée sur lui, et c'est par ses meurtrissures que nous sommes guéris ». Pourquoi un haut fonctionnaire africain doit-il se faire expliquer des choses uniquement dans le livre du prophète Esaïe alors que la Bible en compte 66 ? Il sera frappant de remarquer combien le sort de l'Afrique sera proche de celui du Messie, dans la mesure où le pillage de l'Afrique a permis le développement de l'Occident en particulier, et du monde en général. L'homme noir est utilisé comme une bête de trait dans certains cas, dans d'autres, une chair à canon, pour la cause des nations occidentales. Considérons l'appel des Noirs aux côtés des alliés pour soumettre Hitler et toute sa clique de l'Axe, lors de la Seconde Guerre mondiale. L'histoire rapporte que l'uranium qui permit de fabriquer la toute première bombe atomique de l'histoire fut tiré de Kinshasa en Afrique centrale. Cette bombe qui tomba à Nagasaki et Hiroshima au Japon mit pratiquement fin à l'épopée de la Seconde Guerre mondiale.

L'homme noir, redouté puissant est utilisé sur tous les théâtres d'opérations requérant de la force. Ainsi, suite à la découverte de l'Amérique au XVe siècle (1452). L'homme africain est présent dans des champs de canne à sucre ou de caoutchouc sans oublier les chantiers miniers comme ceux de charbon. Oui ! Les meurtrissures de l'Afrique ont permis de construire le Brésil, les États-Unis d'Amérique et l'Europe. De petits pays pauvres comme la Belgique ont essentiellement été construits grâce aux richesses pillées sur le continent noir, avec la permission du Dieu de l'univers. Il l'a fait pour le Christ donné en rançon pour le salut de l'humanité, pour Israël égaré afin de permettre l'élection des nations. Il devait le faire dans le cas de Mère-Afrique qui incarne à cet égard, les mamelles universelles pour nourrir les peuples du monde entier. Ainsi, les peuples du monde entier portent en eux, qu'ils en soient conscients ou non, les gènes des peuples juif et africain. Ces deux peuples devraient plutôt être fiers comme le Christ, d'avoir par leur martyr, réalisé le « Salut » de l'humanité. Tel devait être le sens de l'interpellation de l'eunuque éthiopien.

Mais, comment cet éthiopien qui n'avait certainement pas lu Épicure et autres stoïciens, pouvait-il comprendre le sens de son apport dans l'histoire. L'homme africain maudit donc l'Européen qu'il croit responsable de ses malheurs plutôt que de supporter et vivre à l'image de Christ, sa douleur à la manière du philosophe. C'est donc l'Afrique spirituelle qui est une fois de plus interpelée aujourd'hui, quant au sens philosophique de ses meurtrissures et la nature de sa douleur. L'homme de douleur c'est-à-dire l'esclave, se dit doulos en grec. Or, le même terme est utilisé pour désigner le serviteur. L'esclave est donc serviteur. Dans la philosophie d'Esaïe 53, celui qui accomplit sans se plaindre le poids de son service est par la suite élevé par le service accompli. Esaïe indiquait déjà à travers cette péricope, la voie par excellence que l'homme noir devrait prendre pour son relèvement. Il n'est donc pas question de jeter l'anathème sur nos bureaux d'hier les rendant responsables d'un sort fatal ? Non !

De la même manière que Philippe intervint auprès de l'eunuque éthiopien, de la même manière Christ va intervenir à travers l'Église, la lumière qui seule élucidera l'énigme de l'Afrique. Comme dans le cas d'Israël, Dieu seul peut sauver l'Afrique. Tel est l'intérêt du livre du prophète Esaïe pour l'Afrique noire. Esaïe nous susurre que de même que Christ, le « doulos », est devenu Maître suprême de l'univers, et la Sunamite la préférée du roi, en dépit de son teint méprisable, de la même manière l'Afrique, « gardienne de la vigne des autres »,[36] réhabilitée par la grâce divine, est appelée à jouer un rôle moteur dans l'histoire des peuples. L'Égypte, c'est-à-dire, l'un des codes topographiques par lesquels le corpus biblique désigne dans certains cas l'Afrique, sera de nouveau premier.

Le continent noir va donc de nouveau briller dans le ciel des civilisations pourvu que l'homme africain accepte à l'image de l'eunuque éthiopien, le plan de salut que nous propose Esaïe dans les chapitres 18 et 19 de son livre. Mais, nous avons avant la prophétie, des raisons d'ordre pratique de croire au réveil du continent noir.

Les facteurs géostratégiques du réveil africain

a) Le facteur démographique

Depuis quelques années, l'Afrique compte plus d'un milliard d'habitants selon certains démographes. Soit 15 % de la population mondiale. Il n'est pas à exclure que ceux-ci soient contredits par d'autres démographes. Une chose

36 Cantique1:5-6.

est sûre, le continent noir a mené une politique aux antipodes des thèses autrefois défendues par Nietzche, Darwin ou Malthus, portant sur la limitation des naissances. À l'heure où l'on parle de baisse de pouvoir d'achat en Occident, ce capital humain est un véritable atout et pour l'Afrique, et pour les pays dits riches qui pourront saisir en cela une aubaine. Les grandes firmes seront de plus en plus attirées vers l'Afrique en se délocalisant, espérant exploiter à moindre coût et s'assurer un écoulement facile de leurs produits sur un continent où la croissance donne des signes qui se prêtent plutôt à l'optimisme. Tout en veillant à ce que ce flux démographique soit maîtrisé sur le plan intra africain également, l'atout démographique s'il en est, peut être un facteur d'échanges commerciaux tous azimuts.

De plus, cette population est dans sa grande majorité composée de mains valides. L'Afrique est en effet le continent le plus jeune du monde. 60 % de cette population est constituée de jeunes de moins de 22 ans d'après les études des démographes. Une jeunesse qui va être exploitée comme un atout majeur pour pouvoir engager les grands chantiers de développement du continent.

b) Facteur minéralier

La situation du monde aujourd'hui est semblable à celle de l'Europe au lendemain de la révolution scientifique et technique. D'un côté, les économies occidentales laminées par les années de crise ont besoin des énergies nouvelles pour se relancer, de l'autre côté les pays dits émergents ont dans leur boulimie minéralière besoin de l'Afrique qui demeure un donneur universel de matières premières : 12 % de la production des énergies fossiles ; 90 % des réserves de certains métaux comme le Platine ou le Cobalt ;60 % du Manganèse, sans parler du Fer, de l'Uranium et autres métaux précieux comme le Diamant et l'Or. En tout cas, il y en a encore ! Courtisé de toute part pour ses richesses, le continent africain peut renégocier dans de bien meilleures conditions, tous les contrats d'exploitation de ses mines aujourd'hui. En effet, l'Afrique connait une évolution tout à l'inverse de la situation d'autrefois, lorsque, au sortir de la conférence de Berlin le continent se vit imposer des partenaires et des schémas de développement. Ce fut un pillage en bon ordre des richesses du continent ; hélas, sur ordre du souverain de l'histoire. Nous y reviendrons. Les peuples africains ont aujourd'hui les coudées plus ou moins franches dans la définition de leur devenir minier.

c) Le facteur environnemental

La crise de l'environnement que le monde vit est une autre raison de se tourner vers le continent noir. Réchauffement climatique, changement climatique, entraînent des changements dans les habitudes de consommation de l'homme. Le recours aux énergies renouvelables par exemple, donne à l'Afrique un intérêt particulier du fait des opportunités multiples qu'offre le continent noir en la matière. Éolienne, solaire ou biocarburant, sans vouloir parler du nucléaire et l'hydro-électrique, constituent autant de sources d'énergie que le continent africain peut offrir sans effort particulier. L'administration Obama fait d'ailleurs de ce secteur l'objet de tout son intérêt en termes d'investissement.

Mais, les défis de l'environnement s'entendent particulièrement par la présence majestueuse du bassin du Congo, qui s'impose au continent et au monde comme un véritable joyau écologique, soit 22 % des réserves forestières du monde.

Deuxième massif forestier au monde, le bassin du Congo offre à lui seul des opportunités écologiques inégalables en termes de biodiversité notamment. On rencontre ici, une diversité écologique qui, si elle devait être préservée, pourrait assurer à l'Afrique une position stratégique dans la gestion des grands enjeux internationaux. Le bassin du Congo offre également des opportunités agricoles exceptionnelles à cause de la richesse de ses sols et de la disponibilité de ses terres arables. 23 % à peine des terres cultivables sont jusqu'ici exploitées. Dans un monde où la question démographique se pose en termes de défi planétaire, l'Afrique n'a pas encore réalisé ce que représente un tel potentiel. Autant de facteurs qui s'ils étaient exploités à bon escient devraient conférer à l'Afrique une place prééminente dans le marché des peuples. Mais, il y a mieux !

d) La géopolitique de l'émotion

Ceci est le titre d'un ouvrage dans lequel Dominique Moïsi développe ce qu'il appelle la cartographie de l'émotion. Ainsi, tous les peuples du monde, fait observer ce spécialiste français des relations internationales, sont régis par différents types d'émotions. Certains groupes comme des Occidentaux sont marqués par la peur aujourd'hui, d'autres comme les Arabes par la frustration et l'humiliation et d'autres comme les Africains, entre le doute et l'espoir, etc. Les émotions entreront donc pour une large part, dans la définition des équilibres internationaux. En l'absence des idéologies traditionnelles Est, Ouest, ces émotions déterminent désormais le métronome des relations internationales. C'est ici l'occasion de rappeler avec Senghor que l'émotion est nègre. Nous nous rappelons encore le procès qui fut fait à ce chantre de la négritude en rapport avec cette déclaration. C'était d'ailleurs une des pommes de discorde qui avaient pu opposer Senghor au professeur Cheikh Anta Diop. Là-dessus l'histoire donne plutôt raison au héraut de l'universalisme que fut Senghor. En effet, le monde est rattrapé par la force irrésistible de l'émotion. La raison seule ne suffit plus pour gouverner. L'émotion reste désormais un des critères déterminants du sens de l'histoire. Le réveil nègre en ce siècle de l'émotion n'est qu'évidence. Vu que la foi est une émotion, l'Afrique croyante aura des coudées bien plus franches que l'Occident, pour pouvoir apprécier les questions politiques où l'émotion agira de plus en plus.

Depuis la chute du mur de Berlin en effet, le clivage idéologique qui opposait les grands blocs au monde, l'Est et l'Ouest, a cessé d'être. La démocratie à l'occidentale manque en réalité de concurrent idéologique désormais. Il s'avère que le monde est fait pour fonctionner sur la base d'un rapport binaire. Par conséquent, le conflit de plus en plus ouvert entre d'une part le bloc arabo-islamique, et de l'autre, le groupe Judéo-chrétien, dessine au fond, le nouveau clivage idéologique portant plutôt sur un rapport de civilisation et non pas sur une simple idéologie politique.

La constitution des états religieux on le voit, ont des motivations bien plus profondes qu'un effet de mode. Depuis un certain temps, on assiste en effet à un retour des valeurs du passé dans les usages. Valeurs remises au goût du jour. L'état religieux n'en ferait donc pas l'exception. Seulement, le déficit moral et spirituel qui mine l'Église du nord met en évidence le continent noir qui, de l'avis même du Pape Benoit XVI, « est un poumon spirituel au monde ». Le modèle d'un état d'obédience chrétienne par conséquent ne pourrait venir que de l'Afrique noire. C'est ce que nous croyons savoir en lisant attentivement le prophète. Une telle évolution des choses pourrait faire peur lorsqu'on se tourne du côté de l'histoire. Il nous faut pourtant surmonter les peurs et domestiquer ce nouveau rapport de force. Nous gagnerions à œuvrer pour la cohabitation intelligente de ces deux blocs, plutôt qu'à repousser l'évidence. Car, lorsque l'on croit chasser le naturel, il revient au galop. Quoi que l'on dise, le nouvel ordre mondial sera nécessairement empreint des relents religieux. André Malraux, à travers une formule fort prophétique qu'on lui attribue aura eu raison : « le 21e siècle sera religieux ou il ne sera pas ».

2) Le Facteur stratégique du réveil de l'Afrique

À quelque chose malheur est bon stipule un vieux dicton. Ainsi, la situation qui prévaut dans le monde de nos jours, notamment le déclin annoncé des grandes puissances, peut être opportunément exploitée par les faibles et donc l'Afrique, dont les richesses sont nettement plus préférées que ses habitants. L'Afrique était jusqu'ici l'objet d'une surveillance scrupuleuse pour échapper à tout schéma de développement. À travers des programmes biaisés du FMI par exemple, nous savons comment les économies africaines ont été détournées pour ne jamais connaître la voie du développement. Et nous verrons un peu plus loin de quelle manière au XIXe siècle, l'impérialisme européen, grâce à ses égyptologues, ses philosophes et ses écoles africanistes, bâtit tout une philosophie faisant de l'Europe, le centre du monde.

Confrontées aujourd'hui à une situation intérieure des plus agitées d'une part, et d'autre part à la concurrence sur leurs terres de prédilection, des pays dits émergents, les nations dites riches ne peuvent plus contrôler comme autrefois, leurs viviers traditionnels. Cette situation peut donc être mise à profit pour se défaire de l'étau occidental, par l'avènement d'un nouveau système global que le monde attend de pied ferme.

Si l'on s'en tient d'ailleurs à la révélation des Écritures, le système occidental qui gouverne le monde à ce jour, connaitra le fond de l'abîme, selon Daniel chapitre 2. Dans cet épisode, Dieu passe en revue les différents royaumes de portée universelle, qui seront au nombre de quatre. Selon toute vraisemblance, il s'agit des empires qui ont dominé la terre, depuis Babylone jusqu'à l'empire occidental en passant par les Mèdes et les Perses, avant la Grèce et Rome. Mais, en réalité, l'empire occidental et l'U.R.S.S, peuvent être considérés comme les cornes que l'on trouve sur la quatrième bête. Il s'agirait des puissances qui domineraient la terre dans les temps de la fin, juste avant l'intervention du cinquième royaume.

En effet, si nous devions nous porter à l'étude des prophéties de Daniel, « il y aura un cinquième empire universel, représenté par la petite pierre du chapitre 2 et par le libérateur semblable à un fils de l'homme, du chapitre 7. La statue n'a pas de prolongement, et il n'y a pas de cinquième animal. Ce nouveau royaume est, en effet, très différent des autres et son instauration implique la fin de la situation actuelle et l'organisation d'un ordre nouveau. Nous lisons, en effet, "qu'une pierre se détacha sans le secours d'aucune main" (2 : 3), ce qui signifie que ce changement n'est pas l'œuvre d'un conquérant, mais de Dieu. On lit d'ailleurs au verset 44 : "*Dans le temps de ces rois*, le Dieu des cieux suscitera un royaume." Le chapitre 7 nous décrit, aux versets 9 et 10, la scène du jugement qui se termine par la mise à mort des animaux, ce qui correspond à la destruction de la statue. L'effondrement total et définitif de l'orgueilleuse et fragile construction humaine. »

À la place, Dieu « suscitera un royaume qui ne sera jamais détruit, et qui ne passera point sous la domination d'un autre peuple ; il brisera et anéantira tous ces royaumes-là, et lui-même subsistera éternellement ». La même pensée se retrouve au chapitre 7 : 18 « Les saints du Très-Haut recevront... le royaume éternellement, d'éternité en éternité ». Il ne fait aucun doute, il s'agit là du règne annoncé de Christ, qui demeure éternellement. Mais il n'en demeure pas moins vrai que ce règne a déjà commencé, du fait de la présence des chrétiens sur terre. En Christ, le règne de Dieu est venu jusqu'à nous.

Le rôle de la femme dans le réveil africain

Le rôle de la femme dans la dynamique du réveil de l'Afrique se profile déjà à travers l'évocation de la reine du midi. C'est à travers une femme que Christ annonce le réveil de l'Afrique. Nous allons montrer le côté spirituel de cette projection.

Mais au-delà, c'est tout le rôle de la femme qui est mis en évidence. Pourtant tout semble indiquer que la femme africaine demeure loin de cette perception des choses. Tourbillonnées dans les courants féministes qui soufflent depuis l'Occident, la femme africaine, celle de l'Afrique noire en particulier, reprend servilement à son corps défendant, des thèses dont elle n'a ni les tenants, ni les aboutissants. Molière parlerait de « Femmes savantes ». Dans le contexte d'une mondialisation sans foi ni loi comme le nôtre, le contexte local devrait constituer un gage initial d'auto détermination idéologique et sociale. Hélas, sans ancrage idéologique, culturellement déboussolée, la femme africaine n'ayant rien à proposer sur ce grand marché du « rendez-vous du donner et du recevoir », dont parlait Senghor, se contente de reprendre servilement à son compte, des thématiques tirées du contexte des autres. Exactement comme il y a cinquante ans, lorsque nous fûmes obligés de consommer servilement la culture des autres.

Alors qu'elles auraient dû, conformément au propos que nous venons de développer, prendre l'avant-garde de la marche pour la restauration de la famille, la femme africaine se réduit à la consommation des paradigmes d'un Occident sécularisé et déclinant.

On a commencé par parler d'émancipation, puis d'égalité. Voilà que la dialectique féministe nous sert désormais la parité par-ci, si ce n'est la question du genre, de l'autonomisation de la femme par-là. Des mots qui ne veulent rien dire en réalité. En tout cas, des slogans qui n'ont rien à voir avec les attentes légitimes des peuples africains. En faisant de l'homme l'adversaire premier de la femme, l'Occident ravageur demeure conforme à sa vieille tactique : diviser pour mieux régner. La diabolisation de la culture africaine dans un contexte de mondialisation est faite à dessein. Les officines néocolonialistes travaillent désormais à décimer ce qui reste de la culture africaine qui place la famille au cœur du rouage social. En réalité, en scrutant la constance et la férocité avec laquelle ce combat est mené depuis des lustres, il est évident qu'il s'agit des forces savamment structurées avec un objectif bien précis : la destruction de la famille. Cela est aussi vieux que l'histoire de la création, Satan s'attaque à l'équilibre de la famille en passant par la femme. Remarquez : émancipation, égalité, autonomisation, le genre autant de concept qui s'articulent dans une constante gradation pour déboucher sur l'atomisation de la famille qui elle, n'est qu'une étape transitoire qui devrait aboutir à *l'ingouvernabilité* du monde. Nous y voilà !

Prenons un concept comme l'égalité. Devrait-on concevoir un instant que la femme soit l'égale de l'homme ? D'ailleurs, est-il normal que la supériorité de la femme qui n'est plus à prouver dans bien de domaines, soit vertement niée pour que celle-ci développe tant d'énergie à n'être que l'égale de l'homme. La femme serait-elle donc un être complexé pour vouloir tant ressembler à l'homme. Le fait de porter les bottines ou les armes de guerre suffit-il pour effacer les différences physiologiques entre les deux genres ? C'est au point qu'il existe une doctrine qui tend à nier la différence de genre entre l'homme et la femme. En réalité, ce n'est pas que les gens soient bêtes à ce point. Mais en niant la différence de genre, ces officines ont voulu préparer les esprits à avaler le fait du mariage homosexuel. Remarquez désormais la détermination avec laquelle ces courants occidentaux défendent le fait homosexuel. L'Église se permet de célébrer aujourd'hui le mariage homosexuel alors que la Bible le condamne clairement.

La femme africaine, et la femme en général, peut-elle comprendre cette soudaine affection que lui voue le système des Nations Unies ? Est-ce par amour pour la femme qu'on lui préfère un homme pour former des couples homosexuels tant défendus par le système des Nations immorales aujourd'hui ? L'homme devient alors le principal adversaire de la femme. En orientant l'attention de la femme vers ce rapport qui n'a pas lieu d'être, il est clair qu'il est des intelligences qui travailleraient à détourner l'attention des Africains des problèmes existentiels de notre temps. Il s'agit par exemple, de la question des injustices sociales qui engendre la pauvreté, la criminalité et bien de dérives sociales. Il est fallacieux de monter la femme systématiquement contre l'homme, en faisant de celui-ci son principal adversaire social. L'homme demeure le partenaire le plus sûr de la femme dans toute société. La femme et la femme africaine en particulier, devrait cesser de voir en l'homme un adversaire, mais plutôt un partenaire.

L'Occident essaie par exemple de faire croire que l'excision pratiquée sur les organes génitaux féminins est un trait caractéristique de la misogynie qui marque encore tant la société africaine. Déjà, il faut faire remarquer que les agents opérateurs ici, sont des femmes. En plus, sans vouloir défendre particulièrement cette pratique, l'excision en Afrique est un trait culturel que l'on rencontre également chez l'homme africain, sans que cela fasse sourciller dans la moindre mesure. Il s'agit là, des rites anthropologiques propres à chaque civilisation. Après les attaques djihadistes en France, au mois de novembre 2015, on a entendu de manière officielle les autorités déclarer : « Ces gens-là veulent changer notre mode de vie. Ils n'y parviendront pas ».

Par contre, les Occidentaux pensent eux qu'ils peuvent tout se permettre sur le mode de vie des autres, au point de menacer de sanctions les gouvernements africains qui n'obéiraient pas à leur grille de lecture sur l'homosexualité par exemple. Est-ce juste ?

La femme africaine ne devrait pas se tromper de combat au moment où la société occidentale craque du fait de la sécularisation de leurs mœurs, et du relâchement de leur système éducatif. La sauvegarde de la famille devrait constituer à maints égards, une des principales conquêtes de la femme africaine de nos jours, aux côtés de son meilleur compagnon de tous les temps : l'homme. En effet, la famille devrait être l'objet de la sublimation la plus noble de leurs entreprises communes. Toute conquête, d'où qu'elle vienne, visant à fragiliser la famille, devrait constituer le moindre de leurs soucis. La femme devrait cesser de penser que la société se porte si mal parce qu'elle ne serait pas si impliquée dans la gestion politique de la cité. Si c'était le cas, les femmes politiques devraient déjà prouver leurs capacités à gérer leurs familles. Si c'est si éprouvant pour celles-ci de gérer la famille, ce ne sera pas moins éprouvant de gérer la cité qui présente des contours bien plus complexes. La politique a un côté pernicieux qui finit assez souvent par aliéner ses acteurs. Or, si la femme qui est donnée pour être l'âme de la société perdait sa saveur du fait de l'activité politique, il ne reste plus à l'homme le verrou moral quotidien qu'elle était censée représenter. Les revendications de la femme en termes de parité politique par exemple, loin d'être une réponse à la décadence sociétale actuelle, ne feraient que l'aggraver. La preuve c'est que dans nos sociétés dites archaïques, les enfants allaient à l'école pour apprendre la vertu et non le vice. Cette société-là ne se portait pas plus mal pour cela. Aujourd'hui, sous nos gouvernements de parité, les enfants s'en vont à l'école pour donner la mort à leurs congénères si ce n'est à leurs encadreurs. Cela est courant en Europe et surtout en Amérique où les cas de tueries à l'école se multiplient. Cela devrait interpeler la femme en tant que mère, c'est-à-dire en tant que première force d'éducation dans toute société.

La femme en Afrique est une des gardiennes des vertus coutumières. S'il existe un système occidental qui travaillerait à détruire le patrimoine culturel africain dans le but de maintenir si possible, ce continent sous contrôle, comme nous le soutenons, nos élites et l'élite féminine en particulier, devraient veiller à ce que la modernité tant prônée de nos jours, ne constitue pas un prétexte pour nous faire perdre ce que nous possédons d'intrinsèque et de basique. C'est là, vous vous en doutez, une thématique à y consacrer des livres entiers. Ce n'est que partie remise !

Chapitre IV
Les enjeux prophétiques du réveil de l'Afrique

C'est ici l'objet principal de notre étude. Nous allons essayer de comprendre si le réveil africain dont on parle en ce troisième millénaire aune base scripturaire. Autrement dit, qu'en disent les livres sacrés tels que la Bible ? Car, les opportunités qui s'offrent au continent noir aujourd'hui sont similaires à celles que ce continent connut au lendemain des indépendances en 1960. Les Africains avaient des raisons de croire qu'ils pouvaient se développer. Mais c'était sans compter avec les enjeux prophétiques du relèvement de notre continent. Plus de cinquante ans après, nous en sommes encore quasiment à la case de départ.

Reportons-nous donc, Européens, Africains, Asiatiques et Américains, à l'écoute d'un sémitique au sujet des enjeux du réveil africain à travers un concept : l'Égypte. Esaïe déclare en effet :

« 1 voici, l'Éternel est monté sur une nuée rapide, il vient en Égypte ; et les idoles de l'Égypte tremblent devant lui,

Et le cœur des Égyptiens tombe en défaillance,

2 .j'armerai l'Égyptien contre l'Égyptien, et l'on se battra frère contre frère, ami contre ami, ville contre ville, royaume contre royaume.

3. L'esprit de l'Égypte disparaîtra du milieu d'elle, et j'anéantirai son conseil ; on consultera les idoles et les

enchanteurs ; ceux qui évoquent les morts et ceux qui prédisent l'avenir.

4. et je livrerai l'Égypte entre les mains d'un maître sévère ; un roi cruel dominera sur eux, dit le seigneur, l'Éternel des armées.

5. Les eaux de la mer tariront, le fleuve deviendra sec et aride ;

6. les rivières seront infectées, les canaux de l'Égypte seront bas desséchés, les joncs et les roseaux se flétriront.

7. ce ne sera que nudité le long du fleuve, à l'embouchure du fleuve ; tout ce qui aura été semé près du fleuve se desséchera, se réduira en poussière et périra.

8. Les pécheurs gémiront, tous ceux qui jettent l'hameçon dans le fleuve se lamenteront, et tous ceux qui étendent des filets sur des eaux seront désolés.

Ceux qui travaillent le lin peigné et qui tissent des étoffes blanches seront confus.

10. Les soutiens du pays seront dans l'abattement, tous les mercenaires auront l'âme attristée.

11. Les princes de Tsoan ne sont que des insensés, les sages conseillers de pharaon forment un conseil stupide. Comment osez-vous dire à pharaon : je suis fils des sages, fils des anciens rois ?

12. où sont-ils donc tes sages ?

Qu'ils te fassent des révélations, et qu'on apprenne ce que l'Éternel des armées a résolu contre l'Égypte.

13. Les princes de Tsoan sont fous, les princes de Noph sont dans l'illusion, les chefs des tribus égarent l'Égypte.

14. l'Éternel a répandu au milieu d'elle un esprit de vertige, pour qu'ils fassent chanceler les Égyptiens dans tous leurs actes, comme un homme ivre chancelle en vomissant.

15. et l'Égypte sera hors d'état de faire ce que font la tête à la queue, la branche de palmier et le roseau.

16. en ce jour, l'Égypte sera comme des femmes ; elle tremblera et aura peur en voyant s'agiter la main de l'Éternel des armées, quand il la lèvera contre elle.

17. et le pays de Juda sera pour l'Égypte un objet d'effroi : dès qu'on lui en parlera, elle sera dans l'épouvante, à cause de la résolution prise contre elle par l'Éternel des armées.

18. en ce temps-là, il y aura cinq villes au pays d'Égypte qui parleront la langue de Canaan, et qui jureront par l'Éternel des armées ; l'une d'elles sera appelée ville de la destruction.

19. en ce même temps, il y aura un autel à l'Éternel au milieu du pays d'Égypte, et sur la frontière un monument à l'Éternel.

20. Ce sera pour l'Éternel des armées un signe et un témoignage dans le pays d'Égypte ; ils crieront à l'Éternel à cause des oppresseurs, et il leur enverra un sauveur et un défenseur pour les délivrer.

21. et l'Éternel sera connu des Égyptiens, et les Égyptiens connaîtront l'Éternel en ce jour-là ; ils feront des sacrifices et des offrandes, ils feront des vœux à l'Éternel et les accompliront.

22. Ainsi l'Éternel frappera les Égyptiens, il les frappera, mais il les guérira ; et ils se convertiront à l'Éternel, qui les exaucera et les guérira.

23. en même temps, il y aura une route d'Égypte en Assyrie : les Assyriens iront en Égypte, et les Égyptiens en Assyrie, et les Égyptiens avec les Assyriens serviront l'Éternel.

24. En ce même temps, Israël sera, lui troisième, uni à l'Égypte et à l'Assyrie, et ces pays seront l'objet d'une bénédiction.

25. L'Éternel des armées les bénira en disant : bénis soient l'Égypte, mon peuple, et l'Assyrie, œuvre de mes mains, et Israël mon héritage !

Ce texte va de suite faire l'objet d'un examen exégétique approfondi. Mais, d'ores et déjà, la sentence prononcée au ciel est catégorique à la lumière du prophète Esaïe : « l'esprit égyptien disparaîtra du milieu d'elle ; et j'anéantirai son conseil. On consultera les idoles et les enchanteurs. Ceux qui évoquent les morts, et ceux qui prédisent l'avenir. Et je livrerai l'Égypte entre les mains d'un maître cruel.

Un roi cruel dominera sur eux dit le Seigneur, l'Éternel des armées ». En attendant de voir pourquoi cette déclaration doit être entendue comme une sentence exécutoire, il faut déjà dire que nous avons là, une réponse à la pertinente question des Européens quant aux limites de l'argumentaire de Cheikh Anta Diop.

Nous avons dit qu'Esaïe était l'un des trois prophètes majeurs en Israël. Par conséquent, il ne s'agit pas d'une personne qui s'initie dans le domaine de la prophétie. Le prophète est formel : « le Seigneur, l'Éternel dit… » Celui qu'Esaïe appelle l'Éternel, le Seigneur, est souverain de l'histoire. C'est le même Dieu qui dit un jour à Abraham que tes descendants seraient des esclaves dans un pays étranger. Cela s'était réalisé sous l'Égypte pharaonique. Puis il dit : « après quatre cents ans, ils sortiront avec de grands biens… » Car, il leur envoya le sauveur qu'il avait promis de leur envoyer, en la personne de Moïse. Cela se passa exactement comme l'avait annoncé la prophétie. L'enjeu majeur du texte d'Esaïe que nous venons de mettre en relief revient à déterminer à présent l'appartenance raciale de l'Égyptien. Autrement dit, il est question de savoir si ce texte traite de la condition de l'homme noir ou alors d'un autre peuple comme s'en défendent les égyptologues modernes.

L'Afrique noire héritière de l'Égypte pharaonique

Nous l'avons dit d'entrée de jeu, il est une opinion âprement défendue, qui distingue la civilisation florissante de l'Égypte antique au reste de l'Afrique. Il s'agit en particulier des fameux égyptologues pour la plupart, occidentaux. Pour la gouverne de la génération montante et future, il ne sera pas inutile de revenir sur les thèses de ces égyptologues blancs.

Pour ces Occidentaux, car il est d'autres Occidentaux qui pensent autrement, la civilisation égyptienne est d'essence orientale et d'origine indo-européenne. Cela veut dire que le foyer primitif de peuplement d'où seraient partis les Égyptiens est à situer quelque part en Asie occidentale. L'arrière-plan de cette controverse consiste à montrer que les Nègres sont trop barbares pour se réclamer de l'héritage prestigieux des pharaons. Cette noble civilisation n'est pas à mêler à l'histoire tortueuse des peuples plongés au cœur même des ténèbres de l'ignorance que sont les peuples de l'Afrique au sud du Sahara. C'est sur cette échelle d'appréciation qu'il nous faut comprendre le fameux discours de Monsieur Nicolas Sarkozy, reprenant en filigrane que « l'Afrique noire n'était pas assez entrée dans l'histoire ».

Champollion Figeac, père de l'Égyptologie moderne, son frère Champollion-le-Jeune et leurs descendants sont les principaux tenants de cette ligne argumentaire. Seulement, voilà, dans le contexte impérialiste du XIX siècle, Champollion le Jeune fait la découverte du tableau des bas-reliefs, dans la vallée de Biban-el-Moulok, sur l'échelle des peuples. Sur ce tableau qui dévoile les profondeurs des armoiries des pharaons, on voit Horus suivi de quatre bonhommes représentants les quatre principales races selon l'acception géographique égyptienne. Voici ce que Champollion le jeune expose à son frère au travers de la troisième lettre à lui adressée, concernant les bas-reliefs du tombeau datant du XVIe siècle Av. J.C. (XVIIe dynastie.) « Ce document constitue le plus complet que nous connaissions. Lisons plutôt ! » Dit Cheikh Anta Diop.

« Dans la vallée proprement dite Biban-el-Moulouk, nous avons admiré, comme tous les voyageurs qui nous ont précédés, l'étonnante fraîcheur des peintures et la finesse des sculptures de plusieurs tombeaux. J'y ai fait dessiner la série de peuples figurée dans des bas-reliefs. J'avais cru d'abord, d'après des copies de ces bas-reliefs publiées en Angleterre, que ces peuples, de races bien différentes, conduits par le Dieu Horus, tenant le bâton pastoral, étaient bien les nations soumises au sceptre des Pharaons ; l'étude des légendes m'a fait connaître que le tableau a une signification plus générale.

Il appartient à la 3e heure du jour, celle où le soleil commence à faire sentir toute l'ardeur de ses rayons, et réchauffe toutes les contrées habitées de notre hémisphère. On a voulu y représenter, d'après la légende même, les habitants de l'Égypte et ceux des contrées étrangères. Nous avons donc ici sous les yeux l'image des diverses races d'hommes connues des Égyptiens, et nous apprenons en même temps les grandes divisions géographiques ou ethnographiques établies à cette époque reculée. Les hommes guidés par le pasteur des peuples, Horus, appartiennent à quatre familles bien distinctes. Le premier (n° 1 de notre planche), le plus voisin du Dieu est de couleur rouge-sombre, taille bien proportionnée, physionomie douce, nez légèrement aquilin, longue chevelure nattée, vêtu de blanc ; les légendes désignent cette espèce sous le nom de Rôt-en-ne-Rôme, la race des hommes, les hommes par excellence, c'est-à-dire les Égyptiens. Il ne peut y avoir aucune incertitude sur la race de celui qui vient après (n° 2 de notre planche) ; il appartient à la race des nègres, qui sont désignés sous le nom général de Nahasi. Le suivant présente un aspect bien différent : (n° 3 de planche) peau de couleur de chair tirant sur le jaune, ou teint basané, nez fortement aquilin, barbe noire, abondante et terminée en pointe, court vêtement de couleurs variées ; ceux-ci portent le nom de Namou. Enfin, ce dernier (n° 6 de la planche) a la teinte de peau que nous nommons couleur de chair, ou peau blanche de la nuance la plus délicate, le nez droit ou légèrement voussé, les yeux bleus, barbe blonde ou rousse, taille haute et très élancée ; vêtu de peau de bœuf conservant encore son poil, véritable sauvage tatoué sur diverses parties du corps ; on les nomme Tamhou.

Je me hâtai de chercher le tableau correspondant à celui-ci dans les autres tombes royales, et, en le retrouvant en effet dans plusieurs, les variations que j'y observai me convainquirent pleinement qu'on a voulu figurer ici les habitants des quatre parties du monde, selon l'ancien système égyptien, savoir : 1° — les habitants de l'Égypte qui, à elle seule, formait une partie du monde, d'après le modeste usage des vieux peuples ; 2° — les habitants propres de l'Afrique, les Nègres ; 3°— les Asiatiques ; 4°— enfin (et j'ai honte de le dire, puisque notre race est la dernière et la plus sauvage de la série) les Européens qui, à ces époques reculées, il faut être juste, ne faisaient pas une trop belle figure dans ce monde. Il faut entendre ici tous les peuples de race blonde et à peau blanche habitant non seulement l'Europe, mais encore l'Asie, leur point de départ. Cette manière de considérer ces tableaux est d'autant plus véritable que, dans les autres tombes, les mêmes noms génériques reparaissent et constamment dans le même ordre. On y retrouve aussi les Égyptiens et les Africains représentés de la même manière, ce qui ne pouvait être autrement : mais les Namou (les Asiatiques) et les Tamhou (les races européennes) offrent d'importantes et curieuses variantes.

Au lieu de l'Arabe ou du Juif (n° 3) si simplement vêtu, figuré dans un tombeau, l'Asie a pour représentant dans d'autres tombeaux (ceux de Ramsès-Meïamoun, etc.), trois individus toujours à teint basané, aquilin, œil noir et barbe touffue, mais costumés avec une rare magnificence. Dans l'un, ce sont évidemment des Assyriens : leur costume, dans les plus petits détails, est parfaitement semblable à celui des personnages gravés sur les cylindres assyriens ; dans l'autre, les peuples Mèdes ou habitants primitifs de quelque partie de la Perse, leur physionomie et costume se retrouvant, en effet, trait pour trait, sur les monuments dits persépolitains (n° 4 de la planche). On représentait donc l'Asie par l'un des peuples qui l'habitaient, indifféremment. Il en est de même de nos bons vieux ancêtres, les Tamhou (n° 6 de la planche) ; leur costume est quelquefois différent ; leurs têtes sont plus ou moins chevelues et chargées d'ornements diversifiés ; leur vêtement sauvage varie un peu dans sa forme ; mais leur teint blanc, leurs yeux et leur barbe conservent tous le caractère d'une race à part. J'ai fait copier et colorier cette curieuse série ethnographique. Je ne m'attendais certainement pas, en arrivant à Biban-el-Molouk, à trouver des sculptures qui pourraient servir de vignettes à l'histoire des habitants primitifs de l'Europe, si on n'a jamais le courage de l'entreprendre. Leur vue a toutefois quelque chose de flatteur et de consolant, puisqu'elle nous fait bien apprécier le chemin que nous avons parcouru depuis.[37] Telle se présente la réalité des races selon l'ordre des pharaons, sous la XVIIIe dynastie (nouvel empire sous pharaon Toutankhamon). Une époque que l'on peut situer entre Abraham et Moïse. La civilisation égyptienne est au comble de sa gloire.

Si l'on devait s'en tenir à ce tableau rapporté par des égyptologues occidentaux, la race blanche se tient sur le dernier palier sur le perron des peuples ; ceci amène Cheikh Anta Diop à la conclusion suivante :

« D'après ces bas-reliefs nombreux, nous voyons que, jusque sous la XVIIIe dynastie tous les spécimens de race blanche venaient après les Nègres : en particulier la "bête blonde" de Gobineau et des nazis, sauvage tatoué et vêtu de peau de bête, loin d'être à l'origine de toute civilisation, était encore essentiellement réfractaire à celle-ci et occupait le dernier échelon de l'humanité. »

Cheikh Anta Diop de poursuivre : « c'est ce que Champollion n'a pas manqué de constater dans sa citation ci-dessus, avec surprise et humiliation, ne trouvant pas

37 Champollion-Figeac : *Égypte ancien*, coll. Univers, 1839 ; pp.30-31.

d'autre consolation que la considération du chemin que cette race a parcouru depuis.

La conclusion de Champollion à cet égard est typique, quand après avoir dit que ces sculptures pourront servir de vignettes à l'histoire des habitants primitifs de l'Europe, il ajoute : « si on a jamais le courage de l'entendre ».

Champollion-Le-jeune sera le premier à faire montre de courage à cet égard par la conclusion suivante :

« Les premières tribus qui peuplèrent l'Égypte, c'est-à-dire la vallée du Nil entre la cataracte de Syène et la mer, vinrent de l'Albanie ou du Sennar. Les anciens Égyptiens appartenaient à une race d'hommes tout à fait semblables aux Kennous ou aux barbares, habitants actuels de la Nubie. On ne trouve, ajoute-t-il, dans les Coptes de l'Égypte, aucun des traits caractéristiques de l'ancienne population égyptienne. Les Coptes sont le résultat de mélange confus de toutes les nations qui ; successivement ont dominé sur l'Égypte. On a tort de vouloir retrouver chez eux les traits principaux de la vieille race. »[38]

Comme on le constate, l'hypothèse de travail de ces fameux égyptologues dont les travaux serviront à nourrir les thèses les plus racistes dans le XIXe siècle européen est biaisée dès le départ. À la lumière de cette conclusion en effet, il apparaît que nos égyptologues modernes travaillaient à justifier une conclusion déjà tirée. C'était donc davantage une affaire de chance qu'une question de science. Mais cette fois, la chance ne sera pas du côté de nos égyptologues, pour qu'il ne soit pas nécessaire d'y revenir. « Les Nubiens sont les ancêtres de la plupart des

38 Champollion Le jeune : *Champollion-Figeac*, p.27.

Nègres d'Afrique... » Devait renchérir Champollion-le-Jeune.

Hérodote comme bien d'autres voyageurs européens qui sillonnèrent le Moyen-Orient antique jusqu'à Diodore, ont, comme Champollion-le jeune, fait la même constatation : les premiers Égyptiens étaient des Noirs, comme l'ont prouvé certaines momies.

Hélas, Champollion Figeac n'aura pas le courage du dépassement scientifique auquel son frère l'appelle. Prenant le contrepied du bon sens que prônent son frère, Hérodote, Diodore ou Volney pour ne citer que ceux-ci, Champollion Figeac s'enferme derrière une ligne de lecture idéologique raciste, hystérique à la limite. Voici ce qu'il va déclarer :

« L'opinion selon laquelle l'ancienne Égypte appartenait à la race africaine est une erreur qui a longtemps été adoptée comme une vérité. Ces voyageurs au levant depuis la renaissance des Lettres, peu capables d'apprécier avec exactitude des notions que les monuments de l'Égypte fournissent sur cette question importante ont contribué à protéger cette fausse idée, et les géographes n'ont guère manqué de la reproduire, même de notre temps.

Une grave autorité s'était aussi déclarée pour cette opinion, et avait pour ainsi dire, rendu cette erreur populaire. Tel fut l'effet de ce que le célèbre Volney publia sur les diverses races d'hommes qu'il avait observées en Égypte. Il dit dans son livre de voyage qui est dans toutes les bibliothèques que les Coptes sont les descendants des anciens Égyptiens ; que les Coptes ont le visage bouffi, l'œil gonflé, le nez écrasé, et la lèvre grosse, comme les mulâtres ; qu'ils **ressemblent au Sphinx des pyramides, lequel est une tête de nègre très caractérisée**, et il en conclut que les anciens Égyptiens étaient de vrais Nègres de l'espèce de tous les naturels d'Afrique. À l'appui de son opinion, Volney invoque celle d'Hérodote qui, à propos des habitants de la collude, rappelle que les Égyptiens avaient la peau noire et les cheveux crépus. Mais ces deux qualités ne suffisent pas pour caractériser la race nègre et la conclusion de Volney, relative à l'origine de l'ancienne population égyptienne, est évidemment forcée et inadmissible »[39], conclut désespérément Figeac.

Un sarcophage découvert dans le complexe funéraire de Saqqarah, œuvre du Pharaon Djoser[40].

Le sphinx

Le sphinx dont le caractère négroïde ne fait l'ombre d'aucun doute, d'autant plus que Champollion Figeac le reconnaitra lui-même, nous venons de le voir qui se veut le gardien du temple mortuaire de Khephren, pour ainsi dire, s'est vu son nez écrasé, on ne saurait, trop pourquoi et par qui. Toutefois, l'on tient de la tradition orale que

---

39 Champollion-Figeac, *Égypte ancienne*, coll. L'univers, Éditons Didot, Paris, 1839, pp.26-27.
40 In *journal New Africa*, Op.Cit, p.10-11

Napoléon serait l'auteur de cette dégradation d'un organe d'enjeu racial typique.

Le faisant, on créerait le doute sur le type racial du Sphinx. Cela nous parait plausible dans la mesure où certains égyptologues continueraient à ce jour, à prendre le Sphinx pour un monument de type indo-européen. Ainsi, ce 17 décembre 2012, un documentaire diffusé sur TV5 (entre 14 et 15 heures), heures de Brazzaville, imaginant un nez effilé à notre pauvre Sphinx, et un teint basané, finit par lui attribuer des origines indiscutablement indo-européennes. Imaginez notre stupéfaction ! Le professeur Obenga aurait crié farouchement au voleur !

Il est un fait assez curieux dans cette supercherie. Quand les Noirs sont d'un teint brun, on dit que ce sont des Égyptiens, pas des Noirs ; quand ils ont des cheveux longs comme cette race davidienne que l'on rencontre en Inde, on dit qu'ils sont des Asiatiques, et voici qu'il ne suffit pas d'avoir la peau noire et les cheveux crépus pour être déclaré nègre. Voilà comment à partir des manipulations définitionnelles l'on est arrivé « à blanchir la race égyptienne », fait remarquer Cheikh Anta Diop.

Dans son obsession raciste, Champollion Figeac ira jusqu'à faire un bien curieux procès aux momies noires. Incapable de changer la couleur de ces corps, il les accusera tout de même de s'être laissé noircir par « la chaleur du climat ». Ces momies noires constituent de véritables preuves matérielles de la négritude des Égyptiens à une certaine époque.

On ne saurait comprendre que Figeac reconnaisse que le Sphinx qui surplombe les pyramides d'Égypte ait une tête de nègre, sans donner la moindre explication sur un document si capital, pour s'empresser de conclure que les Égyptiens étaient de race blanche. Quel intérêt ces bons Blancs avaient-ils à ériger sur une place aussi emblématique de la mémoire de ce peuple, un sphinx qui fait appel au souvenir de l'âme noire. Comme chez tous les manipulateurs de vérité, l'on notera beaucoup de cafouillage dans le discours de Champollion Figeac. Il soutiendra plus tard par exemple que « les cheveux crépus et lamigineux sont les véritables caractères de la race nègre. » Or poursuit-il, les Égyptiens avaient les cheveux longs et de la même nature que ceux de la race blanche de l'Occident[41].Voilà ce qui est scientifique. Cela s'appelle apporter des preuves anthropologiques.

Il faut en plus établir le lien sur le plan ethnologique, géographique, linguistique et sociologique, culturel…entre les peuples dont on veut reconstituer la trame historique.

Ce vide Maspero se chargera de le combler. Dans son ouvrage, *Histoire ancienne des peuples de l'Orient*, Mas-

41 Champollion Figeac, Op. Cit, p. 27.

pero affirme que les « Égyptiens paraissent avoir perdu de bonne heure le souvenir de leurs origines. Venaient-ils de l'Afrique ? Ou de l'Asie ?

Au témoignage presque unanime des historiens anciens, ils appartenaient à une race africaine qui, d'abord établie en Éthiopie sur le Nil moyen seraient descendus graduellement vers la mer en suivant le cours du fleuve.

On s'appuyait pour le démontrer sur les analogies évidentes que les mœurs et la religion des Égyptiens proprement dits. On sait aujourd'hui à n'en pas douter que l'Éthiopie, celle du moins que les Grecs ont connue, loin d'avoir colonisé l'Égypte au début de l'histoire, fut colonisée par elle à partir de la XIIe dynastie des siècles dans le royaume des Pharaons »[42]. « Il apparait inacceptable que les Égyptiens n'aient jamais oublié leur origine, réagira le professeur. Maspero semble confondre deux notions d'origine qui sont très différentes : le berceau primitif d'où serait parti un peuple et l'origine ethnique relative à la couleur de la race. Ce dernier pas plus que le premier, les Égyptiens ne l'ont jamais oublié. Elle est exprimée dans tout leur art, dans toutes leurs littératures, dans toutes leurs manifestations culturelles, dans leurs traditions et dans leurs langages, au point même que leur pays désigné, par analogie avec leur propre couleur et non pas par analogie avec la couleur de leur terre ».[43]

On imagine que Cheikh Anta Diop aurait interrompu Maspero dans un scénario de face à face. Tant cela devient insupportable de laisser continuer Maspero sur ce cas particulier. Car laisser dire que les Égyptiens venaient de l'intérieur de l'Asie, revient à accréditer les thèses occi-

---

42 Éd. Hachette, 1977, p.15.

43 Cheikh Anta Diop, *Nation Nègre et culture*, Éd. Présence Africaine, Paris, p.125.

dentales alors que de par le nom même de ce pays, l'Égypte devrait avoir des attaches profondes avec l'Afrique noire. Kemit en effet, veut dire noir. L'origine des Égyptiens ne devrait souffrir d'aucun doute. Quand bien même pour les Égyptiens modernes, Kemit ici renvoie plutôt à la couleur de la terre et non pas de la peau. Ainsi, les termes « Afrique Blanche » et « Afrique noire » voudraient dire qu'il y a une terre blanche sur laquelle seraient établis certains africains, et une terre de couleur noire sur laquelle seraient établis d'autres Africains. Or, s'il se peut qu'il existe une terre noire en Afrique, il faudra encore attendre que la terre blanche y soit inventée par nos égyptologues modernes. Nul doute, les épithètes blanches et noires renvoient nettement à la couleur de la peau de ceux qui habitent les régions impliquées, et non la couleur de la terre qui héberge ceux-ci. Kemit qui n'est d'ailleurs pas sans faire plutôt penser à la couleur de la peau de l'Égyptien : noire. En tout cas, les Égyptiens savent d'où ils viennent.

D'après Amelineau, les Égyptiens désignaient le cœur de l'Afrique (Afrique centrale s'entend) du nom de Amamyi, c'est-à-dire pays de nos ancêtres, rapporte Cheikh Anta Diop.

Cheikh Anta Diop de poursuivre : Mamyi veut également dire ancêtre en Volaf... « Les textes des pyramides ont conservé le souvenir de terribles orages de l'Afrique équatoriale, au moment où les tribus qui allaient former le peuple égyptien ne s'étaient pas encore enfoncées si profondément dans la vallée du Nil ».

En effet, au-delà de la nécropole, la Pyramide représente un véritable musée où se trouvent conservés tous les trésors de la science des pharaons. Ainsi, la grande pyramide de Chéops par exemple, est une réalisation gigantesque classée d'ailleurs parmi les sept merveilles de l'humanité. Impressionnante par sa stature, avec des blocs de granit allant jusqu'à dix mètres de long dans certains cas, alors que la pyramide elle-même mesure 227 m de côté et 137 m de haut. Un entrepreneur américain déclarait à son sujet : « même avec les moyens modernes dont nous disposons, aucune équipe entraînée n'arriverait à faire un tel assemblage ». De nombreux hommes de science se sont penchés sur les connaissances inscrites sur ses parois. On découvre alors beaucoup de notions de mathématiques, la géométrie, l'Astronomie et formule Pi = 3, 14,16. On y apprend aussi que le méridien qui passe par la grande Pyramide, soit préférable à celui de Greenwich ou de Paris, en ce que celui-ci sépare en deux parties strictement égales la terre et traverse le maximum de continents, rapporte en substance Pierre Lanares[44]. Il faut donc conclure que les anciens historiens, depuis Hérodote le Grec jusqu'à Diodore de Sicile, qui ne sont pas moins blancs que Champollion et Maspero, auront eu raison : les premiers des Égyptiens étaient des Noirs comme Narmer que l'on désigne aussi sous le nom de Ménès, le tout premier pharaon d'Égypte, qui unifia la haute et la basse Égypte pour la première fois. « Il n'est assurément ni Aryen, ni indo-européen, ni sémite, mais indiscutablement un Noir. »[45]

---

44 Pierre Lanare,Op. Cit, p.12.

45 Cheik Anta Diop, *Nation Nègre et culture*, Éditions Présence Africaine, Paris, 1954, 1979, p.78.

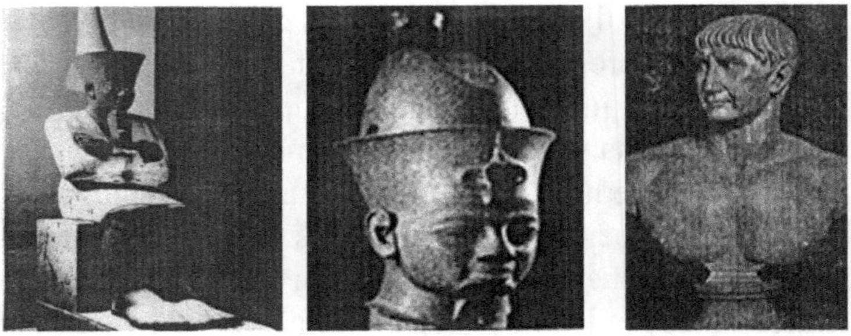

Deux des pharaons et Trajan, empereur Romain

La première illustration met en relief le Pharaon Mentouhotep 1er (Moyen Empire, vers 2100), fondateur de la XIe dynastie. Les yeux à fleur de tête, le nez épaté, des lèvres épaisses et des pieds évasés font de lui un Nègre typique dira Cheikh Anta Diop. Il en est de même du Pharaon Thoutmosis III, fils d'une Soudanaise et fondateur de la XVIIIe dynastie. On l'appelle parfois le Napoléon de l'antiquité. Il inaugura l'ère de l'impérialisme égyptien rapporte le professeur Cheikh Anta Diop qui nous amène à présent à faire la différence entre les deux premières reproductions, de types égyptien et africain, et ce buste de Trajan, empereur romain donc de type européen.

La falsification de l'histoire par les écoles africanistes occidentales a ceci pour conséquence, que les tenants de ces mesquineries sont pris dans une espèce d'enfermement intellectuel qui finit par avilir l'esprit de l'homme, appelé à s'épanouir dans l'univers plutôt sain de la liberté que seule produit la vérité. Quand les contrevérités ont vieilli, elles vieillissent avec la mémoire qui finit par jouer un sale tour à son « maître ». C'est ainsi que Akinyi fait remarquer cette bourde du président américain Thomas Jefferson.

En effet, « en 1787, Thomas Jefferson qui, en mars 1801, allait devenir le troisième président des États-Unis écrivit dans *Notes sur l'État de Virginie*, « en comparant les facultés de mémorisation, de raisonnement et d'imagination des Nègres à celles des blancs, il me semble qu'en matière de mémorisation, ils sont égaux aux blancs, qu'en matière de raisonnement, ils sont inférieurs, car il serait difficile d'en trouver un capable de comprendre les travaux d'Euclide ; et qu'en matière d'imagination, ils sont sans intérêt, sans goût et anormaux. »

Et pourtant Euclide, le plus grand mathématicien de tous les temps, était africain ! », conclut la princesse de K'Orinda-Yimbo.

Dès la période carolingienne du XIIIe au XVIIIe siècle les guerriers africains se battaient sous la bannière du lion, du bouclier et de la demi-lune dans le but d'imposer la « vraie foi », le christianisme ou l'Islam, en Europe poursuit en substance Akinyi. À l'époque, les Européens étaient en majorité, païens, c'est-à-dire des primitifs ; et ont tout fait pour le rester, comme l'indiquent les tableaux des bas-reliefs égyptiens.

« Depuis le début de l'hégire en Égypte et en Nubie, des ligues de soldats africains, appelées par la suite avec une grande marque de respect les corbeaux noirs d'Allah, ont joué un rôle important dans l'armée qui a vaincu l'Afrique du Nord puis franchi le détroit de Gibraltar pour conquérir l'Espagne au VIIe siècle. Elles ont ensuite continué leur progression vers le nord, jusqu'en Bourgogne » poursuit Akinyi.[46] Sans compter que « les Africains faisaient également partie des troupes de Saladin qui vainquirent les croisés et s'emparèrent d'Acre, Jérusalem et Ascalon. Confiants et fiers, ils étaient généraux des armées de Saladin qui se battirent contre Richard Cœur de Lion et

46 Akinyi, Op. Cit, P.12.

Philippe II de France lors de la troisième croisade. »[4]. Au mois de juillet 2007, c'est Nicolas Sarkozy président de la République française qui déclarait : « L'Afrique noire n'est pas assez entrée dans l'histoire ».[47] N'est-ce pas manquer au devoir de mémoire ?

« Des chrétiens d'Afrique de l'Est et d'Égypte, convertis depuis le premier siècle après J.C, combattirent également dans les croisades aux côtés des chrétiens d'Europe, convertis depuis peu. Alors que les Africains défendaient leur foi chrétienne sur le front, les Européens élaboraient des stratégies de conquête. » On aurait pu allonger la liste.

Pourtant, rares sont les ouvrages de missiologie qui feront référence à ces épisodes de cette autre histoire de l'Église. À titre d'exemple, plus de 1000 pages d'une collection de précis d'histoire de Missiologie en deux volumes, intitulée : *L'essor des Missions protestantes* n'aura pas suffi pour mentionner la place de l'Afrique, toutes races confondues, dans la Mission mondiale, toute proportion gardée. **Jacques Blandenier** qui est l'auteur de ces volumes avec la collaboration de **Jacques A. Blocher** pour ce qui est du volume1, ne présentera que quelques pasteurs africains tout au plus, d'ailleurs comme des sous-produits de la mission occidentale en Afrique. Ainsi, Calvin Maphophé, le premier pasteur mozambicain, est présenté ici comme consacré par Paul Berthoud (1911).[48]Ce sera d'ailleurs le cas de Samuel Ajayi Crowther (1809-1892), présenté comme grand missionnaire du XIX siècle, pionnier du bassin du Niger. Aucun mot sur l'implication des Africains (Afrique du Nord), pionniers de la mission mondiale comme nous allons l'examiner plus loin avec

---

47 Discours du président français, Nicolas Sarkozy, prononcé à l'université Cheikh Anta Diop, au mois de juillet 20O7, à Dakar au Sénégal.

48 Jacques Blandenier, Jacques A. Blocher, op. cit, p.308.

Thomas C. Oden. Tout en reconnaissant l'œuvre florissante de l'évangélisation dans le bassin méditerranéen et en Égypte avec Marc l'évangéliste apôtre de Jésus, Tertullien, Origène, Cyrile , Augustin et autres, Blandenier se gardera bien de montrer de manière franche les implications de l'activité menée sur cette partie de l'Afrique, en Europe continentale, contrairement à Thomas C. Oden.

Sous le titre combien révélateur : « ***Comment l'Afrique a façonné la pensée chrétienne***, *la découverte du terreau du christianisme occidental* »[49] ce professeur de théologie à la faculté Drew University de Madison, dans le New Jersey, directeur de collection de l'ancien Christian Commentary on Scripture et directeur de la collection Ancien Christian Doctrine sur le credo nicéen, tient un discours que peu d'Européens ont développé jusqu'ici. En effet, selon Oden, il est foncièrement erroné de soutenir que L'Occident ait apporté à l'Afrique les rudiments de la civilisation chrétienne. Pour Oden, c'est même tout le contraire. L'Afrique est le terreau du christianisme occidental. Une autre manière de soutenir avec Akinyi que la religion chrétienne est d'essence afro-orientale, et avec Jean Paul II, que les Africains ont été chrétiens longtemps avant les Européens. Pour ce faire, Oden part du principe qu'à partir des métropoles que furent Carthage et surtout Alexandrie, l'Afrique aura joué un rôle prépondérant aussi bien dans la formation de l'élite intellectuelle universelle, que dans l'exégèse chrétienne et la dogmatique dès le tout premier siècle de l'ère chrétienne. Dans cet ouvrage l'auteur se propose de montrer la prééminence du témoignage évangélique à partir du foyer africain en se posant un certain nombre de questions :

---

49 Thomas C. Oden, *Comment l'Afrique a façonné la pensée chrétienne, la découverte du terreau du christianisme occidental,* Editions Pja, France, 2O11,

« Comment le christianisme africain a-t-il ouvert la voie à l'université européenne ?

— Comment l'exégèse historique et spirituelle chrétienne des Écritures a-t-elle mûri tout d'abord en Afrique ?

— Comment les penseurs africains ont-ils façonné le cœur même du dogme de la foi chrétienne primitive la plus élémentaire ?

— Comment les premières décisions œcuméniques ont-elles été calquées sur les schémas conciliaires africains ?

— Comment l'Afrique a-t-elle façonné les formes occidentales de la formation spirituelle par le biais de la discipline monastique ?

— Comment la philosophie néoplatonicienne de la fin de l'Antiquité s'est-elle déplacée depuis l'Afrique vers l'Europe ?

— Comment les influences qui ont marqué la littérature et la dialectique se sont-elles perfectionnées en Afrique »[50].

La naissance du concept occidental d'université n'est pas plus qu'une continuité du modèle académique expérimental qui se développa à partir de la prestigieuse bibliothèque d'Alexandrie. Celle-ci fut sans égale et servit de modèle pour les universités de toute l'Europe Médiévale pendant plus de cinq siècles. On ne peut expliquer autrement le fait que les premières universités européennes que sont : Padou (Italie), Paris (France), et Salamanque (Espagne), hormis le cas d'Oxford (Angleterre, tout de même voisine de la France), soient riveraines de la Méditerranée, c'est-à-dire de l'Afrique. Toutes ces universités sont en

50 Thomas C. Oden, Op. Cit. p. 46.

fait, le reflet du rayonnement de la ville d'Alexandrie. « Les écrits de Clément d'Alexandrie intitulés le Stromates et le Pédagogue exposent une bonne partie des méthodes et du contenu pédagogique qui devinrent la norme au sein de l'université médiévale. » Et Thomas C. Oden de conclure ce volet en déclarant :

« L'érudition chrétienne vit le jour à Alexandrie, qui est le plus grand centre académique du monde antique. Ce creuset du savoir, qui joua un rôle essentiel, fut lui-même transformé par le christianisme et exporté vers Rome, la vallée de Rhône, Byzance et Antioche. Mais il s'agit là seulement de la première étape de notre argumentation en faveur de l'hypothèse de l'Afrique terreau du christianisme ».[51] Ce sera aussi le cas dans le domaine de l'exégèse chrétienne des Écritures.

« Les premières versions normatives de la Bible en grec et en latin qui existaient avant Jérôme (c'est-à-dire les traductions dites des septante et Vetus Latina – "vieille Latine") étaient toutes les deux nées sur le sol africain. Le rapport complexe entre l'Ancien et le Nouveau Testament fut étudié avec beaucoup de précision sur le plan philologique par des chrétiens africains au cours des trois premiers siècles de l'ère chrétienne. Ces méthodes d'interprétation s'imposèrent ensuite pour les études menées dans le domaine de l'exégèse syriaque, grecque et latine, et beaucoup plus tard allemande, Française et Anglaise.

Les spécialistes qui ont participé, à l'université Drew, à la rédaction des vingt-huit volumes de l'Ancien Christian Commentary on Scripture ont été stupéfaits de trouver un pourcentage aussi important de textes africains ou influen-

51 Thomas C. Oden, Op. Cit. p. 48.

cés par des auteurs africains parmi les commentaires linéaires des Pères de l'Église. Ils ont constaté que bon nombre des grands thèmes développés dans les homélies bien connues de Jean Chrysostome, Théodoret de Cyr et Ambroise rejoignent les enseignements d'Origène, Didyme et Cyrille d'Alexandrie au niveau de certains détails précis. Cela a été une de nos découvertes les plus inattendues tout au long des quatorze années d'étude des textes patristiques qui ont été nécessaires à la rédaction de ce commentaire ».[52]

Quant à l'influence des sources africaines sur la définition du dogme chrétien, Oden affirme que « les principaux combats contre l'hérésie furent menés en Afrique même avant d'avoir une portée universelle. Le gnosticisme, l'arianisme, le montanisme, le marcionisme et le manichéisme furent tous l'objet de débats en profondeur en Afrique en tant que problème d'interprétation biblique avant que ces différents arguments ne reçoivent une définition claire dans la vallée du Rhune, du Rhin et de l'Oronte. Ce qu'Irénée et Hippolyte de Rome apprirent à propos du gnosticisme provenait en grande partie des sources africaines (Valentin, Basilide ; les Séthiens).

— Au sujet de l'œcuménisme, il est indéniable que ce sont les schémas conciliaires africains, initiés longtemps avant les modèles des premières décisions œcuméniques universelles, qui ont servi d'étalon, aux milieux occidentaux. « L'Afrique fut la première région à fournir un modèle et une méthode de recherche d'un large consensus œcuménique sur les points d'interprétation controversés.

Un siècle avant le premier concile de Nicée (325), ces Églises africaines étaient des communautés chrétiennes

---

52 Thomas C. Oden, Op. Cit. p. 49.

incontournables, solidement établies, dirigées et affichant une croissance dynamique... » [2] D'après Oden, chaque fois que des études sont menées sur la question, ce sont des documents d'origine africaine qui servent de base de données.

— Parlant du néoplatonisme l'auteur relève « qu'il est bien rare de voir mentionné dans la littérature philosophique que les tout premiers défenseurs du néoplatonisme ne vivaient ni en Grèce ni à Rome, mais en Afrique ». En effet, au grand dam des ardents partisans de l'hellénisme, les principaux acteurs du néoplatonisme, Philon, Ammonios, Saccas et Plotin étaient établis en Afrique du Nord avant leur émigration dans les pays du nord. Ce sera donc déjà en Afrique que le jeune Augustin s'éprendra de passion pour la philosophie platonicienne. Ce qui est rarement relevé dans les milieux intellectuels occidentaux, et même africains.

— Enfin, l'Afrique est pour cet auteur occidental hors pair, une terre de maturation de la rhétorique et de la dialectique avant leur mise en pratique en Europe. D'après Oden, en effet, « De même que le néoplatonisme se déplaçait du sud vers le nord, et l'exégèse chrétienne se déplaçait depuis Alexandrie vers Césarée et Antioche, l'étude dialectique approfondie de la rhétorique migrait elle aussi depuis Madaure, Sicca et Carthage vers l'Italie suivant le mouvement d'un grand nombre de figures majeures du christianisme, notamment Tertullien, Cyprien, Arnobe et Lactance, tous antérieurs à l'exemple plus célèbre que constitue Augustin. De nombreux rhéteurs africains quittèrent leur terre natale pour aller s'installer en Europe. »[53]

53 Thomas C. Oden, Op. Cit. p.63.

Nous avons voulu laisser parler cet expert d'histoire antique, d'origine américaine, pour ôter à des gens de mauvaise foi de déceler les moindres traces de racisme dans notre propos. Comme on le constate, au-delà de la question nègre, c'est tout le continent qui serait victime d'un complot savamment orchestré. Que l'on ne s'imagine donc pas que c'est avec de simples « dégage », que l'on s'en tirerait. Nous devons remonter l'histoire et parvenir à la source des préjugés ravageurs dont tout un continent a pu être victime pendant si longtemps sans pouvoir s'en défaire. Nous devons nous poser la question comme Thomas C. Oden, « Où ces préjugés contre l'Afrique ont-ils été fabriqués ? Comment les faits ont-ils pu être déformés à ce point ? Comment des phénomènes aussi largement répandus ont-ils pu ne pas être repérés ? »[54]

Pour Oden « La voix la plus dommageable a été celle d'Adolf Von Harnack, historien allemand libéral de premier plan dans les années 1890 et au tout début du siècle dernier. Son argumentation était en effet que l'échec décisif du christianisme primitif avait été son adaptation au langage et à l'hypothèse philosophique grecque. Se joignant à Harnack, les grandes figures de la tradition libérale allemande du XIXe siècle – Friedrich Schleiermacher, Albrecht Ritschl et Ernst Troeltsch — menèrent un combat contre ce qu'elles considéraient comme la régression du christianisme dans les abstractions et les dualismes hellénistiques.

C'est là un argument préjudiciable que les catholiques comme les évangéliques continuent malheureusement de gober depuis plusieurs décennies bien qu'il soit désormais dépassé. C'est ainsi que les grands acteurs de la théologie euroaméricaine semblent être passés complètement à côté

54 Thomas C. Oden, Op. Cit, p. 62.

de la richesse littéraire de l'empreinte singulière laissée par les chrétiens africains sur la proto Europe et la formation de la pensée chrétienne. Or ces erreurs ont été transmises par l'intermédiaire des cursus de troisième cycle qui ont formé de manière subliminale les spécialistes des cinq continents. Hélas, cet héritage discutable continue d'exister aujourd'hui encore en Afrique.

À cause de cette perception erronée, l'historicisme européen a fait une analyse inadéquate des rapports étroits qui existèrent tout au long du premier millénaire entre la doctrine chrétienne africaine des premiers siècles et les Africains indigènes, traditionnels et primitifs dans le nord de l'Afrique (les cultures berbère, pharaonique, nilotique et du début de l'époque copte). Les cultures africaines de l'intérieur (en particulier dans les bassins de la Medjerda et du Nil) constituèrent le principal terrain d'expérimentation des premiers modèles dialectiques chrétiens en matière de rapports entre le christianisme et la culture. C'est en Afrique que ces modèles furent forgés sur le terrain avant d'être propagés en Sicile, en Palestine, en Syrie, en Anatolie et enfin dans l'intérieur de l'Europe. Le préjugé libéral partit à tort du principe que l'Afrique manquait d'expérience en matière de résolution de conflits culturels et qu'elle avait seulement besoin des lumières européennes à plus fortes doses afin de soigner ses maladies. Passer à côté de ce point tout simple est devenu un profond préjugé typique de l'Europe moderne. Il est plus juste de présenter comme un préjugé spécifique à l'idéalisme hégélien le fait de partir du principe que tout ce qui a une importance intellectuelle et qui s'est produit près de la Méditerranée est en réalité fondamentalement européen et qu'une origine africaine n'est par conséquent guère concevable. Les origines africaines sont écartées de prime abord. C'est de là qu'Alexandrie tire sa réputation injustifiée selon laquelle elle ne serait qu'un prolongement non africain de la pensée européenne.

Ce préjugé est aisément confirmé par la lecture des enseignements de Hegel sur l'histoire universelle, de l'analyse que fait Troeltsch des maîtres d'Alexandrie, du précis de l'histoire des dogmes de Harnack ou, plus inquiétant encore, de Nietzsche à propos du surhomme. C'est ainsi que s'installa peu à peu une généralisation, de sorte que partout où il avait pu y avoir une influence africaine, aussi modeste fût-elle, celle-ci était en général considérée comme étant inférieure et en retard par rapport à l'évolution positive de la raison dans l'histoire telle qu'elle se répandait depuis l'Europe. Le pendant de cette idée préconçue est que si de bonnes idées sont apparues en Afrique, il convient de les attribuer à des Européens. Ce réflexe saugrenu a eu pour effet de considérer systématiquement les chrétiens d'Alexandrie et d'Égypte en général comme n'ayant absolument aucun lien avec les us et coutumes africains. Or, ôter Alexandrie à l'Afrique revient à affirmer qu'une fleur peut être considérée sans rapport avec le climat dans lequel elle a poussé.

Des généralisations analogues furent faites à propos des apports marginaux de Carthage et d'Hippone. Et pourtant, il est incontestable que c'est Tertullien qui formula le premier en latin les notions relatives à la trinitas, que c'est Augustin qui produisit les formes les plus brillantes d'analyses de psychologie interne de la fin de l'Antiquité. Tout le monde sait cela. Ce qui passe inaperçu, c'est que tout cela avait été accompli en Afrique par des chrétiens dont l'existence avait été formée au sein des communautés chrétiennes indigènes d'Afrique. »[55]

55 Thomas C. Oden, Op. Cit, p. 62.

Tout en reconnaissant la prééminence de l'œuvre accomplie en Afrique, Jacques Blandenier semble à son tour vouloir contenir celle-ci sur le continent africain, lorsque celui-ci écrit : « C'est en Afrique du Nord que commence à fleurir la littérature chrétienne en latin, ainsi que les premières traductions latines des Écritures. Des auteurs comme Tertullien et Cyprien ont donné à ces Églises un rayonnement remarquable. Saint Augustin les suivra un siècle plus tard. » [56]

Pourtant, on ne demandera pas à un Eusèbe (début IV siècle), tout Européen fût-il, d'être plus clair quant à la portée de l'œuvre accomplie par ces hommes, lorsque celui-ci déclare : « Grâce au concours de la puissance divine, la doctrine du Sauveur telle une trainée de lumière, éclaira de façon soudaine la terre entière. Aussitôt, comme l'avaient prédit les Saintes Écritures : la voix des évangélistes divins et des Saints Apôtres retentit dans tout l'univers et leur parole alla jusqu'aux confins du monde. »[57] Et Origène (Égypte, vers 220), enfoncera le clou en disant :

« Si nous considérons les progrès immenses de l'Évangile en quelques années malgré la persécution et les supplices, la mort et la confiscation, malgré le petit nombre de prédicateurs, la parole de Jésus-Christ a été prêchée dans toute la création sous les cieux, aux Grecs et aux Barbares, aux sages et aux ignorants… il est impossible de citer une seule race qui ait refusé de recevoir l'enseignement de Jésus (…). La bonté de notre Seigneur et Sauveur est également répandue parmi les Bretons (en Angleterre), les Africains et les autres nations… »[58]

---

56 Thomas C. Oden, Op. Cit, p.41.
57 Eusèbe, H. E.2.3.1.
58 Origène, De Principis, IV.1.2.

Cependant, sur les 1003 pages que rassemblent les deux volumes de Blandenier, aucune mention ne sera faite, ni des persécutions, ni des supplices vécus par cette Église, ni de l'œuvre accomplie en milieu breton en Angleterre, encore moins chez les Grecs et les Africains, pourtant évoqués par l'auteur lui-même. Comment est-ce possible s'interrogeait déjà Oden.

Thomas C. Oden pose en réalité à travers sa série d'interrogations, les bases d'une problématique qui nous mènerait à circonscrire objectivement l'univers combien vaste du « sorcier » responsable du sort de l'Afrique en général, et de l'homme noir en particulier.

Constatons tout de même qu'avant d'aborder la moindre approche de réponse, Oden a lui-même déjà, trouvé la réponse : le racisme européen dont l'Allemagne et la France constituent l'épicentre. En indexant Rodolf Von Harnak en effet, le théologien américain veut mettre le doigt sur le foyer de fermentation d'une philosophie, mieux, d'une culture raciste : l'eurocentrisme. Toute une science dirait-on ! En fait, l'Europe n'a pas de tout temps dominé l'histoire de l'humanité comme on tendrait à le faire croire. Mais une fois l'Europe au cœur des enjeux mondiaux, les élites occidentales vont s'arc-bouter à se maintenir au cœur de l'histoire à tous les prix.

Les civilisations sont comme les marques du temps. Une heure annonce tel temps ; telle autre heure annonce un autre temps. L'Occident se présente donc comme cet horloger qui œuvre à arrêter les aiguilles d'une montre sur une heure unique. Pour parvenir à une telle fin, l'horloger doit, soit se livrer à une véritable opération de prestidigitation pour étourdir le public, soit s'employer à une manipulation relevant du génie, pour maintenir le temps sur un seul fuseau horaire. C'est à cette machination culturelle que se sont livrés les africanistes euro centristes.

Base idéologique des africanistes occidentaux.

Les Africains sont naïfs et puérils lorsqu'ils s'attendent servilement à obtenir des Occidentaux et Européens en particulier, des réparations d'ordre affectif, culturel, historique, philosophique, économique et politique. Les Africains doivent se dire que les méthodes empiriques avec lesquelles ils luttent contre le racisme occidental n'ont rien d'égal avec ce système si structuré. Le racisme occidental est loin d'être accidentel. C'est l'aboutissement d'un long processus, savamment structuré. Le racisme occidental pour survoler les âges, devait puiser au plus profond des fantasmes, produits de l'évolutionnisme, de l'égyptologie, de la philosophie, de la psychanalyse, du Droit... selon le prisme occidental. En réalité, tous ceux qui comme Thomas C. Oden, Théophile Obenga ou Cheikh Anta Diop, parviennent au faîte de la vérité sont scandalisés par une telle inversion de rôles. Vous allez vous rappeler le récit de Champollion-le-Jeune sur l'échelle des peuples. Les blancs occupaient le dernier palier sur le perron des peuples. Ils sont décrits vêtus de peaux d'animaux. C'est un peuple primitif et Champollion-Le-Jeune en avait honte. Pourtant, c'est tout le contraire qui sera développé pendant des siècles. Ainsi, tous les domaines des sciences humaines ont été mis à contribution pour tailler cette image mythique.

Illustration des Hébreux apportant le tribut en Égypte

En regardant attentivement ces deux illustrations, vous vous apercevrez bientôt que le tableau sur fond blanc n'est en réalité qu'une reproduction malicieuse du tableau foncé en arrière-plan. Malicieuse en effet, car, en reproduisant cette image traduisant une scène mettant en évidence des Hébreux qui viennent payer le tribut aux Égyptiens, les deux Égyptiens dont la pigmentation se distingue nettement de celle des Hébreux, sont dépeints comme des blancs. Que c'est grossier nous diriez-vous ! Mais, rien n'est trop grossier tant que c'est pour les intérêts de l'eurocentrisme. Dans certains manuels scolaires, les deux Africains sont carrément ignorés ou oblitérés, rapporte Cheikh Anta Diop. C'est donc là, une preuve matérielle de la falsification de l'histoire. L'Occident doit falsifier la réalité pour se maintenir au cœur de l'histoire. C'est aussi simple que cela ! L'Occident ressemble donc à cette femme noire qui donnera au monde un rejeton clair de peau, trop clair pour se réclamer d'un père tout aussi sombre que la femme elle-même. Alors pour tromper la curiosité du monde, elle va essayer de se dépigmenter la peau. De cette façon, elle croit se mettre à l'abri des soupçons, faisant croire que l'enfant a bel et bien le teint de sa mère. C'est par des procédés artificiels que l'Europe va maintenir le monde sous sa coupe en s'appropriant les arcanes de la civilisation. Les Occidentaux sont bien conscients de ce que la civilisation est partie du sud vers le nord et non le contraire. L'eurocentrisme va donc construire une rhétorique propre à conditionner la conscience universelle. Voilà de quelle manière, réagissant au discours de Nicolas Sarkozy prononcé le 26 juillet 2007 à Dakar au Sénégal, le professeur Théophile Obenga, en bon élève de Cheikh Anta Diop, présente la toile historique des africanistes eurocentristes contemporains.

« Montesquieu (1689-1755) établit, dans son ouvrage de grande influence en Occident, *L'esprit des lois*, que le nègre d'Afrique n'a ni bonne âme ni bon sens ou raison à cause simplement de la couleur noire de sa peau, de la tête aux pieds ; par conséquent, sans ironie aucune, la dignité humaine n'est pas bafouée quand on fait du nègre un esclave, un animal quadrupède, pour produire le sucre de canne et autres nécessités vitales pour l'Occident : l'être humain africain de peau noire est exclu de l'humanité par tout l'Occident pour justifier l'esclavage, la traite négrière.

Voltaire (1694-1778) est le premier à faire état de la mensuration du crâne (craniométrie) pour déterminer le Quotient intellectuel (QI) à partir de l'indice céphalique et de l'âge de l'individu. Déduire le degré de l'intelligence humaine en se basant sur des techniques craniométriques est purement et simplement illusoire. Voltaire est cependant convaincu que l'approche comparative montrera nécessairement que le Noir d'Afrique est, en matière d'intelligence, bien inférieur au Blanc d'Europe ; par conséquent, la traite négrière et l'esclavage au Nouveau Monde ne sont pas si offensants vis-à-vis de l'humanité, puisqu'on a affaire à des êtres inférieurs et inintelligents, le tout pour le meilleur des mondes possibles. Les fantaisies de Bell Curve d'une certaine psychologie américaine des années 1990 obéissent au même paradigme raciste.

Hume (1711-1776) dans ses essais moraux, politiques et littéraires (1777) se dit être en mesure de "suspecter que les nègres sont naturellement inférieurs aux blancs". En conséquence : pas de nation civilisée chez les nègres ; pas d'individu éminent au plan de l'action ou de la spéculation ; pas de manufactures ingénieuses, pas d'arts, pas de science chez les nègres d'Afrique. Et pourquoi cette infériorité ? C'est la nature qui a fait une distinction originelle entre les races humaines, privant les nègres du moindre symptôme d'ingéniosité, à part peut-être la faculté d'imitation.

Kant (1724-1804) reprend l'argumentation de David Hume dans ses Observations sur le sentiment du beau et du sublime (1764) en écrivant : "Les nègres d'Afrique n'ont par nature [je souligne] aucun sentiment qui s'élève au-dessus du péril." La couleur noire de la peau est signe d'infériorité. Du coup, les capacités intellectuelles sont moindres ou simplement absentes. Les peuples de couleur, particulièrement des Noirs d'Afrique, ont une odeur spécifique d'après l'anthropologie kantienne. Cette odeur du nègre dit son extrême émotion, sa sexualité incontrôlable : un système d'instincts primaires attache le nègre d'Afrique à la nature, tel un animal.

Hegel (1770-1831) est de cette même lignée de penseurs racistes. Et toujours, la nature est la cause première de l'infériorité de la race noire africaine. Le nègre est bien à sa place en tant qu'être humain naturel dans toute sa sauvagerie et rudesse, c'est-à-dire violence et turbulence idéologique et raciste.

Et l'esclavage ? Quelle est la position de Hegel ? Quelle est sa logique ? L'esclavage, admet Hegel, est en soi et pour soi injustice), car l'essence de l'homme est la liberté.

Cependant, dans le cas du nègre brut, naturel, sauvage, inapprivoisé, violent et capricieux, c'est-à-dire non civilisé, l'esclavage est dialectiquement nécessaire en tant qu'une étape, une phase, un moment d'éducation, de culture pour l'esclave auprès du maître. L'esclave apprend la liberté auprès du maître. L'esclavage est bon et bénéfique en tant que moment pédagogique, éducationnel. Le crime contre l'humanité est ainsi faussement justifié par Hegel. Et le maître apprend à être libre auprès de qui ? Quel est le maître du maître ?

Toutes les épistémologies africanistes euro centristes contemporaines dérivent de Montesquieu, Voltaire, Hume, Kant et Hegel. »

Cette situation conduit d'après Théophile Obenga, à ce qu'il appelle « l'urgence d'une rupture épistémologique avec l'africanisme eurocentrisme.

L'africanisme, lui, sait s'adapter selon les circonstances : il est omnipotent et arrogant aux XVIe, XVIIe, XVIIIe et XIXe siècles ; il étouffe les chercheurs africains sérieux au XXe siècle, tout en favorisant les compromis ; il entend opérer des “révisions épistémologiques” en début du XXIe siècle.

Enseignants africanistes, centres d'étude et de recherche, laboratoires des langues et mutations, bourses d'études, encadrement des doctorants, missions de coopération, festivals de francophonie, prix d'outre-mer, émissions radiophoniques et télévisuelles strictement sélectionnées et programmées, conférences et séminaires qui favorisent l'enfermement culturel, boycottage systématique de l'œuvre de Cheikh Anta Diop par tout l'africanisme euro centriste, musée aux orientations fondamentalement racistes, refus maladif d'aborder la "question" de l'Égypte nègre pharaonique, falsifications continues de l'histoire africaine, sanctification de la traite négrière occidentale, de l'esclavage et de la colonisation : Voilà le bien que nous propose l'africanisme.

C'est-à-dire si les images, les désirs, les mentalités et les volontés des Africains sont contrôlés, au plan décisif de la culture, alors les nations nègres, dépossédées, affaiblies, extraverties et infériorisées, obéiront, sans résistance, sans critique à tout ce que l'Occident leur offrira : faux partenariats, contrats léonins, immigration choisie, co développement sans développement, programmes de misère et de pauvreté, dits d'ajustement structurel, bases militaires, pompage des matières premières, mirages culturels.

Il y a donc lieu de comprendre, clairement, une fois pour toutes, que le paradigme culturel est l'une des clés et la solution à nos problèmes. Car, ce paradigme concerne l'être humain en son essence même. Voilà pourquoi Cheikh Anta Diop a posé ce paradigme dès le départ de sa réflexion : Nation nègres et Culture, c'est-à-dire, conscients de leur histoire depuis l'Égypte des pharaons, de tout leur immense patrimoine culturel continental, de leurs grandes potentialités dans le monde scientifique et technologique moderne, les Africains, unis, solidaires, panafricains, désireux de justice et de vérité (la maat pharaonique), peuvent encore créer et enrichir l'humanité. Or c'est l'abandon africain qui a favorisé le discours du président de la République française à Dakar, ce 26 juillet 2007 : abandon politique des grands problèmes culturels africains, abandon de la jeunesse africaine estudiantine et citadine, abandon des structures pédagogiques si peu financées, abandon des bibliothèques publiques, abandon de l'esprit critique.

Si nous avions fait mieux, l'autre ne nous aurait pas retiré son respect. La dignité humaine est une conquête de soi sur soi. Le vide ne favorise pas la considération d'autrui. La peur de soi, la peur de sa propre histoire, la peur du monde, la peur instinctive de l'ancien colonisateur, la peur de dire la pensée sérieuse : voilà qui donne à l'autre l'occasion de dominer, de dicter sa volonté, de rire, de minimiser, de mépriser.

Pour rompre urgemment avec l'africanisme euro centriste, cause majeure de nos maux psychologiques et politiques, il faut impérativement intensifier la communication culturelle en Afrique, du nord au sud, de l'est à l'ouest, partout à travers le continent. Une mentalité africaine commune, à dimension continentale, panafricaine, est absolument requise pour la restauration et la renaissance de l'Afrique entière, dans le monde d'aujourd'hui. Se connaître est source de paix et de plénitude. Se connaître, c'est saisir son sens du devoir, sa responsabilité de civilisation.

Le travail à faire porte par conséquent sur la conscientisation des Africains, à partir des traditions culturelles africaines, avec l'aide des paradigmes méthodiques internes. Dans son magnifique ouvrage intitulé The Eloquence of the Scribes (Popenguine, 2006), Ayi Kwei Armah mentionne ceux et celles qui ont contribué, ces temps-ci, au développement de la conscience africaine : Rév. Gaddiel Acquaah et Plaatje, Thomas Mofolo et Peter Abrahams, Djibril Tamsir Niane et Mamadou Kouyaté (le Griot), Fugunwa et Wole Soyinka, Tata Youssuf Cissée et Wa Kamissoko (le Griot), Bassirou Dieng, Amadou Hampâté Ba, Babacar Sall, Abou bacacry Moussa Lam et, bien évidemment, Cheikh Anta Diop.

À quoi, il faut ajouter le travail considérable des historiens et historiennes africains, ces temps-ci, par exemple : Joseph Ki- Zerbo, K.O Dike, B.A Ogot, J.F.Ade Ajayi, A. Adu Boahen, Kimambo, Henriette Diabaté, Jean-Noël Loucou, Emmanuel Ghomsi, Thierno Bah, E. Mveng, Prince Dika Akwa Nya Bonambela, Ibrahima Kake, Mody Sékéné Cissoko, Mme Ly, les Konare, Pathé Diagne, Boubacar Barry, Boudé Gado, O. Ikime, B.I. Obichere, Elikia M'bokolo, Isidore Ndaywel è Nzièm, Sabakinu, Sinào Souindoula, A.J. Temu, A.I.Asiwaju, E. Ayandele, Abraham Ndinga Mbo, Abba Paulos Tzadua (qui traduit du ge'ez l'ancien droit éthiopien, le droit monarchique), Avarro, Chinweizu, M.H.Y. Kaniki, T.B. K abwegyere, Ratanga, Steve Biko, Wa Thiong'o, B. Andah, John S. Mbiti, Wande Abimbola, Honorat Aguessy, Bolaji Idowu, Chinua Achebe…

Les chercheurs et intellectuels africains ont travaillé sur la paléontologie humaine, l'archéologie préhistorique, l'antiquité nubienne et égyptienne, les royaumes, et les empires de jadis en Abyssinie (Aksum), en Afrique de l'Ouest médiévale, en savanes et en forêts des régions tropicales et équatoriales. Les grandes épopées ont été exhumées, analysées, publiées. Les voies commerciales ont été découvertes et cartographiées. Les migrations africaines internes ont été analysées selon des méthodes variées. Certains produits ont connu des évolutions, de la production artisanale à l'industrialisation. L'unité culturelle et linguistique du continent africain, inconnue des africanistes euro centristes, a été démontrée et affinée. La vision du futur est la seule issue viable de l'unité politique et l'État africain fédéral continental. Tout autre est la perspective des "études africaines" africanistes eurocentristes : maintenir la tutelle, dominer, exploiter, proposer des ensembles politiques sans lendemain du genre "Françafrique », « Eurafrique », etc. la banque mondiale et le Fonds monétaire international (FMI) n'ont jamais été institués pour la misère africaine, pour le développement de l'Afrique. La philosophie véritable de la banque mondiale et du FMI n'est pas de créer la richesse africaine, le bonheur des peuples africains. Leur règle directrice n'est que l'exploitation de l'Afrique, en dépit des nuances verbales et diplomatiques. Ces institutions financières occidentales internationales n'ont aucun scrupule d'ordre moral.

Aucune éthique, sinon celle de la corruption, du scandale financier, de la dissimulation. Les « études africaines » africanistes euro centriste travaillent de concert avec ces institutions financières occidentales « internationales » issues des accords de Brettons Wood pour dominer l'Afrique.

L'occident tient l'Afrique noire soumise grâce à ce paradigme africaniste euro centriste séculaire qui détermine tout le reste : détruire la conscience africaine en infusant partout le sentiment de subordination et d'infériorité, rendre nécessaire et sans alternative la soumission africaine, refuser toute promotion africaine quand cela entend redonner aux Africains les sentiments de dignité et de responsabilité historique, feindre de travailler pour le développement de l'Afrique (remise des dettes, aides, programmes, comités, coopérations, etc.)

On juge superficiellement quand on déclare que le discours du président de la République française est « paternaliste », « condescendant », « colonial » ou « néocolonial » : il s'inscrit, en vérité, dans une très longue tradition occidentale de dédain, de mépris, de racisme européen vis-à-vis des peuples noirs d'Afrique.

Il est urgent et nécessaire de ne plus faire cas, en aucune façon, des « études africaines » africanistes euro centriste qui perpétuent ce racisme occidental séculaire. Elles inspirent des attitudes, des programmes et des discours à l'instar de celui, très raciste, du président de la République française. Il n'y a que les Noirs d'Afrique à être traités de cette manière, et ceci par la faute, il faut bien le dire, des Africains eux-mêmes qui s'imaginent et se perçoivent comme inférieurs, conformément aux idéologies occidentales du plus pur racisme ».[59]

Comme on le constate, l'attitude raciste des milieux africanistes eurocentristes n'est pas moins tranchée dans le domaine de l'évangélisation que dans celui de la culture et de l'histoire. Oden qui est assurément un Occidental de bonne foi, car il y en a eu aussi dans l'histoire, à l'exemple de Jean Jacques Rousseau (1717-1778), qui s'élèvera contre le code noir de Colbert, à travers son ouvrage « le Contrat social », Oden disions-nous, a désormais la réponse à son interrogation. Il s'agit d'un système intelligemment construit pour maintenir l'Europe au centre du monde, au prix de mensonges, de fantasmes et de mythes, mais qui ne peuvent plus tenir debout. Le temps est arrivé en effet, où l'Afrique prendra de nouveau les rênes de l'histoire. C'est tout l'objet de nos travaux. Travaux qui ont la particularité d'envisager le devenir africain par la

59 Philippe Ray, *L'Afrique répond à Sarkozy*, Paris, 2008, pp. 389-390 ; 396-401.

coordination de l'autel et du monument, selon Esaïe. Autrement dit, c'est de la conjonction de l'intemporel et du temporel, à partir de l'Afrique centrale et de l'Afrique de l'Ouest, les deux principaux pôles du relèvement africain, que jaillira la lumière.

Nous avons exprès laissé longuement parler le professeur Obenga, après Esaïe et Thomas Oden. Car en écoutant cet érudit de la lignée des défenseurs selon le paradigme du prophète Esaïe, il apparaît clairement le nœud objectif de l'un des deux problèmes majeurs de l'Afrique, avec l'une des deux solutions appropriées : le déracinement et la question du monument. Il ne saurait y avoir de renaissance africaine sans opérer une plongée profonde dans le souvenir de notre mémoire ; et notamment dans le vivier carthagien et égyptien. Reconnaître ou dénier à l'Afrique noire l'héritage de l'Égypte antique est d'un enjeu majeur sur l'échelle du relèvement du continent noir. D'où la pertinence de la démarche du brillant professeur, Cheikh Anta Diop.

Chapitre VI
Cheikh Anta Diop et la thèse de l'antériorité noire de la civilisation égyptienne

D'après les informions recueillies sur la toile, Cheikh Anta Diop est né le 29 décembre 1923 à Thieytou. Il est mort le février 1986 à Dakar. Historien anthropologue, égyptologue de renom et homme politique sénégalais, ses travaux ont mis l'accent sur l'apport de l'Afrique noire en particulier, dans la civilisation universelle.

Homme aux thèses controversées de la communauté scientifique, ses travaux avaient jusqu'ici rencontré peu d'enthousiasme. Il s'agit notamment de ses positions sur le patrimoine de l'Égypte antique. Mais il ne fait aucun doute, Cheikh Anta Diop est considéré comme le précurseur des thèses défendant l'antériorité de l'homme noir dans l'histoire. « Aujourd'hui la communauté scientifique est unanime pour dire que l'hominisation la plus ancienne et la plus complète est celle qui a été reconstituée en Afrique ».

Sur le plan académique, Cheikh Anta Diop est détenteur d'un doctorat obtenu en 1960 avant de décrocher son titre de professeur en 1981. Il est maître de conférences à l'université de Dakar, qui va devenir très vite l'université Cheikh Anta Diop où il crée le premier laboratoire de datation des fossiles archéologiques au radiocarbone, en collaboration avec le commissariat français de l'énergie atomique. Ici, le professeur Cheikh Anta Diop va s'illustrer par la méthode de datation au carbone 14. Dès lors, il effectuera de multiples tests de mélanine des momies égyptiennes. Il confirme les thèses des anciens Grecs comme Hérodote sur la mélanodermie des premiers habitants de l'Égypte.

Le professeur Cheikh Anta Diop participera dans les années 1970 au comité scientifique devant plancher sur la rédaction de l'histoire générale de l'Afrique sur l'égide de l'UNESCO. Il participe à ce titre, en 1974 au colloque international du Caire où ses thèses sont, là encore, loin de faire l'unanimité des chercheurs. Pour le professeur Jean Vercoutter par exemple, « si l'Égypte était africaine dans son écriture, dans sa culture et sa façon de penser » ce n'était pas forcément le cas sur son peuplement. Avec Théophile Obénga et Asanté Kete Molefe, il est considéré comme le fondateur du concept de l'afro-centricité.

Sur son engagement politique, on va passagèrement noter qu'il sera en 1961 celui qui a structuré une réelle opposition face à Senghor avec la création du FNS et du RND en 1976. Le journal d'opposition Siggi est également son œuvre. Cheikh Anta Diop est aussi reconnu pour son engagement pour la création d'un État fédéral africain.

Au premier festival mondial des Arts nègres, le professeur Cheikh Anta Diop avait été distingué comme « l'auteur africain le plus influent du XXe siècle ». Il est auteur de plusieurs publications, dont *Nation nègre et cultures* reste le plus emblématique eu égard aux thèses défendues dans un contexte africain dominé par « les tuteurs de l'histoire ». C'est de cet ouvrage faisant l'apologie de l'afro centrisme, que nous tirons l'essentiel de l'argumentaire de cet éminent professeur dans le cadre de notre étude.[60]

Le professeur Cheikh Anta Diop est l'un de ces rares Africains qui se firent hérisser l'esprit à la lecture de ces thèses qui pour certains, n'avaient pour but que de maintenir l'Afrique noire dans les ténèbres de la misère.

Les Africains dans leur majorité n'ont pas réalisé la pertinence de la démarche du professeur Cheikh Anta Diop.

Déracinés comme ils le sont, les Africains ne doivent pas s'imaginer qu'ils pourraient de nouveau briller dans le firmament des peuples sans s'être donné au préalable le devoir de reconstitution de leur inconscient collectif. Le temps viendra où toute l'Afrique connaîtra ce professeur érudit. Car cet homme ressemble à un ange qui fut envoyé à l'Afrique pour son émancipation. Voyez-vous, dans le texte d'Esaïe que nous venons d'exploiter, c'est le cœur même de la civilisation qui fut frappé. Et l'Éternel dit : si tu as des sages qu'ils te fassent des **révélations**. Il n'est question ni d'industrie, ni d'économie, ni de politique. Le fait que l'éminent professeur fasse des révélations à

60 L'essentiel de cette présentation est tirée de la toile internet.

l'attention de la mémoire engourdie de l'Afrique noire constitue bien la preuve que cet homme est sage. Il n'en faut pas plus pour que l'Afrique se relève. En effet, le réveil de ce continent est avant tout, une question de nature spirituelle. L'épithète spirituelle, prise dans le sens le plus large du terme. C'est-à-dire, englobant le volet intellectuel et artistique.

Contrairement à ce que croient trop d'Africains, l'Afrique ne pourra pas se relever, à moins de saisir comme cela apparait dans la notion de décadence chez Nietzsche, les tenants et les aboutissants de sa déchéance séculaire. C'est tout l'intérêt de l'égyptologie. L'Égypte renvoie au pays de Cham, le père de Kouch dont le teint noir ne souffre d'aucun doute d'après la tradition biblique. La légende n'a-t-elle pas donné Cham, maudit comme ancêtre des Africains ? Dès lors, est-il raisonnable de renier à la descendance de Cham la pigmentation noire d'après la littérature biblique ?

Pourquoi alors la femme kouchite prise par Moïse est-elle l'objet de sarcasme de la part de Myriam et Aron, si ce n'est à cause de son teint bronzé ? (Nombres 12 : 1-3). Nos égyptologues dits modernes peuvent-ils nous dire pourquoi les peuples arabes qui habitent l'Égypte aujourd'hui, présentés comme les héritiers des pharaons, sont, eux aussi, incapables de rééditer l'exploit de leurs soi-disant ascendants, les pharaons ? Nos fameux égyptologues, peuvent-ils nous dire par où était passée la sagesse de l'Égypte ? Aussi vrai que l'œuvre des Égyptologues occidentaux aurait consisté à saper ce qui restait de notre capacité à nous ressouvenir, toute la pertinence de la démarche de Cheikh Anta Diop sera de revendiquer l'héritage nègre de l'Égypte antique. Voici comment, seul contre tous, l'audacieux chercheur noir va battre en brèche les différentes thèses de ces Égyptologues dits modernes, et défendre de la plus belle manière la mémoire nègre.

L'argumentation de la stèle de Philae

Sans trop de peine, le professeur Cheikh Anta Diop démontera ce tableau. Bien avant que l'Égypte ne devienne un fleuron du savoir universel, une civilisation, hormis l'écriture, avait vu le jour sur les hauteurs de l'actuel Soudan voisin. C'était la civilisation Méroétique. Essentiellement habité par une population noire, Méroé avait atteint un niveau particulier de développement que l'on rencontrait rarement ailleurs. On pourrait penser que ce sont ses pyramides qui ont inspiré celles de l'Égypte, plus élaborées. Situé à 200 km au nord de Khartoum vers 591 Av. notre ère, Méroé devient la capitale du royaume de Kouch. Ville carrefour, elle connait l'influence de différents caravaniers qui la traversent sans rien perdre de son « Art raffiné, son prestige impérial des mystères de sa civilisation ».[61]

Hormis sa nécropole royale faite de tombes et de pyramides (100 au total), le polythéisme est un autre trait qui rapproche Méroé de l'Égypte. On doit dire qu'il s'agit de deux civilisations voisines. C'est donc sur les limites de ce voisinage qu'une stèle sera érigée pour marquer la séparation entre les deux cités. Alors, les égyptologues euro centriste trouveront là, la preuve que les deux peuples étaient distincts d'un point de vue racial. L'érection de cette stèle ne peut être interprétée autrement que comme une volonté de séparatisme de la part des Égyptiens.

61 In, *Journal Afrique Asie*, juin 2010, p.102.

Mais peut-on empêcher à des frères mêmes partageant le même sein maternel, de se quereller, voire de se séparer ? Est-ce là une raison pour nier leur fraternité ? Alors que dirait-on des parallèles méridionaux qui séparent les deux Corées, et du mur de Berlin ? N'était-il pas plus massif qu'une simple stèle ? Et pourtant, nous savons qu'il existe aujourd'hui un seul et unique peuple allemand. Il faut au contraire comprendre que lorsqu'on en vient à ce genre de comportements, nous avons par ce fait même la preuve la plus évidente d'être en face d'un même et unique peuple. Des peuples de races différentes auraient-ils besoin d'une stèle pour afficher leur frontière raciale ?

Voici comment Cheikh Anta Diop démontre le rapprochement des deux cultures : à côté de l'Art et des aspects religieux, la langue est un des éléments fondamentaux de l'identification des peuples, surtout dans les temps préhistoriques.

« Autant il est difficile, à plus forte raison de prouver la parenté de l'Égyptien et des langues Indo-européennes et sémitiques, autant il est facile de prouver l'unité profonde de l'Égyptien et des langues nègres »[62], soutient Cheikh Anta Diop. Ainsi, en plus de ce que nous avons notifié d'entrée de jeu, d'impressionnantes ressemblances linguistiques ont été notées entre le Volaf ou le Yerouba et l'Égyptien. En voici un spécimen :

62 Cheikh Anta Diop, *Nations Nègres et culture*, Editions, Présence Africaine, Paris 1954, 1979, p. 23.

Mots égyptiens

Nad= Demander

Nah=protéger, cacher.

Nebt= Tresse, tresser.

Funa= sûr, régulier, authentique

Mots Volaf

Lad =demander

Lah= protéger, cacher

Let = tresse, tresser

Fula= conduite digne régulière

Mais au-delà du vocabulaire, le professeur Cheik A. Diop établit de frappantes analogies dialectales sur la syntaxe, dans la conjugaison ainsi que la composition des adjectifs, des suffixes et des préfixes.

Par ailleurs, l'organisation sociale de la vie en Afrique épouse remarquablement, celle de l'Égypte affirme, le défenseur de l'héritage noir. En Égypte, on a la stratification suivante :

— Les paysans

— Les ouvriers spécialisés,

— Les prêtres, les guerriers et fonctionnaires,

— Le roi

Dans le reste de l'Afrique noire, on a :

— Les paysans

— Les artisans ou ouvriers spécialisés organisés en castes.

— Les guerriers, les prêtres ou dômi shona en volaf,

— Le roi.

Narmer ou Ménès, le tout premier Pharaon.
Remarquez combien il est typiquement nègre !

Par ailleurs, contrairement aux peuples sémitiques, le matriarcat est en Égypte, comme dans la plupart des cas dans le reste de l'Afrique, la base de l'organisation sociale. Sur le plan anthropologique pour terminer, si l'Égypte peut dans son évolution être présenté comme un peuple multi ethnique, Cheikh Anta Diop n'entretiendra l'ombre d'aucune équivoque sur l'origine nègre de la civilisation égyptienne. Ainsi, les premiers pharaons, à l'exemple de Narmer ou Ménès, tout premier pharaon d'Égypte, étaient originaires du sud. Premier unificateur de la haute et la basse Égypte, « il n'est assurément ni Aryen, ni Indo-européen, ni Sémite, mais indiscutablement un Noir. », sentence d'un savant : Cheikh Anta Diop. Pour achever la « destruction » de la stèle Philae, il faut dire que les ressemblances entre l'Égyptien et le Nubiens ont telles que les rois qui ont chassé les usurpateurs libyens du trône d'Égypte, sous la XXVe dynastie, aux environs de 750, étaient donc effectivement des rois soudanais.[63]

Le teint brun et rougeâtre

Certains Égyptiens avaient le teint brun et rougeâtre plutôt que sombre comme c'est le cas des Noirs africains. Cheik Anta Diop ne fait aucun mystère de cette réalité qu'il ressort d'ailleurs sur la couverture de son ouvrage *Nations nègres et culture*, éditions Présence Africaine. Le savant professeur explique ce fait comme le produit d'un métissage biologique qui aurait pu se produire depuis la préhistoire :

« Qu'un élément blanc de bien moindre importance soit venu tardivement se greffer sur un stratum nègre primitif

63 Cheikh Anta Diop, Op. Cit. pp.58-69.

par suite de l'attrait constant de la vallée, cela semble probable. Mais ce qui est certain, c'est la prédominance de l'élément du commencement à la fin de l'histoire égyptienne. Même le métissage intense de la basse époque ne réussira pas à bouleverser les caractères nègres de la race égyptienne. Ce métissage du Nègre égyptien et du blanc proto sémite ou aryen a suivi un développement en éventail au cours de l'histoire égyptienne par suite de courants commerciaux. Il se reflète, pendant l'époque égéenne, dans l'histoire de l'enlèvement par lo des Phéniciens. En effet, les Phéniciens, peuple négroïde et cousin, en quelque sorte, des Égyptiens, leur ont servi de marins pendant toute cette période. Entre autres commerces, ils ont trafiqué entre l'Égypte civilisée et l'Europe barbare le commerce des femmes blanches : lo, enlevée de la Grèce et vendue au pharaon d'Égypte, qui l'a payée cher à cause de la rareté de son teint blanc, n'est que symbole de ce commerce. Il est extrêmement difficile de nier ou de minimiser l'importance de ce commerce.

Ainsi s'expliquerait le teint dit brun rougeâtre des Égyptiens, tandis qu'ils continuent à avoir les lèvres épaisses. »[64], rendit magistralement le savant défenseur.

Il faut dire que l'argumentation de notre défenseur est non seulement magistral, mais en plus, riche en révélations. Ainsi, nous apprenons que les Phéniciens étaient, d'après les propres termes de Cheikh Anta Diop, un peuple négroïde et cousin des Égyptiens. Il s'avère que l'alphabet phénicien, d'essence égyptienne, demeure la matrice principale de l'alphabet européen. Ce qui, soit dit en passant, tend à confirmer la thèse selon laquelle, la civilisation égyptienne est bel et bien le berceau de la civilisation.

64 Cheikh Anta Diop, *Nation Nègre et Culture*, Op. Cit, p. 356.

De plus, l'Europe qui jusqu'au XIXe siècle a prétendu que l'Afrique était sans civilisation est elle-même présentée sous les traits d'un peuple barbare, allant jusqu'à vendre leurs femmes aux fortunés Égyptiens. Pratique qui peut se vérifier à travers le récit biblique. En effet, vendu aux marchands égyptiens, Joseph aurait pu devenir épouse du pharaon s'il était une femme. Peut-on douter de la progéniture qui en aurait découlé ? Il est d'ailleurs mineur de brandir le teint si manipulable génétiquement, comme élément fondamental d'un peuple ou d'une nation. Il faut dans le cas contraire que le teint soit confirmé par d'autres éléments qui fondent la civilisation d'un peuple. Autrement, comment expliquer que Kouch, fils de Cham, lui-même fils de Noé, Sémite (clair de teint) soit donné par les Européennes eux-mêmes, comme l'ancêtre des noirs, d'après la littérature juive et indo-européenne ? Mais la négrité des premiers Égyptiens est attestée par le témoignage des premiers historiens et philosophes, et pas des moindres, qu'ait connu l'Europe. C'est le cas d'Hérodote.

Les deux derniers arguments de la dénégation de l'antériorité nègre de la civilisation égyptienne sont :

La régression culturelle et l'asservissement de la race noire

Tout certains qu'ils sont, les Européens posent la question de savoir comment les Égyptiens si doctes d'esprit peuvent léguer en héritage tant d'ignorance à ceux qui se réclament d'eux. Aussi vrai que l'ignorance est un trait qui distingue l'homme africain des autres peuples. D'autre part, comment comprendre que les descendants des pharaons se réduisent à une existence de coercition dans toute leur histoire ? Si le sable est une limite à la mer, il faudra, honnêteté intellectuelle oblige, reconnaître que ces deux questions constituent les réelles limites de la chaîne de l'argumentaire de l'infatigable défenseur de la cause nègre. La réaction du professeur Cheikh Anta Diop est à quelque chose près, la même que celle des intellectuels africains, au lendemain du discours du président français, Nicolas Sarkozy lors de son passage à Dakar, au mois de juillet 2007. Discours dans lequel Monsieur Sarkozy confirme cette thèse de l'obscurantisme intellectuel des noirs d'Afrique. « L'homme africain n'est pas assez entré dans l'histoire » devait marteler l'homme d'État français.

À travers un ouvrage que nous avons évoqué plus haut, au titre tout de même un peu exagéré, intitulé *L'Afrique répond à Sarkozy* certains des 23 intellectuels africains qui interviennent dans le cadre de ce livre, croient au nom de l'Afrique, répondre à Monsieur Sarkozy en ressassant simplement les gloires passées de l'Afrique à travers l'expérience de l'Égypte.

Or, en réalité, ce discours tenu à dessein sur la chaire de l'université Cheikh Anta Diop n'est rien d'autre qu'un cinglant défi à la thèse du grand esprit que fut notre défenseur. Le manguier donnera toujours la mangue, le papayer la papaye, l'avocatier produira l'avocat. Sur cette base, les héritiers des Égyptiens que nous nous réclamons, devions donner la preuve de notre filiation. Cependant, lorsque nous parlons de la faillite de l'élite africaine, il faut relever que le professeur Cheikh Anta Diop est une exception à la règle. Car cet homme est réellement un descendant des pharaons, au regard de l'œuvre pharaonique qui aura été la sienne dans la défense de la mémoire nègre. Depuis l'effondrement de l'Égypte, de la Nubie, l'Éthiopie et d'autres gloires antiques que l'Afrique noire eut connues, c'est l'éclipse désormais qui surplombe notre ciel séculaire. Partout, l'on voit des Africains enchainés, dominés par ceux-là même qui venaient puiser aux sources africaines. L'Afrique est morcelée par les puissances occidentales. Le peuple noir subira quatre siècles d'un esclavage cruel avant de connaître la cruelle expérience de la colonisation. On va lui apprendre à écrire et à lire par ceux-là qui ont tout appris des Africains .comment est-ce possible et pourquoi ? C'est un mystère qu'il n'était pas donné à ce grand esprit d'élucider. Et si le professeur défenseur de la mémoire nègre n'avait pu élucider l'énigme de la déchéance de l'homme noir, aucun autre intellectuel africain n'aurait pu le faire. Car, nous touchons là, au domaine de la métaphysique ; autrement dit, le domaine du sacré. Ce qui dépasse largement le champ opérationnel du professeur Cheikh A. Diop.

Chapitre VI
Le paradigme prophétique bâti par Esaïe pour reconnaître les descendants des pharaons

Après avoir examiné à la lumière de la science historiographique avec le professeur Cheikh Anta Diop et autre égyptologue la lancinante question de l'identité des Égyptiens sous les temps pharaoniques et avant d'y revenir, attardons-nous à présent à décrypter ce débat sous l'éclairage de cette prophétie, selon les indications données par le prophète Esaïe. Mais, comme promis, un examen critique de la copie que la Bible nous présente comme le texte d'Esaïe s'impose.

La critique textuelle ne révèle rien de si particulier qui puisse bouleverser la structure du texte d'Esaïe 19. Néanmoins, nous allons nous attarder sur certains aspects de cette critique de manière à en dégager la substance. Pour tout dire, personne n'a trouvé à redire sur les versets 1 et 2. Ceux-ci font l'unanimité des critiques. Ce qui ne sera pas le cas à partir du verset 3. Cependant, les annotations à cet égard sont de moindre importance.

Au verset 18 les critiques font remarquer que le mot hébreu haéres (destruction) dans le rouleau d'Esaïe trouvé dans la grotte1 de Qumran, de même que dans quelques manuscrits hébreux, la version Grecque de la symmaque, le Targum, la version latine Jérôme ou Vulgate et la version arabe, attestent plutôt harhêres (soleil). Ainsi, dans ces différentes versions que nous venons de citer on se propose de lire ville de soleil au lieu de ville de destruction. Pour tous ces témoins contradicteurs, haéres est un mot incertain. Ceux-ci seront rejoints en cela par la septante (la toute première version de la Bible). Au sujet de haéres cette version atteste assedeq (Grecque) qui se traduit en hébreu hatsedeq, et en français Justice, Droit. Alors que le Codex sinaticus première main atteste : Assed (qui se décline héliou) c'est-à-dire soleil. On peut donc penser que le mot français Héliopolis, ville du soleil, vient de là.

Au verset 20 nous rencontrons aussi les mêmes préoccupations autour du mot hébreu varav, que l'éditeur propose de lire verav ; pour dire : il défendra leur cause. La version grecque la septante mentionne Krinone, alors que le rouleau d'Esaïe de la grotte de Qumran atteste : vayarad. Or, vayarad se rend par : il défendra. Cependant le verbe grec krino se traduit en français par juger.

Enfin au verset 25, nous trouvons quelques variantes au sujet des mots hacher veraco, qui veut dire : qu'il a béni. La septante atteste il a béni alors que l'éditeur propose de lire je bénirai. Comme on le constate, aucune des variantes suggérées, si ce n'est dans une certaine mesure le cas du verset 20, n'affecterait fondamentalement notre texte. Car, qu'il s'agisse de destruction ou de ville de soleil, de droit ou de justice au verset 18, et au verset 20 des groupes de mots il défendra, il descendra ou du verbe juger, le fond, de même que la structure, restera le même.

Il s'agit ici d'une structure antithétique présentant une Égypte qui sera mentionnée 25 fois dans ce chapitre qui compte aussi 25 versets, dans sa gloire, sa chute, et sa restauration future. En effet, du verset 1 au verset 17, l'Égypte est placée sous le feu du jugement divin ; et du verset 18 au verset au verset 25, l'Égypte sous le sceau de la restauration, est promise à la gloire.

Nous sommes heureux de constater que la plupart des apports exégétiques portent sur des expressions marginales. En effet, hormis le cas des versets 18 et 20, portant sur la ville de destruction, toutes les autres observations ont un impact qui est loin de bouleverser le fond du message central. D'ailleurs, au sujet du débat sur de la ville de soleil ou ville de destruction, nous estimons que la version de la ville de destruction est nettement plausible, quand bien même le contexte de restauration qui commence avec le verset 18 ne cadre apparemment pas avec le terme destruction.

Nous pensons que l'Égypte restaurée a d'autant plus besoin d'un lieu de destruction que toutes les idoles rassemblées suite à la repentance des Égyptiens devront être détruites. Par conséquent, nous voulons voir en cela, une ville, un pays, ou une région qui joueront la fonction de l'autel dont il est question au verset 19.

La critique textuelle ne fait aucune mention de l'Égypte et de l'Assyrie faisant l'objet d'une bénédiction de la part de l'Éternel au point de faire d'Israël un troisième après l'Égypte et l'Assyrie. Or, ceci constitue un fait majeur. La prééminence d'Israël parmi les peuples de la terre est dans l'inconscient collectif juif, un credo mythique. En classant Israël troisième derrière les nations, Esaïe introduit un concept nouveau en Israël. Fait curieux, cette classification n'est mise en cause ni par les milieux rabbiniques juifs, ni par aucun un exégète du monde entier. De même, le relèvement de l'Égypte après son jugement fait l'unanimité des exégètes.

Cela dit, le chapitre 19 commence par une formule sentencieuse. L'image d'une chevauchée sur une nuée rapide évoque en réalité le fantastique, propre au domaine du divin. En effet, un homme aussi doué soit-il, ne saurait réaliser une chevauchée sur la nuée. Le livre d'Apocalypse nous présente des scènes de ce genre où l'on voit un Dieu va-t-en-guerre, monté sur le dos d'un cheval. Le fait donc que Dieu descende en Égypte chevauchant sur une nuée rapide traduit la rage d'un Dieu qui a hâte d'en découdre avec l'Égypte. D'où l'emploi de l'épithète rapide. Le choix du cheval peut également se justifier par la longueur du parcours à réaliser. L'Éternel doit partir des cieux pour l'Égypte, et le cheval est reconnu pour ses capacités athlétiques et guerrières. Mais, alors que Dieu n'a pas donné un seul coup que les dieux de l'Égypte sont tremblants. Scène qui trouve un écho dans le Nouveau Testament, à travers l'épisode du fou de Gadara dont les démons se mirent à trembler à la seule vue de Jésus. Adonaï est conscient de ce que ces dieux représentent l'armature même du système égyptien. Il doit en bon stratège lier l'homme fort qui trône sur l'Égypte avant de pouvoir prendre possession de tout le pays. En évoquant le cœur de l'Égypte qui fond, il est à croire qu'il s'agisse d'une allégorie d'ordre géographique. Mais, cela peut tout aussi vouloir dire le cœur du système égyptien. C'est-à-dire les divinités qui en constituent l'épicentre. Une fois ce système anéanti, l'Éternel peut prononcer sa sentence en juge souverain. On comptera une soixantaine de verbes, pour l'essentiel, des verbes d'action. D'où l'emploi récurrent du Hifil, du Piel et surtout du Qual (comme yoshal) qui expriment la voix active en hébreu. Même les verbes au participe présent sont à la voix active. C'est le cas de meniq, que l'on rencontre au verset 16, qui veut dire balançant. Si l'on note trois actants à côté de l'Éternel, à savoir : l'Égypte, l'Assyrie, et Israël, le personnage l'Éternel concentre l'essentiel de l'action, autour d'une vingtaine de verbes. En réalité, Adonaï est l'auteur de toutes les actions attribuées aux différents autres actants. En effet, l'Éternel est à la fois auteur du jugement et de la restauration de l'Égypte. C'est donc à Dieu que l'Égypte et l'Assyrie doivent leur salut. Le salut qui sera l'un des thèmes théologiques majeurs de ce fragment de texte, après le jugement, la repentance et l'alliance, même si, il est vrai, le terme alliance (bérit en hébreu) n'apparaît pas de manière explicite dans ce texte. La langue de Canaan maniée par des nations jusqu'ici éloignées de Dieu, l'érection d'un monument, d'un autel, et surtout le fait nouveau d'appeler l'Égypte « mon peuple » en constitue une raison. Ce qui ne sera pas sans nous faire penser à Deutéronome 32 : 21. En effet, non seulement Adonaï consacre à l'Égypte idolâtre une expression qui était jusqu'ici une exclusivité d'Israël, mais, en plus Israël est déclaré troisième après deux nations païennes. De quoi faire rougir Israël ! Ceci nous amène à saluer le courage du prophète qui, au-delà des élans nationalistes, se contente de se considérer un prophète de Dieu. On peut penser qu'Esaïe ait pu avoir maille à partir avec les milieux conservateurs juifs. Mais le fait que ce texte ait pu survivre à tous les toilettages auxquels il fut soumis confère au livre d'Esaïe une crédibilité à nulle autre pareille.

Dès le verset premier, les dieux de l'Égypte sont décrits, comme des idoles tremblantes et en défaillance à l'arrivée de l'Éternel. La multitude des dieux constitue un des traits qui caractérisent la civilisation égyptienne. L'on peut cependant épingler quelques-uns de ces dieux. C'est le cas de :

- Osiris
- Isis
- Horus
- Ra
- Amon

La pluralité des dieux est une caractéristique qui nous présente une société traversée par une cosmogonie polythéiste. Une caractéristique plutôt commune aux Indo-européens et aux Africains. La soumission des Égyptiens à toutes ces divinités d'une part et d'autre part, la force de l'État dans la régulation des rapports sociaux étaient les principaux fondements de la civilisation égyptienne. Par conséquent, faire trembler les dieux de l'Égypte revient en réalité à ébranler toute la structure de cette société. C'est d'ailleurs ce qui est rendu à travers le terme : le cœur de l'Égypte tombe en défaillance. Car, le cœur a une fonction centrale dans le système du corps humain. En s'attaquant aux dieux égyptiens, c'est à l'âme de la civilisation que l'Éternel Dieu s'en prenait d'entrée de jeu. De ce fait, l'Égyptien ne peut plus avoir la grille de lecture grâce à laquelle ce peuple avait pu réunir les valeurs de cette civilisation d'autant plus illustre qu'elle est la plus prodigieuse que l'humanité ait pu connaître, de par sa force, son ingéniosité et sa longévité.

Mais, le cœur de l'Égypte c'est aussi géographiquement parlant, la région du centre de l'Égypte. Ce détail peut paraître anodin, nous en saisirons bientôt l'importance. Il est vrai que l'Égypte avait parfois connu des moments de faiblesse. Ce qui permit à certains peuples d'exercer une certaine influence sur son administration. C'est le cas des Libyens, des Éthiopiens, des Grecs ou des Crâniens. Mais c'était davantage par des méthodes subtiles comme l'infiltration migratoire, que par des procédés ostentatoires tels que les expéditions militaires. Il est vrai que par la suite l'Égypte a connu l'occupation.

Sur le plan armé, la force que représentait l'Égypte avait par moment été mise à profit pour sécuriser non sans contre parties, Israël, le peuple que s'était délibérément choisi ce Dieu qui vient à présent marcher sur l'Égypte.

C'est d'ailleurs la cause immédiate qui conduira l'Éternel à sévir contre l'Égypte. Plutôt que de se rendre au roi assyrien, Israël (Juda) fit une alliance avec l'Égypte au mépris de la recommandation de Dieu par l'entremise du prophète Esaïe. Dieu décidera alors de punir à la fois Israël qui connut la déportation, et l'Égypte qui sombra sur plusieurs siècles de son histoire millénaire. Esaïe marcha nu pour indiquer de quelle manière l'Égypte allait être maudite.

Parlant de longévité de la civilisation égyptienne, il faut noter qu'il n'y en a pas au monde une autre de semblable. Trois mille cinq cents ans avant notre ère. Cette civilisation avait pratiquement dominé toute l'antiquité. Quant à son ingéniosité, l'on retiendra que l'Égypte n'était pas seulement une civilisation au sens culturel du terme. Les mathématiques, la Géographie, la science en gros a pris naissance ici. Ceux qui sont devenus de grands érudits en Occident furent de studieux élèves aux pieds des pharaons. Il s'agit en particulier des peuples établis sur la partie nord de la méditerranée, notamment les Grecs comme Hérodote, Pythagore, Thalès ou Platon qui y séjourna pendant plus de 12 ans, faisant le pied de grue, les monastères des pharaons étant d'accès difficile. Ils ont tout copié de cette fascinante civilisation, jusqu'à la cosmologie. Mais, le génie grec c'est aussi d'adapter à leur culture propre, toutes les richesses d'où qu'elles viennent. Quoi de plus normal puisque la cosmogonie égyptienne elle-même nous renseigne que « l'Occident » est le royaume souterrain d'Osiris. Ainsi, les champs Élysée grecs découlent des « Champs des roseaux » ou « champs d'Ialou » égyptiens.

C'est donc cette civilisation fabuleuse que le Dieu Éternel s'emploie à détruire de manière systématique, selon Esaïe, toute l'armature de cette prodigieuse civilisation. Puisqu'il fera achever son œuvre entamée par une invasion étrangère et par la main de l'Égyptien lui-même.

En effet, ce qu'aura laissé la main de l'Éternel à travers les envahisseurs et toutes sortes de calamités devait être détruit par la main de l'Égyptien qui s'élèvera contre l'Égyptien. Il s'agit d'affrontements fratricides puisque le texte déclare : « j'armerai la main de l'Égyptien contre l'Égyptien et l'on se battra frère contre frère, ami contre ami, ville contre ville, royaume contre royaume. L'esprit de l'Égypte disparaîtra du milieu d'elle ; et j'anéantirai son conseil », dit le prophète au nom de Dieu. « Où sont-ils donc tes sages ? Qu'ils te fassent des révélations et qu'on apprenne ce que l'Éternel des armées a résolu contre l'Égypte. Les princes de Tsoan sont fous, les princes de Not dans l'illusion. Les chefs de tribus égarent l'Égypte. L'Éternel a répandu au milieu d'elle un esprit de vertige, pour qu'il fasse chanceler les Égyptiens dans tous leurs actes, comme un homme chancelle en vomissant. L'Égypte sera hors d'état de faire ». Avant de revenir sur le fond de ce fragment de texte, il est clair, du verset un au verset dix-neuf, il est question de la faillite annoncée de l'Égypte. L'Occident aura donc eu raison de trouver un sort imprécatoire à l'éclipse de l'Afrique dans l'histoire. Quand bien même on est bien loin de la malédiction de Cham. Car cette prophétie est postérieure à la malédiction prononcée par Noé sur Canaan. Tout le problème, c'est de savoir si c'est bien de l'Afrique qu'il s'agit puisque le texte d'Esaïe 19 nous parle plutôt de l'Égypte et non de l'Afrique comme telle. C'est maintenant que l'homme noir réalisera l'intérêt et toute la pertinence des travaux du professeur Cheikh A. Diop sur l'antériorité nègre de la civilisation égyptienne. Autrement dit, pourquoi les Occidentaux, les Français en particulier, ont-ils mis tant de passion à revendiquer l'héritage de l'Égypte antique ?

À supposer que les Égyptiens dont il est question dans ce texte renvoient aux Fellahs et Coptes qui occupent actuellement la terre d'Égypte. Il va falloir que cette Écriture se vérifie dans leur histoire aujourd'hui. Procédons donc à la vérification, verset par verset pour pouvoir parvenir jusqu'à l'Égyptien authentique.

L'Éternel dit : J'armerai l'Égyptien contre l'Égyptien. S'agit-il des conflits marginaux qui interviennent de temps en temps entre Fellahs et Coptes, comme on en voit de plus en plus ces jours-ci, suite à la chute du Raïs égyptien, Hosni Moubarak ? Alors cette prophétie se serait accomplie ! Quelles sont alors les villes de l'Égypte qui se sont élevées contre d'autres villes ? Et des royaumes contre d'autres royaumes, comme cela est rapporté au verset 2. Peut-on dire des Fellahs et autres coptes qui constituent l'essentiel de la population d'Égypte aujourd'hui, comme des Africains, que l'esprit de l'Égypte leur soit si absent ? Soit !

Mais, quel est alors ce maître puissant, ce roi cruel dont parle le verset quatre, qui aura dominé sur eux aussi bien sous l'antiquité que sous les temps contemporains et modernes ? Il faut dire qu'au moment où Esaïe fait cette prophétie, nous sommes au VIIIe siècle avant notre ère, l'Égypte est un havre de paix, et se développe quasiment en vase clos. Cette politique de bon voisinage est d'ailleurs favorisée par des voisins jusqu'ici pacifiques, et une situation géographique naturellement sécurisante.

La péninsule arabique est naturellement sécurisée par la mer rouge à l'est, alors que le nord-ouest de la mer méditerranée jouera à peu près le même rôle. Cependant, le devoir du pharaon étant aussi d'assurer la sécurité de son peuple, un minimum de précaution sera pris au grand dam de certains voisins ; le pharaon doit organiser la surveillance des pistes caravanières, notamment celle qui à travers le désert arabique mène aux portes de la mer rouge. Alors qu'il aura l'œil vigilant pour veiller sur l'isthme de

Suez d'où surgissent de temps en temps des envahisseurs venus d'Asie. Le Pharaon est conduit à avoir une mainmise totale sur la Nubie dont les minerais sont aussi une source de convoitise, ainsi que le fait remarquer Maurice Crouzet.

Mais, suite à l'invasion des Hyksôs à la fin du moyen Empire, l'Égypte optera pour une politique offensive pour défendre sa sécurité. Ce sera alors un véritable changement de cap dans l'idéologie de la monarchie des pharaons. Sous la direction de Maurice Crouzet, André Aymar et Jeannine Auboyer écrivent :

« D'abord refoulant au-delà de l'isthme les étrangers, puis les y poursuivant et s'acharnant à y créer une marche défensive, les premiers souverains de la XVIIIe dynastie poussent jusqu'à l'Euphrate. Dès lors, le nouvel empire exerce et cherche à maintenir son protectorat sur la Palestine et sur la Syrie. Un moment, même les rois de la Mésopotamie semblent réduits à la vassalité. De toute façon, une page est tournée : l'Égypte à peu près isolée, joue désormais un rôle actif ou passif, au moins diplomatique et souvent militaire dans tous les conflits du proche Orient ».[65]

Le rayonnement militaire de l'Égypte à travers Aménophis IV, Ramsès II ou Thoutmès III autour desquels se construira toute une légende guerrière connaîtra une fin.

Après les Perses en 525 av. J.-C., viendront entre autres, tour à tour, les Grecs avec Alexandre II dit le grand (300 av. J.-C.), puis les Anglais et les Français avec Napoléon au XIXe siècle. Mais, ni à travers l'invasion de la Perse, ni à travers celle de la Grèce ou de Rome, ne sera

---

65 Maurice Crouzet, André Aymar et Jeannine Auboyer, *Histoire générale des civilisations* Tome 1. PUF, Paris, 1963, p.27.

visible la main cruelle annoncée par le prophète Esaïe. Surtout pas à travers l'œuvre d'un Alexandre dont la ville d'Alexandrie, décrite comme un phare de la civilisation sous l'antiquité aussi bien sur le plan architectural que sur le plan intellectuel. À ce jour, la ville porte toujours le nom de son bâtisseur : Alexandrie. Heureux roi cruel !

Sous les temps modernes, les Français ont construit le canal de Suez, source substantielle de l'économie des Fellahs (90 %) et des Coptes (10 %) qui habitent l'Égypte aujourd'hui. Et en parvenant à l'interprétation des hiéroglyphes, le Français Champollion donna à l'Égypte une clé qui lui permit d'accéder à une page de son histoire la plus fabuleuse quand bien même on pourrait déplorer l'exploitation fallacieuse et malicieuse qu'en feront les Égyptologues français. Est-ce là la main cruelle dont parle Esaïe ?

Du verset cinq au verset neuf, on décrit l'état d'un peuple qui subit une crise dont la disette et la misère seront la caractéristique. Il faudra beaucoup de temps et certainement beaucoup d'études pour rencontrer cette caractéristique chez les Fellahs, Coptes et autres Occidentaux qui veulent se définir comme descendants des pharaons.

La perte de l'esprit de l'Égypte est un autre trait qui doit caractériser les descendants des Égyptiens. C'est-à-dire, la perte de l'esprit de la spiritualité et la science, le sens de la créativité. Jusqu'à ce que cette sentence prononcée par le prophète Esaïe soit consommée, les vrais descendants des Égyptiens seront donc caractérisés par « Un état de hors d'état de faire ». Une caractéristique qui disqualifie net les peuples européens qui eux, auront une évolution exactement à l'opposé de cette indication décrite par le prophète.

C'est au point que dès le IVe siècle avant notre ère, Aristarque de Samos (310-230) contemporain d'Archimède, établit après Platon (423-347) et Aristote (384-322), et contrairement à ceux-ci, que le soleil était au centre d'un système planétaire. Mais, il faudra attendre avant Galilée, le Polonais Copernic (1476-1543) pour que le dogme du géocentrisme ardemment défendu par l'Église soit mis en cause. Et si nous tenons compte de la Terabible, canon astrologique écrit par Ptolémée (90-168), il s'affiche clairement une ligne cognitive croissante jusqu'au XVIIIe siècle, date à laquelle l'Europe marquera son entrée dans l'histoire par l'éclosion des sciences et des techniques. Depuis, l'Europe n'a cessé de dominer l'arène des peuples par l'outil de la science. L'invention de l'imprimerie par Gutenberg au XVe siècle sera un véritable tremplin pour des avancées scientifiques extraordinaires. Après le discours de la méthode de Descartes (1596-1650), des noms comme Newton (1642-1727),Marconi, Lavoisier, Pasteur... et un certain Einstein (1879-1955) avec la découverte de la loi de la relativité générale ; seront légion, sans parler de Max Planck (avec la théorie des quanta). Les peuples dits Indo-européens ont plutôt connu une évolution contraire à la prophétie d'Esaïe.

C'est au point que jusqu'à ce jour la palme d'or de la science est détenue par les Occidentaux, terme plus générique pour désigner les Indo-européens. On est loin, bien loin du hors d'état de faire prononcer par Esaïe. Les Indo-européens qui se réclament de l'héritage des pharaons affichent une telle maîtrise du temps et de l'espace que ceux-ci peuvent aller se promener à travers les planètes. Non ! Les Indo-européens sont trop intelligents pour se prévaloir de l'héritage pharaonique, nous dira Esaïe.

A contrario, les peuples que l'on trouvera en Afrique au sud du Sahara répondront parfaitement au portrait décrit par Esaïe. Un des collaborateurs italiens de De Brazza s'exclama un jour devant l'obscurantisme qui caractérise désormais les peuples noirs, et en particulier ceux d'Afrique centrale qui, d'après son récit, appartenaient à ce grand ensemble connu autrefois sous le nom de l'empire d'Éthiopie : « Comment les peuples d'Afrique sont-ils tombés aussi bas ? Il faut qu'une subversion totale ait pu plonger les habitants de l'Éthiopie dans les ténèbres de l'ignorance, ou qu'ils aient été chassés de ce beau pays par le peuple ignorant et sauvage qui s'y est maintenu depuis tant de siècles », dira ce secrétaire de Pierre Savorgnan de Brazza.

En effet, à côté de l'Égypte et dans certains cas bien avant l'Égypte, des entités politiques cohérentes et bien structurées étaient signalées en Afrique, c'est le cas de la Nubie que nous avons évoqué, mais de bien d'autres aussi comme les Ashantis du Ghana, et un certain royaume du Kongo, en plein cœur de l'Afrique, que nous avons également évoqué plus haut. Cependant, toute la science des Africains qui culminera jusqu'à l'invention de la pyramide tant vantée ; influence qui s'écroula tout d'un coup, tel un château de cartes. On assistera à une perte d'influence des institutions politiques à l'intérieur du continent africain. Situation qui perdurera jusqu'à ce jour. Les Africains, où qu'ils se trouvent, sur le continent où dans la diaspora, sont lamentablement hors d'état de faire. Personne mieux que le grand prophète juif, ne nous dira pourquoi ce défaut du génie inventif chez l'homme noir. Le sort des Égyptiens, des Africains, nous dira Cheikh Anta Diop, est réglé par la prophétie.

L'Afrique hors d'état de faire : Est-il au monde un peuple si peu qualifié à la domestication de la nature que les

Noirs d'Afrique ? Alors que ceux-ci habitent pratiquement sur une des terres les plus riches de la planète, la population noire du fait de son incapacité à gérer le temps et l'espace, brasse toutes les galères du monde. Il est vrai que les plus grandes nations du monde se sont développées avec ses ressources. C'est le cas des Amériques, du Portugal, de la France, de la Belgique... l'Uranium qui permit de fabriquer la première bombe atomique venait d'Afrique. Cependant à ce jour, l'Afrique ne peut procéder à aucune application de ce produit ; loin delà. C'est encore le cas du Colthon qui permet de fabriquer le téléphone cellulaire dans une de ces applications, alors que l'actuelle République Démocratique du Congo qui est l'un des pays d'origine de toutes ces richesses, ne sait toujours pas ce qu'il faut en faire, si ce n'est les vendre à vil prix. D'un autre côté, l'élite intellectuelle pourtant formée dans certains cas, dans les mêmes écoles que les savants occidentaux, se dilue dans le sens commun, incapable du moindre génie inventif. L'Afrique est alors en état de hors d'état de faire devant les défis de santé tels le fléau de la malaria, et la ruine du Sida.

❖ L'Afrique est hors d'état de faire face au défi de l'éducation et de la justice sociale.

❖ L'Afrique est hors d'état de faire face au défi de la gouvernance du continent.

❖ L'Afrique est hors d'état de faire face au défi de la famine qui menace le monde.

❖ L'Afrique est hors d'état de faire face au défi sécuritaire et de l'urbanisation.

❖ L'Afrique est hors d'état de faire face à la question de l'eau et de l'énergie.

❖ L'Afrique est hors d'état de faire... Oui !

L'esprit de l'Égypte, l'esprit de l'écriture, des mathématiques, de la géométrie, de l'astronomie, l'esprit de l'agriculture, l'esprit des arts et la culture bref, l'esprit de la science pyramidale a tout simplement disparu chez tous les peuples du continent ; mais surtout chez les peuples noirs. Par conséquent, les peuples d'Afrique noire se passionnent à consulter les devins face aux questions d'ordre existentiel. Les meilleurs d'entre eux, c'est-à-dire leurs héros sont entre autres, les meilleurs que les nations comptent de charlatanesques. Lorsque les Africains ont des défis à relever, dans la plupart des cas ils se confient non pas aux experts, mais aux charlatans, aux diseurs de bonne aventure. Depuis le plus élevé, au plus bas de la hiérarchie sociale. Ensuite, un peuple ne peut revendiquer l'héritage de l'Égypte s'il n'a pas connu le maître sévère dont parle Esaïe. Deux peuples au monde ont subi l'humiliation de l'esclavage et de la déportation sur une échelle de quatre siècles : c'est le peuple hébreu (en Égypte pour ce qui est de l'esclavage et la déportation en Assyrie et en Babylonie) et le peuple noir (du fait de l'impérialisme occidental). Or, Esaïe décrit ici le sort d'un autre peuple que le peuple hébreu. Alors il ne peut s'agir que du peuple noir qui connut l'humiliation de la traite négrière, du colonialisme et du néo-colonialisme méprisant. Peut-on oser évaluer le nombre de victimes faites par le commerce triangulaire ? Si les livres d'histoire mentionnent quelques dizaines de millions de morts, c'est sans compter ceux qui tombaient à l'eau, avalés par les requins et autres carnassiers des mers. C'est au point que des pays côtiers à forte densité autrefois, se retrouvent à peine avec 11 habitants au km^2 comme c'est le cas au Congo dit Brazzaville.

Que dire des conditions inhumaines imposées par les compagnies concessionnaires dans les champs miniers et d'exploitation de caoutchouc. Des atrocités allant jusqu'aux amputations sont couramment pratiquées sur des autochtones pour des fautes bénignes. Chosifiés, les Noirs africains succombent plus que des mouches, qui se nourriront d'ailleurs de cadavres enterrés à la sauvette sur les tracés de chemin de fer ou dans les plantations des cannes à sucre. On ne saurait nier au peuple noir d'avoir connu ce maître sévère dont parle le prophète. Mais ce ne sera pas tout. Il faut encore que des famines déciment ce peuple que présente Esaïe.

Du verset 5 au verset 9, on décrit l'état d'un peuple qui subit une crise dont la disette et la misère seront les caractéristiques. Car il est dit : « les eaux de la mer tariront le fleuve deviendra sec et aride ». Sur toute l'histoire de l'Égypte il n'a été fait nullement mention de l'étiage du Nil dans de telles proportions. Encore moins des cas de famine légendaires, tels que dépeints par le livre d'Esaïe. Il est question d'un langage allégorique adressé à une nation qui présente, là encore, les faciès du peuple noir. De mémoire récente, l'on pourrait évoquer les cas de la Somalie, mais surtout de l'Éthiopie où la sécheresse entraîna des déséquilibres alimentaires qui firent des millions de morts.

Aux versets 11-12 nous voyons le prophète revenir à la charge : « les princes de Tsoan ne sont que des insensés... où sont-ils donc tes sages ? Qu'ils te fassent des révélations. Et qu'on apprenne ce que l'Éternel a résolu contre l'Égypte ». À la suite de la prophétie d'Esaïe, l'on assistera à une montée en puissance de nations européennes. C'est l'époque de la constitution des grands empires tels que l'Empire ottoman, l'empire grec ou l'empire romain et français. Et avec le mouvement de la Renaissance et surtout le Siècle des Lumières, l'Europe connaitra concomitamment avec la poussée scientifique, une croissance prodigieuse au point de dominer l'histoire pendant toute la période des temps modernes. Il faudra beaucoup de temps et certainement beaucoup d'études pour rencontrer ces caractéristiques chez les Fellahs, les Coptes et autres Occidentaux qui veulent se définir comme descendants des pharaons.

Enfin, les autres caractéristiques qui doivent définir les descendants des pharaons d'après Esaïe, c'est que ceux-ci doivent avoir à peu près des princes fous et des sages de figuration. Il ne faut pas aller chez les Fellahs et les coptes pour chercher les princes fous, surtout pas chez les Occidentaux si cartésiens en dépit du cas isolé du Nazisme et du Fascisme. Il est vrai, on pourrait nous brandir le fait que l'Europe ait elle aussi connu le Moyen Âge et causé des guerres de portée mondiale, par exemple.

Alors, que l'on nous dise, quel est le nom des maîtres sévères et du roi cruel qui auront dominé sur eux. Le texte nous parle explicitement des seigneurs sévères (Adonimhashè) entre les mains desquels les Égyptiens seraient soumis, et d'un roi cruel (Melerhhaz) qui devait dominer sur eux. Nous ne pouvons nous empêcher d'y lire une allusion aux deux dures réalités que connut le continent noir. Il s'agit d'une part de la traite négrière ou le sort de l'homme noir, est réduit à la condition de la bête de somme, c'est-à-dire l'esclave, et d'autre part, de la colonisation, réalité pour laquelle l'Europe, roi cruel, fut le seul maître à bord.

Georges Grenfell, missionnaire baptiste anglais, cité par F. Faure, rapporte la cruauté des méthodes qui n'avaient rien à envier aux négriers arabes. « Il parle de razzia dans des villages pour contraindre les populations à livrer des quantités exorbitantes d'ivoire et caoutchouc », rapporte Blandenier parlant de Faure, témoin de visu des atrocités à nulle autre pareilles, amenant ce dernier à déclarer :

« Des villages étaient brûlés et des maisons rasées. Les chefs étaient attachés et les défaillants fusillés sans pitié. Les corps étaient pendus la tête en bas, pour servir d'avertissement aux autres, leurs mains étaient coupées et apportées au commissaire, quelquefois c'étaient les mains des enfants. Pendant l'absence de leurs maris dans la forêt les femmes étaient livrées aux soldats, et les germes de maladies semés dans tout le pays (…). La situation des israélites sous les Madianites ou les Assyriens n'était pas plus malheureuse que celle des Congolais sous les Belges ».[66] Soumis à plusieurs maîtres, le sort des damnés noirs fut le même partout en Afrique, en Arabie, en Europe, en Asie.

L'emploi des termes hébreux seigneurs (pluriel) et roi (singulier) n'est donc pas anodin. Le rapport entre le seigneur et le cerf ou le maître et l'esclave, d'une part, et la relation entre le roi et les sujets, d'autre part, traduisent deux réalités bien distinctes. Il est évident, le sort de l'esclave face au maître n'est pas le même que celui du sujet vis-à-vis du roi. C'est toute la différence entre le seigneur et le roi. C'est toute la différence entre l'esclavage et la colonisation subis par le peuple noir. Nous passerions beaucoup de temps à vouloir trouver les traces de la déportation de ces Égyptiens dits historiques. C'est-à-dire les peuples qui habitent l'Égypte aujourd'hui. Quand et de quelle manière ont-ils été disséminés dans le monde. Où donc se trouve aujourd'hui leur diaspora ? Le peuple noir seul, en Égyptien prophétique, obéit au prisme caractéristique des descendants des pharaons d'après le paradigme dressé par Esaïe ici.

---

66 Faure cité par Blandenier, *L'essor des Missions protestantes*, Éditions, Emmaüs, France, 2003, p 395.

À la lumière de ce texte d'Esaïe 19, il est en effet clair que le sort de l'Afrique dite noire est prophétique, si tant est que les Égyptiens dont on parle ici renvoient à la nation nègre comme nous le soutenons. Dans ces conditions, nous sommes dans l'illusion de penser que la situation miteuse de notre continent est le fait des pauvres hommes politiques africains qui ont eu du reste à gérer leurs pays respectifs dans un contexte impérialiste. Loin de nous l'idée de défendre ces « sauterelles » par lesquelles le Souverain de l'histoire a dévoré ce continent. Mais il ne sera pas erroné de soutenir que l'homme politique, tout comme le citoyen ordinaire d'ailleurs, soit victime d'un sort prophétique dont l'aliénation culturelle n'est elle-même qu'une conséquence, et que les pertinents avis de la Banque Mondiale ou du FMI ne sauront corriger. La nation nègre est l'objet d'une sentence divine que le prophète Ézéchie là son tour nous aidera à élucider.

En (Ézéchiel 29 : 12) nous, lisons, au sujet des Égyptiens : « ... je les répandrai en divers pays ». C'est ici, à notre sens, l'exemple de la justification biblique de la traite des nègres et dans une certaine mesure de la colonisation. Y a-t-il un peuple, en dehors des juifs, qui ait été disséminé de par le monde comme le peuple noir l'aura été ? La diaspora noire se trouve éparpillée sur toute l'étendue du globe. Deux des prophètes majeurs en Israël ne peuvent avoir une même vision sur l'Égypte si cela ne devait venir d'Adonaï, le Dieu de l'univers. Ceux-ci auront d'ailleurs la même vue sur la reconstitution politique de « l'Égypte », autrement dit la nation des Chamites, c'est-à-dire les Noirs, même si nous notons entre les deux, une différence de degré sur l'échelle de cette reconstitution. Ainsi, pour Esaïe, à la différence d'Ézéchiel, l'Égypte, c'est-à-dire l'Afrique, sera de nouveau première, tout en en indiquant les clés du relèvement, alors que pour Ézéchiel l'Égypte se reconstituerait pour ne plus être qu'un faible royaume.

Nous le disons à notre corps défendant, car une autre raison préside au fait que la nation nègre se sente davantage concernée que d'autres peuples par la prophétie d'Esaïe 19. C'est « qu'au premier millénaire av. J.-C. la nation africaine de Cush, contemporaine à Israël et à Juda était d'une manière ou d'une autre familière à ces derniers. Ce peuple africain est bien connu des sources de l'ancien Proche Orient. Dans notre contexte, le fait que Cush ait conquis l'Égypte, au milieu du VIIIe siècle av. J.-C. et créé ce qu'on appelle la vingt-cinquième dynastie cushite d'Égypte qui a survécu environ un siècle, est d'une importance capitale »[67].

Knut Holter fait bien de signaler l'importance de ce détail. Il est en fait d'importance de savoir que l'Égypte concernée par la prophétie d'Esaïe 19 est sous la gouvernance des Noirs sur une période de plus d'un siècle. Il s'agit des Pharaons :

Altara env. (780-760), **Kashta** env. (750-747), **Piye** (747-716) et **Shabako** (716-702). Nous trouvons là, une raison fondamentale pour admettre que la nation concernée par cette prophétie est d'origine cushite. Déjà, en amont, le peuple d'Égypte n'était pas moins entremêlé avec lesdits Koushites.

En effet, « À la fin du Moyen Empire (1800 av. J.-C.), rapporte Alain Nisus, le pays de Koush était largement sous le contrôle égyptien. Mais cette colonisation était souvent défiée, d'où les nombreuses campagnes militaires égyptiennes menées contre les Koushites jusqu'au Nouvel

---

67 Knut Holter, *La recherche en Ancien Testament dans le contexte africain*, Editions Clé, Yaoundé, p.4.

Empire. Durant la XVIIIe, XIXe et XXe dynastie d'Égypte (1570-1090), Koush était sous le contrôle des Égyptiens, il faisait pratiquement partie de l'Égypte. Durant cette période les relations entre les Koushites et les Égyptiens étaient étroites et les Koushites étaient relativement communs dans la société égyptienne ».[68]

En conclusion, si l'Égypte à une époque donnée de son histoire passée était placée sous la conduite des pharaons blancs, les pharaons Koushites pour ainsi dire, marqueront le début et la fin de la civilisation pyramidale. Et si la Bible présente l'Égypte comme le pays de cham (Ps.105 : 23, 27 ; Ps.106 : 22), Cham, considéré comme l'ancêtre des Noirs d'après une certaine tradition, on ne saurait comprendre que le pays de Cham soit devenu la terre d'autres peuples sauf celle des Noirs. En tout cas le peuple noir nous venons de le montrer, a des raisons de se sentir au premier chef concerné par la prophétie d'Esaïe 19, annonçant le retour de la nation Koushite à l'avant-garde de la marche des peuples.

68 Knut Holter, Op. Cit, p. 229.

Chapitre VII
L'Afrique à l'avant-garde de la marche de l'histoire

Sous ce titre, nous croyons pouvoir aborder à présent l'aspect et le plus pratique du message d'Esaïe sur le sort du continent noir. Le prophète qui parle naturellement au nom de Dieu déclare : « en ce jour-là, il y aura une route d'Égypte et les Égyptiens en Assyrie. Et les Égyptiens et les Assyriens serviront l'Éternel. En ce jour-là ; Israël sera lui troisième uni à l'Égypte et à l'Assyrie et ces pays seront l'objet d'une bénédiction. L'Éternel des armées les bénira en disant : béni soit l'Égypte **mon peuple**, l'Assyrie œuvre de mes mains, et Israël **mon héritage** ».

Jésus n'avait-il pas dit que le salut venait des juifs. Voici que le juif décerne volontairement la palme d'honneur à une terre qu'on appelle l'Égypte et à un autre que l'on appelle l'Assyrie, pour qu'Israël se contente lui, de la troisième place. En voici là, le schéma d'un ordre mondial qui jusqu'ici a échappé à nos grandes écoles de relations internationales. Un ordre mondial ou la gouvernance du monde passera par l'Afrique (l'Égypte) et l'Asie (l'Assyrie) et enfin Israël peuple à part. On ne devrait pas s'empêcher de voir en cela la triade pyramidale du nouvel ordre mondial.

L'Afrique réhabilitée

L'évocation de l'Égypte dans ce texte est une allusion géographique au continent africain. Car, la conversion au témoignage du Dieu des juifs que ce peuple connaitra puisqu'il l'invoquera, constitue bien la preuve de la cosmogonie égyptienne antique. Il ne s'agit nullement des populations arabisantes qui occupent le pays d'Égypte aujourd'hui.

Une alliance en bonne règle sera donc établie entre l'Afrique croyante et Adonaï. Autrement dit, l'Afrique chrétienne invoquera (criera) l'Éternel qui répondra par l'envoi d'un sauveur c'est-à-dire un leader, et d'un défenseur pour indiquer la voie d'issue. Sans vouloir revenir sur les notions de sauveur et défenseur, l'Afrique noire se lèvera sur la base d'un ressort intelligent et croyant. Une espèce de salut à l'augustinienne. C'est-à-dire une démarche rationnelle, mais éclairée par la foi.

Au mois de mars 2011, nous tenions une conférence dans un hôtel de Brazzaville. Au lendemain du déclenchement du printemps arabe, les jeunes gens croyaient le moment opportun pour en découdre avec des régimes qu'ils estiment moribonds, qui dominent encore le continent. Mais, pour avoir lu Esaïe et les autres prophètes, nous savions que le salut de l'Afrique serait l'aboutissement d'un bouleversement certes, mais au bout d'un processus cohérent, qui était loin d'être trouvé au terme des révoltes arabes, sans héros et sans loi. On ne fait pas une révolution sans avoir réfléchi à ce que l'on ferait une fois la révolution passée. Les images de jeunes Tunisiens traités en métèques dans les capitales occidentales où ils tentent leur aventure juste après le déclenchement de leur mouvement, tout comme ces images de Coptes massacrés par d'autres Égyptiens, quelques mois seulement après leur révolte, au seul motif que ceux-ci sont chrétiens, nous donnèrent plutôt raison. Il faut bien plus que la seule émotion pour pouvoir sortir l'Afrique des marais de l'histoire. Il en faut bien plus que de simples "dégage"!

Le recours à la démocratie à l'occidentale ne constitue pas, loin de là, un gage de relèvement pour un peuple à la trame historique aussi particulière que l'Afrique noire. Nous reviendrons avec force détails sur cet aspect dans notre prochaine publication intitulée : <u>c'est fini l'Occident !</u> Il est édifiant de savoir qu'Esaïe ne se contente pas de décréter la prééminence africaine. Mais il indique les différentes étapes de ce réveil, ainsi que nous l'avons notifié plus haut.

Le roi David lui aussi, dans sa dimension prophétique, avait vu l'Afrique dans sa grandeur future. Dans le Psaume 68 : 32, l'on note ce qui suit : « Des grands viennent de l'Égypte ; l'Éthiopie accourt, les mains tendues vers Dieu ». L'allusion à l'Afrique ici ne souffre d'aucune ambiguïté. L'auteur parle des gens venant de l'Égypte, des personnalités illustres, établies en Éthiopie, qui apportent des présents à l'Éternel à Jérusalem. Il s'agit là de deux peuples africains indistinctement présentés. Une preuve supplémentaire s'il en est, que ces deux peuples n'en font en réalité qu'un. Fait curieux, David et Esaïe, respectivement le plus grand roi et le plus grand des prophètes en Israël, ont, là encore, une vision identique : c'est l'idée de grandeur qui s'attache à ces peuples. Qui sont donc ces personnages que les sommités d'Israël qualifient de grands.

Mais, il ne suffit pas d'avoir le regard des prophètes pour se persuader de la pertinence de la ligne de défense de Cheikh Anta Diop. Pour que la chose soit évidemment admise comme telle, cela doit requérir le sceau du Christ. Autrement dit, quel est le regard du Christ sur la perspective du réveil africain ?

Hormis le cas de Matthieu 21 : 43, que nous avons longuement abordé, la principale allusion au réveil de l'Afrique dans le Nouveau Testament est certainement celle que nous trouvons dans l'Évangile de Matthieu, au chapitre 12 le verset 42. Nous allons, eu égard à l'intérêt que revêt cette évocation, nous permettre, là encore, un petit exercice exégétique, pour essayer de comprendre la pensée du Maître. Le Christ déclare en effet :

« **Lors du jugement, la reine du Midi se lèvera avec cette génération et elle la condamnera, car elle est venue du bout du monde pour écouter la sagesse de Salomon ; eh bien ! Ici il y a plus que Salomon.** » **(Mt.12 : 42)**

Voici ce que devrait être la version grecque de ce texte βασίλισσανότουἐγερθήσεταιἐντῇκρίσειμετὰτῆςγενεᾶς ταύτης καὶ κατακρινεῖ αὐτήν ὅτιἦλθενἐκτῶν : εράτωντῆςγῆςἀκοῦσαι τὴνσοφίαν Σολομῶνος, καὶἰδοὺ πλεῖονΣολομῶνοςῷδε.

La première remarque à faire d'entrée de jeu, c'est que ce texte n'a fait l'objet d'aucune critique textuelle dans sa version grecque. On peut donc supposer que cette version fait l'unanimité des experts exégètes. En plus, peu de commentaires se sont risqués sur ce verset. Et ceux qui s'y sont attardés ont assez souvent survolé le texte dans sa dimension eschatologique. C'est le cas de la Bible d'étude Esprit et vie ou de la Bible Louis second Vie nouvelle. C'est dire combien il est délicat de se risquer sur cette péricope. Notre regard exégétique se dévoile tout de même ainsi qu'il suit.

Au niveau synchronique, le verset 42 se trouve dans un ensemble de versets qui s'ouvrent avec une requête des scribes et des pharisiens demandant un signe à Jésus. Les Évangiles synoptiques (c'est-à-dire excepté Jean) rapportent le même récit avec quelques nuances. Dans tous les cas, la réponse de Jésus reste la même « une génération mauvaise et adultère réclame un signe, il ne lui sera donné que le signe du prophète Jonas… » (vv39-40) Ce verset à la forme d'une sentence nous place à première vue dans le cadre du jugement dernier. Les versets 41 à 42 font suite à ce qui précède, la situation qu'ils décrivent semble être ici doublement comparative pour traduire le sort de cette génération perdue. Primo, Jésus compare la situation des ninivites sauvés grâce à la prédication de Jonas et celle de la reine du Midi transformée par la sagesse du roi Salomon, de très loin meilleure à celle de cette génération. Secundo, Jésus évoque sa supériorité et la grandeur de son œuvre comparée à celle du prophète Jonas et du roi Salomon. En effet, il est plus grand que Jonas qui n'adressa son message qu'à un petit peuple, il est la source de toute sagesse humaine. Il est l'auteur de la vie, son règne n'a pas de fin. D'où nous pouvons tirer trois figures :

Personnes	**Situation**	**Serviteur**
Les ninivites (Asie)	Autrefois mauvais, mais convertis	Jonas (prophète)
La reine du Midi (Afrique)	Autrefois mauvaise, mais convertie	Salomon (roi)
Cette génération	Mauvaise, mais demeure incrédule	Jésus (Le Messie)

Au niveau diachronique, la génération (γενεά) mauvaise et adultère désigne un peuple infidèle ou désobéissant envers Dieu (v39) tandis que la traduction littérale pourrait faire penser à un adultère physique. Une génération (γενεά) mauvaise signifie de « mauvaises gens » ou des « gens qui font le mal ». Le terme grec γενεά en lui-même signifie « race, génération, descendance, postérité, peuple ». Ici, Jésus fait référence aux gens de son époque ou d'aujourd'hui qui ne désirent pas connaitre Dieu personnellement, mais recherchent seulement une démonstration de miracle ? Nous pouvons en tirer quelques aspects saillants :

L'expression βασίλισσα νότου renvoie à l'époque de Salomon. À cause de sa renommée plusieurs personnes vinrent auprès de lui parmi lesquels la reine du sud encore appelé la reine du midi. Elle est issue d'un peuple de marchands et pillards (Jb.1.15 ; 6.19), de commerçants faisant aussi le trafic d'esclaves et qui adoraient le soleil, la lune et les étoiles. Le récit de 1 Rois 10 : 1-13 rapporte qu'elle partit d'un pays très éloigné, portée par la quête de la sagesse. Fascinée par les exploits du roi Salomon, elle offrit à celui-ci des dons d'une valeur inestimable. Dans le texte, le fait qu'elle soit citée ne lui consacre pas le rôle principal. Cependant, sa soif l'a conduite à la seule source susceptible de lui procurer de l'eau. En citant l'acte de cette femme, Jésus veut mettre l'accent, non seulement sur celle-ci, mais surtout sur le rôle de Salomon qui incarne la sagesse divine limitée dans la temporalité. C'est pourquoi termine-t-il en disant : il y a plus grand que Salomon.

La partie ἐγερθήσεται ἐντῇκρίσειμετὰτῆςγενεᾶς ταύτης (sera levée pour juger cette génération) ; le premier verbe ἐγερθήσεται est au futur passif. Malheureusement, certaines traductions n'ont pas rendu le passif pour garder un futur actif. Le fait est qu'en utilisant le futur actif ces versions affirment qu'elle se lèvera par sa propre autorité pour juger cette génération mauvaise. Ce que le futur passif exprime c'est que quelqu'un d'autre qui a une plus grande autorité la fera lever pour exercer le jugement sur ce peuple,en effet puisqu'elle subit l'action. Ceci confirme que le Christ seul a autorité. La Bible contient plusieurs affirmations qui consacrent à Jésus seul la responsabilité de juger lors de la parousie. Il est donc clair que le choix des temps n'est pas anodin. Si ἐγερθήσεται est au futur passif, κρίσει est au futur actif, c'est pour traduire le fait que cette reine s'exécutera après qu'elle sera faite levée.

Le verbe ἐγείρω véhicule différents sens, lever, faire lever, exciter, se lever, ressusciter.[69]13 fois il est utilisé avec le sens de relever une personne qui est tombée, 20 fois faisant référence à la résurrection théologique ; 52 fois ce verbe est associé avec la résurrection de Jésus tandis que le verbe anistemi n'y fait référence que 24 fois. Au niveau le plus élémentaire le sens basique de ἐγείρω est réveiller une personne qui dort (Mc.4 : 38, Mt 8 : 25, Ac.12 : 7) ; parfois, ce verbe est utilisé dans un sens métaphorique en rapport avec le retour à la vie. Dans Mt 12 : 42, il est évident que ἐγείρω véhicule l'idée de la résurrection. Avec l'usage du passif, la phrase devient : la reine du sud sera ramenée à la vie… pour juger cette génération.

ὅτιῆλθενἐκτῶν περάτωντῆςγῆς (car elle est venue de loin ; des confins de la terre). Cette expression véhicule une donnée géographique fondamentale qui est la distance. Rappelons qu'elle vient du sud, ce qui donne plus une idée sur le caractère de ce long voyage et son intérêt à rencontrer ce grand sage. Cette phrase reflète aussi la soif de cette femme monarque, élevée en dignité, à s'abreuver auprès de celui qui incarne la sagesse divine. Elle devient par son agir un exemple pour tout homme en quête de la sagesse. Accepter d'entreprendre un long voyage, tout abandonner contre vents et marrées, partir de très loin, tel est le voyage de notre vie que notre cœur doit effectuer vers la source d'eau vive qui dans la nouvelle alliance est incarnée par Jésus, la sagesse par excellence. C'est le prix à payer.

69Horst Balz and Gerhard Schneider, Exegeticaldictionary of the NT, 1990, p. 372.

ἀκοῦσαιτὴνσοφίανΣολομῶνος. La raison de ce voyage, c'est écouter. Il exprime l'idée de recevoir d'un supérieur des paroles qui déboucheront sur une praxis conséquente. En effet, « écouter » ne signifie pas seulement recevoir avec le sens de « boire à la source », mais également « obéir » qui se traduit par une véritable intégration des paroles entendues de la part du récepteur. Dans cette phrase, la source apparente de la sagesse, au sens physique du terme c'est Salomon, mais la source sous-jacente c'est Dieu. Or Jésus s'identifie lui-même comme étant un avec le Père, l'attestation de sa filiation au Père établit en même temps celle de sa divinité. Il est Dieu, car dit-il, « celui qui a vu le Père m'a vu… ». Il est donc de toute éternité la source de la sagesse de Salomon, c'est pourquoi ajoute-t-il καὶἰδοὺ πλεῖονΣολομῶνοςὧδε (mais voici il y a plus grand que Salomon ici).

Par cette dernière phrase, il faut entendre l'expression de la grandeur de Dieu à travers la personne de Jésus. Il est plus grand que Salomon et mérite d'être écouté. Souvenons-nous du récit de la femme samaritaine.

> \v 10 Jésus lui répondit : « Si tu connaissais le don de Dieu et qui est celui qui te dit : "Donne-moi à boire", c'est toi qui aurais demandé et il t'aurait donné de l'eau vive. »\v 11 la femme lui dit : « Seigneur, tu n'as pas même un seau et le puits est profond ; d'où la tiens-tu donc, cette eau vive ? \v 12 Serais-tu plus grand, toi, que notre père Jacob qui nous a donné le puits et qui, lui-même, y a bu ainsi que ses fils et ses bêtes ? »\v 13 Jésus lui répondit : « Quiconque boit de cette eau-ci aura encore soif ; \v 14 mais celui qui boira de l'eau que je lui donnerai n'aura plus jamais soif ; au contraire, l'eau que je lui donnerai deviendra en lui une source jaillissant en vie éternelle. »\v 15 la femme lui dit : « Seigneur, donne-

> moi cette eau pour que je n'aie plus soif et que je n'aie plus à venir puiser ici. (Jn 4 : 10-15)

Dans ce texte, Jésus évoque sa grandeur, il tente de faire comprendre à la femme qui il est et quel est le prix du don divin qu'il incarne. Par conséquent, καὶἰδοὺ πλεῖονΣολομῶνοςὧδε est la raison de ces deux affirmations de Jésus, la première se rapportant aux ninivites et la seconde à la reine du sud qui, reçoivent la parole de Dieu (la sagesse de Salomon était aussi expression de Dieu). La sagesse de Salomon était cependant limitée et épuisable, alors que la source que Jésus représente est inépuisable et donne la vie éternelle. C'est à ce niveau qu'il faut considérer cette ironie dont Jésus se sert pour révéler au peuple de son époque leur condition mauvaise pire que celle de cette reine païenne, versée dans la divination.

Reprenant l'incrédulité des juifs, Jésus jugea édifiant de leur conter l'histoire de la reine de Saba. L'évocation de Saba, il sied de le relever, marque non seulement l'éloignement, mais est en plus, une allusion faite à la terre d'origine de cette reine : l'Afrique. Car, la reine de Saba encore appelée reine du Midi était établie en Afrique, en Éthiopie pour être précis. Jésus déclare de manière explicite : « la reine du midi se lèvera au jour du jugement avec les hommes de cette génération et les condamnera ». La reine du midi est un personnage politique historique qui vécut du temps de Salomon. Cela fait donc plusieurs millénaires depuis qu'elle n'est plus. Mais, au jour du jugement dit Jésus, elle se lèvera en jugement afin de condamner les méchants. Qu'est-ce que cela peut vouloir dire exactement ?

À première vue, la notion de jugement nous amène au jugement dernier. C'est-à-dire une attente eschatologique de ce que dans l'Ancien Testament on nomme : jour du Seigneur (Joël 2 : 1 ; Malachie 3 : 19). Lorsque paraitra ce jugement, tous les humains seront jugés. Nul n'y échappera. 2Tim. 4 : 1 ; Hé.12 : 23, et donc même pas la fameuse reine du midi, puisqu'il est dit dans le livre de Pierre, que même les anges connaitront ce jugement. 2P. 2 : 4. Nous connaissons certainement ce passage de l'Écriture où Paul déclare que tous, nous comparaitrons devant le trône du jugement (1Co 2 : 10). Plus précis, Pierre déclare que le jugement commencera dans la maison de Dieu. C'est-à-dire par Israël dans sa double dimension terrestre et céleste. Le Nouveau Testament intensifie donc cette dimension eschatologique du jugement, qui est une activité essentielle de Christ : 1P.1 : 17 ; Ap. 16 : 5. Alors, pas à côté, mais en lieu et place de Christ le Justicier légitime, se tiendrait une certaine reine du Midi pour décider du sort de la génération des méchants d'après ce texte. Tant mieux si tel peut être la place qui reviendrait à cette femme païenne au jour du jugement. Ce sera alors la première acception de ce texte en rapport avec le jugement dernier. En hébreu, on le rendrait par le terme yâqah qui désigne l'arbitrage entre différentes parties aux prises. Son équivalent grec renvoie aux mots de la famille de krino, anakrino que nous trouvons en 1Co.2 : 15 ou diakrino en 1Co.11 : 31 qui se traduisent par le verbe juger au sens de rendre un verdict, c'est-à-dire un krima en Grec. Il s'avère que le jugement, depuis l'Ancien Testament, paraît être une prérogative de Dieu le juste juge tel qu'il se révèle en Esaïe 33 : 22 qui stipule : « Car l'Éternel est notre juge, l'Éternel est législateur ; l'Éternel est notre roi ». Il n'était donc pas dans la volonté parfaite de Dieu qu'Israël fût gouverné par des rois et des juges humains. L'institution de la royauté en Israël est le fait de la volonté des Israélites. Et lorsqu'il se fit que Dieu institua des juges en Israël, ce sera comme nous le verrons plus loin, beaucoup plus pour que ceux-ci exerçassent une fonction de libérateurs (donc politique) que celle de juge comme telle. Toute l'histoire d'Israël ne nous aura révélé en réalité, aucun grand nom de juge. Cela devrait être assez révélateur de l'état d'esprit de Dieu à l'égard de la justice humaine. Le Christ n'aura pas une attitude contraire sur la question. « Ne jugez point afin de ne pas être jugé… » L'entendra-t-on déclarer. Et en Matthieu 7 : 21-24, Jésus se pose en unique juge lors du jugement dernier (J.5 : 22 ; Ac.10 : 42 ; 2Tim.4 : 8). Il serait d'ailleurs invraisemblable qu'avec la portion de sagesse reçue de Salomon, cette reine du Midi puisse se sentir assez sage pour pouvoir juger des faits de l'humanité entière, même ceux antérieurs et postérieurs à sa vie. Sinon, il faudrait pour cela qu'elle ait à bénéficier des services d'un juge d'instruction !

Une deuxième acception de ce verset nous amènerait à imaginer un scénario où les habitants de Ninive ainsi que la reine du Midi interviendraient dans l'épisode du jugement dernier comme des témoins à charge dont le justicier se servirait pour accabler la génération incrédule, en particulier les chefs religieux d'Israël. Car, si des peuples païens peuvent partir de si loin pour écouter et croire les paroles d'un homme ordinaire comme Salomon, dans le cas de la reine du Midi et sa suite, cela ôterait le moindre prétexte à l'incrédulité du peuple juif qui n'a eu d'yeux que pour ne pas voir, des oreilles pour ne pas entendre, un cœur pour ne pas comprendre, et une bouche que pour honorer Dieu du bout des lèvres. Eux qui n'ont pas eu besoin de long voyage comme la reine du Midi pour être en face d'un plus que Salomon. Ici, Jésus-Christ jouerait en personne le rôle de kritès (en Grec) ou de juge, contrairement au premier tableau. C'est une interprétation qui nous parait fiable. Car, celle-ci met en évidence tout à la fois le Christ et la reine du Midi dans l'épisode du jugement. Le fait est que krino (juger), au contraire du premier verbe de ce verset (se lever), est ici, conjugué au futur actif. Or, en faisant intervenir la reine du Midi comme un simple témoin, celle-ci est réduite à jouer les seconds rôles. Il s'avère que le verbe krino non seulement consacre le point focal de ce verset, mais en plus, il met en évidence la reine du Midi en actrice principale de cet épisode. C'est elle qui accomplit l'action décrite par ce verbe. Elle ne peut donc, d'une certaine manière, subir le jugement en intervenant comme un acteur passif. Un témoin en effet s'exécute sur ordre.

Il nous reste enfin de voir à travers la reine du Midi, à la fois l'incarnation de l'Église et de l'autorité politique africaines en ces temps de la fin. En effet, la femme reste le symbole de l'Église de Jésus-Christ, c'est-à-dire l'Épouse, selon la terminologie biblique. Par ailleurs, la fonction de reine que celle-ci exerce nous introduit droit dans le domaine politique. En conséquence, ce texte nous suggère plutôt la restauration spirituelle, sociale et politique du continent noir qui sera consécutive au réveil de l'Église avant la parousie. En effet, la racine verbale du mot jugement en hébreu, c'est Sàphat. Ce qui signifie juger dans le sens de gouverner, autrement dit, l'ordonnancement de la cité. L'expérience des juges institués suite à la disparition de Josué, successeur de Moïse, peut nous servir d'éclairage quant à la compréhension de cette notion. En dehors de quelques cas particuliers comme celui de Déborah ou de Jephté par exemple, le juge devait se résoudre à une fonction à la fois politique ou militaire, bien plus que judiciaire. Les juges en Israël s'appellent sôptîm. D'où cette question de la part des rédacteurs d'un Dictionnaire de Théologie biblique : « Pourquoi des gens qui avaient été appelés à être des libérateurs, sont-ils appelés juges ? » Pour ces commentateurs, les juges se sont plus distingués par leurs actes de délivrance que par l'administration judiciaire comme telle. Les juges procuraient la paix au pays. Le verbe sâphât suggère donc l'absence de guerre, de trouble, de désordre social, et d'ingérence étrangère. Enfin, le juge était aussi une garantie de la fidélité religieuse. Tant qu'il y avait un juge, le peuple ne tombait pas dans l'infidélité. « On peut donc donner à "jugement" (Mispât), le sens du rétablissement du droit ».

En tout cas, le magistrat au sommet de la hiérarchie exerce une fonction suprême aux sentences exécutoires. Car, nul n'est au-dessus des lois que le magistrat seul manipule. Assimiler la reine d'Afrique à un magistrat, revient à reconnaître à l'Afrique une position supérieure à la fin des temps, encore appelée le jour du jugement. Esaïe dira que cette fonction suprême confère à la reine du Midi la prééminence dans l'arène des peuples.

Nous connaissons la place de la femme dans la société juive d'antan. Une société plutôt phallocratique. Mais, une fois élevée au rang de juge, la parole de Déborah devient la mesure qui réglemente toute la structure de la société. Prenant le relais de l'évangélisation du monde après l'Occident qui se déchristianise sous nos yeux, le continent africain tiendra un discours d'une pertinence éthique, morale et spirituelle qui le placera au-dessus des peuples gagnés par l'obscurité du péché comme c'est le cas de l'Occident aujourd'hui. Le monde entier aura donc le regard tourné vers l'Afrique comme le déclare Esaïe. C'est ce que Jésus appellerait donc « Juger cette génération ». Il ne s'agit pas du jugement dernier qui demeure l'apanage du Christ. Mais de ce qu'Esaïe présente comme le jugement avant le jugement.

Dans le livre d'Esaïe 18 en effet, le prophète parle d'une espèce de moisson avant la moisson : « Alors avant la moisson, quand la fleur devient un raisin qui mûrit, il coupe les sarments avec les serpes, il enlève, il tranche les branches ». Que peut vouloir dire l'expression il coupe, les sarments, il enlève, il tranche, si ce n'est que celle-ci introduise l'action d'un homme qui apprécie, qui juge, qui moissonne. Or cette action du grand juge s'exécute ici, avant terme, c'est-à-dire avant la moisson, d'après le texte. Qu'est-ce que cette espèce de moisson avant la moisson, sinon l'évocation d'un jugement avant le jugement ? Car, dans la terminologie de Jésus la moisson est une allégorie qui renvoie au temps du jugement. Par ailleurs, les expressions, la vapeur, la chaleur brillante et la chaude moisson que rassemble le seul verset quatre nous orientent vraisemblablement vers l'équateur. Ce qui corrobore la thèse mettant en lumière l'action de la reine du Midi, c'est-à-dire, la reine du sud dont la chaleur est une caractéristique.

Le Christ déclare en effet, « Quand vous voyez souffler le vent du sud vous dites : il fera chaud et ce qui arrive ».[70] La chaleur évoquée ici est donc un code géographique qui nous situe sur le peuple concerné par cette prophétie. En effet, une bonne partie de l'Afrique vit sous l'influence du climat équatorial.

Par ailleurs, le fait de couper les sarments et d'enlever et de trancher les branches met en évidence l'action d'un homme lucide et suffisamment responsable pour pouvoir apprécier le bien et le mal, le bon et le mauvais. Un homme souverain, décidant de ce qu'il va garder et ce qu'il doit envoyer aux oiseaux de proie. Il ne fait pas de doute, il s'agit ici, de l'action d'un juge. Il est ici question d'un jugement. Mais, la preuve qu'il ne s'agit pas du jugement dernier nous est aussi donnée par le verset 7 :

---

70 Luc 12 : 55.

« En ce temps-là, des offrandes seront apportées à l'Éternel des armées par le peuple au corps élancé et luisant... » La Bible déclare qu'au jour du jugement dernier, tous les peuples se tiendront, nous venons de le mentionner, devant le trône de Christ. (2Thim4.1 ; Hé12 ; 23 ; 1P2.12 ; 1P4.5). Même les anges connaitront le jugement. (2P 2.4). Il ne sera donc pas question d'apporter quelque présent au juge, comme si on voudrait corrompre les saintes délibérations de celui-ci. Nous lisons plutôt ici, une allusion à la quatrième vague du réveil mondial que l'Afrique mènera jusqu'à Jérusalem comme nous l'avons déjà mentionné. Mais il n'est pas exclu que les juifs africains encore présents sur le continent participent à cette marche, comme le décrit Sophonie. (So.3 : 10).

Le sens de gouvernement que suggère également Sàphat selon notre texte voudrait dire que l'Afrique, visitée spécialement par le Saint-Esprit, sera politiquement restaurée et aura une voix prépondérante dans la gouvernance du monde. On peut donc donner au jugement le sens de rétablissement, c'est-à-dire du Mispât en hébreu. Il s'agit à ce moment-là, du juste ordonnancement de la société. Dans le livre de juges que nous venons d'évoquer, le juge avait aussi le rôle de gouverneur ou de sauveur. Certes, le monde sera dans la perdition quand Christ paraîtra. Mais le Christ trouvera l'Afrique croyante dans le rôle de sauveur avant la lettre pour ainsi dire. Il y aura en Afrique des États à même d'offrir au monde, des modèles de gouvernements, ôtant de la sorte des prétextes aux rois de la terre pour ne pas répondre au jugement du Roi des rois. Comme nous le verrons plus loin, Esaïe parle de cinq villes qui parleront la langue de Canaan.

Le sens du jugement introduit par Matthieu 12 : 42 appellerait donc à la fois une perception spirituelle et politique. Voilà pourquoi Christ prend l'image d'une reine qui incarne les deux dimensions à la fois. Il ne s'agirait donc pas du jugement dernier où un seul acteur sera juge et Roi : Jésus-Christ. Mais il est ici question du jugement du système de ce monde qui a d'ailleurs déjà commencé. Plusieurs textes de l'Ancien et du Nouveau Testament le mentionnent. Le Grand Dictionnaire de la Bible le souligne, « Comme dans l'A.T., les jugements de Dieu ne sont pas limités au futur, mais sont déjà une réalité dans la vie humaine présente (Jn. 8.5 ; Rm.1.18, 22, 26,28 ; Ap18.8). Le jugement est associé dès maintenant au Christ, qui met en œuvre les décisions du Père (Mt3.11s ; 10.34 ;Jn. 3.19 ; 5.30 ; 8.12, 16 ; 9.39). La lumière de la Parole de Dieu brille déjà dans le monde, car Dieu se révèle dans l'expérience morale de l'être humain, et de manière suprême dans la parole incarnée, Jésus-Christ. Le jugement des humains est donc déjà en cours, car ils montrent par leurs actes mauvais qu'ils préfèrent les ténèbres à la lumière (Jn 3.19) ».[71]Les difficultés actuelles du monde occidental peuvent par exemple, être comptées au titre des prémices du jugement que prononcera la reine du Midi. Dans une des acceptions du mot génération en effet, nous avons noté que ce terme veut aussi dire, une descendance, une filiation ou un état d'esprit qui à maints égards, reflète l'état séculier du monde actuel.

Le relèvement de la reine du Midi évoqué dans le livre de Matthieu est donc, davantage à lire à travers le prisme d'Esaïe 19 : 25, qu'à travers une quelconque expérience eschatologique ou la reine d'Éthiopie surgirait en principal magistrat du siège. Il revient par conséquent aux Africains de pouvoir lire les signes des temps et de prendre en conséquence leur responsabilité devant l'histoire. L'Afrique devrait à présent pouvoir prendre l'avant-garde de la marche de l'histoire eut égard à cette prophétie.

71 *Le Grand Dictionnaire de la Bible*, Excelsis, Italie, 2010, p.889.

L'avènement d'un homme de couleur à la tête de l'État le plus puissant au monde par ces temps est à lire dans le sillage de cette vision des choses. Puisse cette affirmation résonner comme une cloche appelant la reine du Midi au lever !

De ce point de vue Esaïe et le Christ émettraient exactement sur la même longueur d'onde. À la seule différence qu'Esaïe parle de la prééminence de l'Afrique à travers l'Égypte (Afrique), alors que le Christ l'annonce à travers un autre code géographique : l'Éthiopie (Afrique). Le réveil de l'Asie est également notifié par l'un, c'est-à-dire Esaïe, à travers l'Assyrie, qui à cette époque était le standard de toute l'Asie, et par l'autre, le Christ, à travers la contrée de Ninive, voisine de l'Assyrie. Et même, Ninive finit par devenir la capitale de l'Assyrie.

Peut-on honnêtement penser un seul instant qu'une telle symétrie soit là le fait d'un simple hasard ? Plus précis, Esaïe montre la relation étroite qui sera instituée entre l'Afrique et l'Asie, lorsque celui-ci évoque **la route de l'Assyrien en Afrique** et vice versa. Les Assyriens iront en Égypte, dit Esaïe ; et les Égyptiens iront en Assyrie. Cela peut être perçu comme une manière d'annoncer la proximité diplomatique entre l'Afrique et l'Asie. En effet, ces deux entités se définiront un axe de coopération d'autant plus étroit, si ce n'est déjà le cas, que cela sera assurément déterminant dans la perspective du nouvel ordre mondial.

L'accomplissement d'Esaïe 19 : 23-25 ?

Sous la houlette de Thomas Romer,[72] Ernst, théologien de renom, soutient à son corps défendant que la prophétie d'Esaïe 19 : 23-25 fut déjà accomplie. En effet, pour Ernst, parlant de cette prophétie « Ce que l'auteur de cette péricope (un membre anonyme de l'équipe isaïenne qui a édité et rédigé Esaïe pendant plusieurs siècles, a envisagé, d'après Ernst), devint réalité à l'époque Perse lorsque l'Assyrie, l'Égypte et la Palestine (entre autres) furent unies sous la couronne achéménide, soutient Ernst. Au 3e siècle av. J.-C., quand les pouvoirs ptolémaïques (l'Égypte) et Séleucide (l'Assyrie) se bâtirent pour prendre le contrôle de la Palestine, ses habitants (« dont les auteurs de Jonas et d'Esaïe19 : 23-25 ») regrettèrent la paix et l'unité de l'Empire perse. Ainsi, par ce bref commentaire ce théologien croit pouvoir soutenir que cette prophétie soit déjà accomplie.

S'il est à encourager que les théologiens ne se préoccupent pas moins de l'accomplissement des prophéties que de la seule critique littéraire, il est à déplorer cependant, la simplicité avec laquelle Ernst évacue une prophétie aussi particulière.

Il n'est pas en effet courant que le dominateur adopte la langue de celui qui est dominé. Or, dans ce texte les Égyptiens qui sont donnés pour être les premiers, parlent la langue de Canaan, c'est-à-dire Israël qui est troisième. Mais la simplicité de la méthode ERNST se vérifie également par le raccourci qu'il prend en détachant la prophétie d'Esaïe 19 : 23-25 de son contexte, voyant en cette alliance de vaincus, sous la haute main des Achéménides, conclue entre l'Assyrie l'Égypte et la Palestine au 3e siècle

72 Thomas Romer, *Introduction à l'Ancien Testament*, Éditions Labor et Fides, France,1994, p.423.

av. J.-C., l'accomplissement d'Esaïe 19 : 23-25. En réalité cette prophétie qui est toute la raison d'espérer de l'homme noir aujourd'hui, est à exploiter dans la trame prophétique qui va de Deutéronome 32 : 21, à Matthieu 12 : 42, en passant par Ézéchiel 29 et 30, sans parler du Psaume 68 : 32. L'Afrique typifiée par l'Égypte ou l'Éthiopie est prophétiquement annoncée dans une position de leadership mondial. Ernst a-t-il réalisé ce que c'est de parler la langue de Canaan au 3e siècle parmi les Égyptiens, comme il le soutient ? Voici ce que déclare à ce sujet la collection « Sondez les Écritures » :

« Mais en ce jour-là aussi cinq villes parleront la langue du peuple de Dieu, c'est-à-dire ils confesseront le Dieu vivant et vrai. Se tournant des idoles vers Dieu, les Égyptiens érigeront au cœur du pays, un autel à l'Éternel, lui reconnaissant ainsi la première place chez eux… c'est de l'Éternel que, désormais, ils attendent la délivrance et il leur enverra un sauveur (v.20). »[73]

D'après ce commentaire, seuls les événements décrits dans le chapitre 20 sont accomplis. Les événements du chapitre 19 sont à inscrire dans la période des faits qui précéderont le règne de Christ. Cette prophétie procède donc des temps eschatologiques dans lesquels nous vivons. La Bible Esprit et vie fait, elle aussi, les mêmes observations sur ce chapitre.

Par ailleurs, comment penser que l'Égypte et l'Assyrie soient respectivement première et deuxième, jouissant d'une bénédiction de la part de l'Éternel, alors que, de l'avis même de ce théologien, ces deux peuples ploient sous le joug d'un plus fort : la couronne achéménide pour l'Assyrie, le double joug ptolémaïque et achéménide pour

73 Sondez les Écritures, volume 1, Évangile selon Luc, prophète Esaïe, Bibles et publications chrétiennes, Valence, 2004, p.354.

l'Égypte. Est-ce dans ces conditions qu'il faut croire que l'Égypte serait première et ferait l'objet d'une bénédiction de la part de l'Éternel ?

Cet argument ne tient debout ni sur le plan prophétique, ni d'un point de vue historique. Mais il est vrai, cela relève de la révélation pour pouvoir saisir qu'il y a une Assyrie et une Égypte historiques d'un côté, et de l'autre une Assyrie et une Égypte prophétiques. Vu de cette manière, nous croyons comme Henri Rosier, dans *Le livre du prophète Michée*, qu'autant il a existé une Assyrie historique qui exerça sa domination sur Israël sous les Séleucides, 300-250 av. J.-C., autant il y aura une Assyrie prophétique qui se manifestera avec la fin des temps de la fin.

Cependant, si nous approuvons les contours géographiques que Rosier donne de cette Assyrie, à savoir les pays de l'Asie que devait s'annexer la Russie, nous en donnons un autre contenu quant au rôle que cette Assyrie prophétique devra jouer dans l'histoire. Pour Rosier, « Les termes que nous employons : Assyriens, historique et Assyriens, prophétique ne signifient pas que ce soient deux puissances différentes. L'Assyrien prophétique est la même puissance que l'autre, seulement avec les limites territoriales qui, dans le cours des siècles, se sont considérablement étendues... »Rosier estime que l'apparition de l'Assyrien qui se rattachera au grand conflit de la fin qui mettra aux prises, autour de Jérusalem, le quatrième empire universel ou empire Romain, réédifié par Satan, et l'Assyrie vaincue autrefois par Babylone, mais qui surgira de nouveau pour disputer la suprématie mondiale à Rome. L'avènement de l'Assyrien prophétique annoncerait donc le profil de la fameuse bataille de Gog et Magog. « Il s'agit de la Russie avec sa formidable puissance asiatique », soutient Henri Rosier. La Russie qui avait abrité le sommet Asie et Pacifique au mois de septembre 2012.

Rosier sera renchéri par Pierre Lanares qui soutient quant à lui que « lorsque nous lisons l'Apocalypse (16 : 12) nous sommes avertis que les rois de l'Orient marcheront un jour contre l'Occident. Le contexte nous montre qu'il ne s'agit pas de l'une des invasions qui à travers les siècles, ont déferlé sur le continent, mais d'un conflit mondial qui se conclura à Armageddon et dont la prophétie précise les étapes et les manifestations.[74]Il est vrai, la montée en puissance de l'Asie ne peut être lue autrement qu'à travers cette prophétie du réveil de l'Assyrie. Prenant conscience de sa position nouvelle, l'Asie pourrait utiliser cette puissance à des fins hégémoniques, ainsi que semble le redouter la diplomatie américaine.

L'administration Obama en son second mandat a en effet, fait de l'Asie, la première préoccupation du pentagone. Mais, à se *contenter* aux strictes limites de la prophétie d'Esaïe 19 : 23-25, l'Assyrie se lève sous la forme d'un royaume soumis à la domination du Christ. Car, il ressort clairement de cette prophétie que « les Assyriens et les Égyptiens serviront l'Éternel… ». Cet aspect de la prophétie nous accapare bien plus que les évolutions auxquelles la bénédiction des Assyriens donnera lieu.

L'Asie est la partie du monde qui a connu la croissance démographique la plus dynamique les 50 dernières années. Déjà à elle seule, la Chine compte plus d'un milliard 300.000 millions d'habitants. À côté de l'Inde et du Pakistan, deux autres géants. Mais au-delà des efforts menés dans l'évangélisation de cette partie du monde, les enquêtes réalisées révèlent que l'Asie demeure d'un enjeu évangélique majeur. Tant le pourcentage des "non atteints"[75] y est élevé. Nous trouvons d'ailleurs un lien très

---

74Pierre Lanare, Qui Dominera le Monde ? Edition SDT, Paris, 1959.
75Terme utilisé pour désigner les non-convertis.

étroit entre ce besoin d'évangélisation et l'institution de la route Assyrie Égypte et Égypte Assyrie évoquée par Esaïe. Nous n'aurons de cesse à dire que l'Afrique va prendre le relais du flambeau de l'évangélisation du monde, à la suite des foyers missionnaires occidentaux.

L'Évangile fera donc partie des valeurs que l'Afrique mettra au compte de cette route, à côté de bien d'autres tels l'art et la culture, au-delà des matières premières. C'est assurément à ce titre que l'Afrique, d'après cette prophétie, sera première devant l'Asie et Israël. Ce qui reste à réaliser dans le domaine de l'évangélisation est déjà concrétisé dans un cadre tout à fait profane. La route Asie-Afrique est ouverte depuis le 18 avril 1955, lorsque des nations d'Asie et d'Afrique se réunissaient pour la première fois, sans la présence des Occidentaux ou les « Blancs », qui avaient pourtant favorisé cette rencontre. C'est ce que l'on appellera la Conférence de Bandung, tenue dans les couloirs des Nations Unies. En effet, gangrenés par la misère, étrangers à la science et aux technologies, 29 pays afro-asiatiques se retrouvaient à Bandung (Indonésie), pour décider librement sur leur sort futur.

Pour la gouverne de la nouvelle génération, voici ce que déclarait le président indonésien dans son discours d'ouverture, avec force : « Ceci est la première conférence internationale des peuples de couleur dans l'histoire de l'humanité ». Je voudrais rappeler que c'est exactement le 18 avril 1955 que se tenait à Bandung, la toute première conférence internationale de l'histoire de l'humanité, des peuples de couleur, avec la permission des « Tuteurs » de l'histoire.

Hormis la couleur, la peur est un autre facteur commun à ces peuples, poursuivit-il : « Nous vivons dans un monde de peur. La vie de l'homme d'aujourd'hui est corrodée et aigrie par la peur : la peur de l'avenir, peur de la bombe à hydrogène, peur de certaines idéologies. Peut-être cette peur constitue-t-elle un danger pire que le danger lui-même, parce qu'elle pousse les hommes à agir sottement, sans réfléchir, dangereusement... Et ne croyons pas que les océans et les mers nous protégeront. Les aliments que nous mangeons, l'air que nous respirons peuvent être contaminés par les poisons crées à des milliers de kilomètres de distance. Et il serait possible, si nous n'étions que légèrement atteints nous-mêmes, que les générations de nos enfants à naître portassent sur leurs corps déformés les marques de notre impuissance à contrôler les forces déchainées sur le monde ».

Comme ce propos demeure d'actualité plus d'un demi-siècle plus tard ! Il sera intéressant de noter que le délégué du Ceylan, Sir John Kote Lawala parlait déjà en terme de nouvelle Afrique : « Nous, nations de la nouvelle Asie et de la nouvelle Afrique, quelle que soit notre langue, quels que soient notre religion, notre gouvernement ou la couleur de notre peau, avons une chose en commun : nous sommes toutes pauvres et sous-développées » proclamait-il. De leurs côtés, alors que le président Soekarno mettait l'accent sur le poids démographique de ces deux pôles géographiques en faveur de la paix dans le monde, le délégué de la Chine quant à lui, déclarait par l'entremise de son ministre des Affaires étrangères : « Nous pays asiatiques et africains, la Chine y compris, sommes tous arriérés culturellement et économiquement. Vu que notre conférence n'exclut personne, pourquoi ne pourrions-nous pas nous comprendre les uns les autres et coopérer amicalement ? »

Les dirigeants asiatiques reconnaissent ici leur état de pauvreté et surtout, les disparités qui minent encore le camp de ceux que l'on appellera quelques années plus tard, les pays non alignés ; tout en affichant nettement une farouche volonté de transcender cet état de fait.

Le Colonel Nasser mit l'accent sur le rapprochement politique « Nous avons émergé d'une longue période d'influence étrangère, politique et économique, il n'est donc pas surprenant que nous nous sentions proches… »[76] déclarait-il. Si nous considérons en conséquence la décision prise par la conférence d'exploiter directement les ressources faramineuses en termes de matières premières, et surtout le pétrole, il est clair, la conférence de Bandung constitue une véritable clé de voûte de l'axe de la coopération Afrique-Asie. Car, depuis, cette coopération a exactement pris le sens tracé par la volonté des pays regroupés dans le cadre de cette conférence. Un espace médiatique verra le jour : le Journal « Afrique-Asie. »

La coopération entre les pays d'Afrique et ceux d'Asie, en particulier la Chine, s'intensifia pour atteindre des niveaux record aujourd'hui. Les sommets entre les pays asiatiques et l'Afrique ne se comptent plus. Sommet Chine-Afrique, Iran-Afrique, Inde-Afrique sans parler des pays du Moyen-Orient, etc. La route Afrique-Asie et Asie-Afrique annoncée par le prophète Esaïe au 8e siècle av. J.-C. est bel et bien ouverte. Car, on ne saurait s'expliquer le fait curieux que les autres nations de ce qui deviendra par la suite le mouvement des non-alignés, aient été bonnement exclues de la conférence de Bandung où ils auraient légitimement eu leurs places, du fait de leur combativité politique et leur rapprochement idéologique, voire leur condition sociale. Cela s'explique par le fait que cette conférence devait marquer le signal de lancement de l'axe Afrique-Asie. Ce que le prophète Esaïe appelle la « route de l'Égypte en Assyrie ». Les pays de l'Amérique du Sud

76 Conférence de Bandung, tenue en Indonésie en avril 1955.

seront donc exclus tout bonnement. Ceux-ci n'étaient pas concernés par la route décrite par Esaïe.

Au regard de l'évolution des relations internationales aujourd'hui, l'Occident pourrait regretter d'avoir favorisé la tenue de cette conférence. Tant la réalité de l'histoire semble leur échapper de plus en plus. En réalité, la tenue de cette conférence était conforme au sens de l'histoire de la diplomatie internationale selon la prophétie de la Bible.

Les pays occidentaux n'ont aucun intérêt à saboter ce que l'on nommerait la coopération des pays de l'axe Afrique-Asie. Le devenir de notre monde tant malmené passera nécessairement par là. Cela dit, il va falloir que les Africains fassent dès lors, partie de la solution et non du problème. Il est impérieux pour les peuples d'Afrique de se rendre à l'évidence de leur responsabilité dans la marche de l'histoire. Les pays d'Afrique doivent désormais procéder en toute logique à l'évaluation des acquis de Bandung. Car, il n'est pas dans l'intérêt des pays africains que les pays dits émergents, pour la plupart asiatiques, viennent à remplacer les anciennes puissances colonisatrices dans le pillage des ressources de notre continent. L'Afrique n'aurait, avec l'élite dont elle dispose désormais, aucune raison pour redire avec René Dumont : « l'Afrique noire est mal partie », pour ce nouveau départ, pour ce nouveau rendez-vous avec l'histoire. Il va falloir pour cela que les sauveurs et les défenseurs du continent soient manifestés. Car toute la différence entre l'Asie et l'Afrique, c'est que l'Asie a eu « ses sauveurs « que sont les Nehru, les Gandhi, les Mao et autres, alors qu'en retour, le continent noir, tenu jusqu'à une actualité récente en laisse par les capitales occidentales, n'a connu dans la plupart des cas, que des dirigeants postiches pour des raisons bien évidentes. Or, il n'y a pas de grands peuples sans grands leaders. Il y a par voie de conséquence nécessité d'un réveil.

Chou En-Lai, chef du gouvernement chinois
à la conférence de Bandung

Chapitre VIII
Les clés du réveil africain

Parlant du paradigme culturel, le professeur Obenga a déclaré que l'Afrique tenait là, une des clés de son relèvement. Les Africains n'ont certainement pas encore réalisé la pertinence de cette trouvaille, fruit du travail de nos égyptologues. Cependant, Théophile Obenga parle d'une des clés et non de la clé, encore moins des clés. Il s'agit alors de trouver ce qui manque au trousseau afin d'ouvrir les portes de l'émancipation et de la prospérité du continent.

Nous le savons bien, hormis la question du rapport au divin, l'énigme africaine tient davantage à l'incapacité de l'homme noir à se ressouvenir, qu'à un quelconque déficit du quotient intellectuel comme l'ont prétendu certains africanistes européens. Toute l'intelligence du relèvement du continent noir se trouve donc dans la capacité des Africains à décrypter l'énigme que représentent les notions de **Sauveur, Défenseu**r d'une part, de même que le principe de **l'autel et du monument** de l'autre, que nous rencontrons dans le livre du prophète Esaïe. La clé de voûte du réveil du continent se trouve là. Il est par conséquent de la plus impérieuse importance d'élucider l'énigme ainsi présentée. Commençons par la notion de l'autel qu'Esaïe nous décrit comme se trouvant au milieu du pays d'Égypte.

L'autel et le sauveur

Ces deux notions renvoient à la dimension intemporelle dans le processus de reconstitution de l'âme africaine. Il faut comprendre que l'Égypte était une structure ambivalente dont l'équilibre reposait sur une dimension initiatique ou religieuse d'une part, et de l'autre, sur un volet élitiste ou scientifique. Nul ne saurait envisager le relèvement de l'Afrique noire sans tenir compte de cette armature basique du système égyptien. Autant le destin du peuple afro-américain sera indissociable du rôle déterminant joué par un certain pasteur Martin Luther King (incarnation du sacré), autant le sort des Noirs d'Afrique, peuple religieux par définition, implique nécessairement l'intervention du sacré. Pour l'avoir ignoré, tous les plans de restauration du continent africain ont lamentablement échoué. Quelques dirigeants animés de bonne volonté ont en effet essayé de relever le défi africain sans jamais y parvenir. Face au magma africain, il faut plus que de la seule volonté politique comme l'ont témoigné les Kwame Nkrumah, les Barthélémy Boganda, Hamed Sékou Touré, Amilcar Cabral, E. Patrice Lumumba et autres. Il ya dans la restauration du continent noir, une dimension mystique ou prophétique évidente, à laquelle obéit la notion de sauveur et donc de l'autel. Pour se réconcilier avec le juge des peuples, l'Afrique aura besoin d'un tel homme que le prophète Esaïe appelle le sauveur. Le sauveur c'est celui qui est chargé d'apporter le salut. Si Christ est mort une fois pour toutes, pour le salut de l'humanité, à quoi devait servir un sauveur des « Africains » pourrait-on se laisser dire.

Esaïe est l'un des rares prophètes à annoncer avec précision l'avènement de Christ. C'est depuis le chapitre 9 qu'Esaïe annonce la naissance du Sauveur. Mais si au chapitre 19, le prophète Esaïe doit distinctement annoncer un sauveur pour « les Égyptiens », cela veut simplement dire que la notion de salut ici, n'a pas la même connotation que le salut du monde réalisé par le Messie. Comme Israël au temps des juges, que l'on appelait d'ailleurs aussi les sauveurs, l'Afrique aura besoin de son Samson afin de relever le défi de son relèvement. Un homme agréé de Dieu, qui viendra s'il n'est déjà venu, avec une vision et un programme de restauration que le prophète Esaïe assimile au « son de la trompette », au chapitre 18 de son livre. À la lumière de ce chapitre, le discours du sauveur aura à l'évidence, une résonnance planétaire.

Si nous croyons voir en Kimbangu le précurseur de cette œuvre de salut, ce qui est loin d'être un absolu, il reste qu'un sauveur immédiat est manifesté pour l'accomplissement de la mission du salut africain. En effet, depuis 1921, ce catéchiste baptiste, épris de passion pour la condition de l'homme noir, consacra pratiquement tout son ministère qui ne dura que cinq mois, pour les siens. Il meurt, nous l'avons dit, en martyrs dans la prison du colonisateur qui redoutait tant ses prêches accompagnés de miracles extraordinaires. L'homme est au cœur d'un mouvement de réveil évangélique qui eut un effet retentissant en Afrique centrale. C'est au mois de janvier 1947 par exemple que le Congo Brazzaville connaitra à son tour ses éclats de réveil. Tous les témoignages concourent à la même conclusion : ce fut un réveil authentique. Avant sa mort, Simon Kimbangu fit un certain nombre d'annonces prophétiques sur le devenir du peuple noir. La plus grande de celles-ci sera certainement cette sentence : « Moto Moyindo a ko komamondêle ; mondêle a ko koma moto moyindo ». Une manière de soutenir comme Esaïe que l'Afrique sera de nouveau première, devant les peuples du monde. Pour Kimbangu l'Afrique gouvernera le monde au temps marqué. C'est-à-dire au temps de l'élite de la quatrième génération. Tout un discours de salut que les kimbanguistes dévoyés n'ont pas su mettre en lumière, encore moins les décideurs politiques africains. Ceux-ci se sont plutôt hâtivement lancés dans toutes sortes d'aventures idéologiques et ésotériques.

Néanmoins, le discours de Kimbangu sera très certainement revisité, réhabilité et revitalisé par les acteurs de la quatrième génération, rendant à celui-ci toutes ses lettres de noblesse. Ce ne sera pas moins l'œuvre d'un sauveur pour cela. Pas de salut en effet, sans sauveur ! L'Afrique attend donc son sauveur. Ce sera le fait de l'Afrique du milieu. Car, on ne le dira jamais assez, il est du ressort de l'Afrique centrale de mener la mission prophétique dans la perspective du rétablissement du continent, d'après Esaïe. N'oublions pas que la guérison de l'Afrique sera avant tout une démarche spirituelle. L'Afrique ne peut se relever à moins que Dieu n'intervienne. Il est en effet écrit :

« Ils crieront à l'Éternel à cause des oppresseurs, et il leur enverra **un sauveur et un défenseur** pour les délivrer. Et l'Éternel sera connu des Égyptiens. Et les Égyptiens connaîtront l'Éternel en ce jour-là », dit Esaïe. Le relèvement de l'Afrique sera donc le fait de l'intervention de Dieu comme il en aura été de sa descente en enfer. Soit dit en passant, l'une des raisons qui excluent les occupants actuels de la terre d'Égypte de cette prophétie, c'est le fait que les Égyptiens dont il est question dans le livre d'Esaïe articulent la langue de Canaan, à la différence des peuples arabes qui occupent l'Égypte aujourd'hui. Les Arabes sont en effet hostiles à la religion de Canaan. C'est donc une allusion aux nègres et en particulier les peuples habitants la partie centrale du continent.

De l'avis même du Pape Benoît XVI, l'Afrique représente le poumon spirituel du monde aujourd'hui. Au regard du rôle vital que jouent les poumons dans l'organisme humain, on peut comprendre pourquoi le réveil évangélique sera le tout premier paramètre du relèvement de « l'Égypte ». C'est-à-dire de l'Afrique. Sur la base de prières et partant, la proclamation authentique de la parole de Dieu, un vent de réveil partira de l'Afrique centrale où l'on compte les plus grands prophètes de toute l'histoire du continent, depuis Kimpa Vita, Daniel Ndoundou, St Kizito en passant par Simon Kimbangu. Un véritable foyer où bouillonne le témoignage chrétien depuis la nuit des temps. Cette donne sera incarnée par des hommes spécialement investis. Le sort de l'Afrique étant avant tout d'ordre prophétique, seuls des hommes revêtus du manteau de la mission prophétique pourront réconcilier les « Égyptiens » avec Dieu. Ce sera sur la base d'un discours particulier que le prophète Esaïe appelle la « trompette qui résonne ». C'est en écoutant et en obéissant à la voix de cette trompette que les Africains connaîtront le salut. Le continent noir pourra alors progressivement entrer dans sa fonction de leader. C'est le paradigme prophétique.

Le réveil de l'Afrique noire sera d'ordre mystique et intelligent. C'est-à-dire, cela se produira par l'action conjuguée du sauveur et du défenseur pour reprendre une terminologie propre à Esaïe. En réalité, l'étude exégétique de ce texte montre que le sauveur et le défenseur des Africains c'est Dieu lui-même. Il s'avère que Dieu n'agit qu'au travers d'un homme. Cependant, si la sphère géographique du sauveur est celle de cette zone qui partira du sud Soudan à l'Angola d'une part, et de la République gabonaise au Kenya de l'autre, il en va autrement du défenseur.

Le Défenseur et le Monument

Toute la pertinence de la démarche senghorienne trouve son ressort du fait que le mouvement de la Négritude situe judicieusement le problème nègre au niveau psychosomatique. Car, celui qui a frappé l'homme noir de cécité avait lancé un défi à celui-ci : « Où sont-ils donc tes sages ? Qu'ils te fassent des révélations... » (Esaïe 19 : 12.) Plus loin, nous lisons : « l'Éternel a répandu au milieu d'elle un esprit de vertige, pour qu'il fasse chanceler les Égyptiens dans tous leurs actes, comme un homme ivre chancelle en vomissant. Et l'Égypte sera hors d'état de faire... » (Esaïe 19 : 14-15.) D'où la notion de monument.

Le monument représente en effet, la projection matérielle de la mémoire d'un peuple. C'est donc un repère qui permet à un peuple de se remémorer. On ne peut imaginer un meilleur remède pour le peuple noir qui souffre comme Meursault (dans l'ouvrage le voyageur sans bagages de Jean Anouilh), d'amnésie. De même qu'une machine" intelligente", un peuple ne peut donner le meilleur de lui-même sans mémoire.

Le peuple noir américain nous donne l'exemple le plus éloquent de cette triste réalité. C'est par le souvenir, replongeant dans le plus profond de leurs racines que ceux-ci ont pu fabriquer les héros de leur émancipation. Web Dubois (du New Negro mouvement 1905), Martin Luther King (du mouvement pour la défense des droits citoyens du peuple noir des années 60) et dans une certaine mesure Malcom-X, contemporains de King (du black panther's) n'ont été associés à l'itinéraire de l'émancipation du peuple noir d'Amérique, qu'à partir du moment où ceux-ci se sont ressourcés sans équivoque, dans leurs racines. Nous en voulons pour preuve la naissance des musiques d'essence nègre telles que le Jazz, le Blues ou le Négro Spiritual, qui n'étaient en réalité que des formes de réminiscence. Ces musiques deviendront très vite des sources vitales d'où ils tireront les énergies nécessaires à leur éveil mental.

L'actuel président américain Barak OBAMA d'ailleurs, n'aurait pu réaliser le rêve de King en devenant le premier président noir de toute l'histoire des États-Unis d'Amérique, s'il avait continué à tergiverser en équilibriste entre les deux races. Il lui est arrivé même de récuser son nom de Barak, son patronyme, pour Barry, question de résonner plus blanc.

Mais lorsque parvenu à la maturité, Barak OBAMA reconnut sa négrité, épousant une femme toute noire de par sa pigmentation, reconnaissant par ailleurs ses racines kenyanes, un destin nouveau lui était promis. Barak Obama est devenu le tout premier président noir de l'histoire des États-Unis d'Amérique.

Mise à part la cause prophétique dans l'explication de l'énigme noire, c'est ici qu'il faille trouver la principale cause d'échec des visées pan africaines menées jusqu'ici. L'on a sous-estimé le poids de la culture et de l'histoire dans les processus d'émancipation d'un peuple aussi aliéné culturellement que le peuple noir. Il n'y a qu'à regarder la faiblesse des moyens alloués au secteur de l'éducation et de la culture dans la plupart des pays africains pour s'en convaincre. La part réservée à l'éducation ou la culture dépasse rarement les 5 % du budget dans la plupart des pays africains. Mais doit-on le reprocher aux dirigeants africains quand on réalise que cela relève d'un sort réglé par le destin providentiel, et conforme à la ligne idéologique du colonisateur ?

C'est depuis le XIVe siècle que les Portugais par exemple, sont présents sur les terres du Kongo. Il faudra cependant attendre le XXe siècle pour voir la construction des écoles à proprement parler. 18 % seulement des enfants d'âge scolaire allaient à l'école dans toute l'Afrique-Équatoriale française. C'est dans les années trente que l'on verra construire les premières écoles au Kenya, rapporte Kwame Nkrumah. En 1960, 43 % à peine des enfants africains en âge de scolarité allaient à l'école en Rhodésie du nord. Et seulement 1,1 % de ceux qui avaient l'âge d'entrer au lycée y avaient accès. « En ce qui concerne, l'enseignement supérieur, jusqu'à la fondation, en 1955, du collège universitaire de Salisbury, MaCollège, fondé en 1622, était la seule école supérieure dans l'immense territoire qui sépare Khartoum de Johannesburg. »[77]Curieuse attitude pour des gens qui se réclament d'une mission civilisatrice ! Pourquoi ? Il est évident que les puissances colonisatrices redoutent de former une élite qui très vite représenterait un obstacle à leur dessein hégémonique.

Cependant, à présent, nous ne saurions continuer à naviguer à vue. L'Afrique doit faire du combat pour sa reconstitution identitaire et de la formation de ses élites, une priorité de développement. Ce que les égyptologues africains appellent pertinemment, la clé du paradigme culturel.

L'Afrique de l'Ouest aura dans ce contexte un rôle moteur à jouer. En effet, autant l'Afrique centrale servira de théâtre d'opérations pour la mission des sauveurs, autant l'Afrique de l'Ouest sera la terre de prédilection des défenseurs de la mémoire nègre. En lisant attentivement le prophète Esaïe, il nous est apparu que le monument se trouve à la frontière du « pays d'Égypte ».

Au bout de nos fastidieuses investigations, cette frontière nous est apparue n'être autre chose que le littoral atlantique. Cette porte par laquelle les « Égyptiens » étaient charriés telles des grumes, vers des terres exotiques, hélas, sur ordre de Dieu lui-même, conformément à

77 Kwame Nkrumah, *L'Afrique Doit S'unir*, Payot, Paris, 1964, p. 64.

la prophétie que nous avons évoquée (Ézéchiel 29). L'Afrique occidentale est censée incarner le rôle de Monument, autrement dit, de Mémoire. C'est l'un des deux principaux facteurs déclencheurs du réveil africain. On trouve en effet sur cette partie du continent, d'éminents auteurs dans le domaine de l'histoire comme dans celui de la culture et des arts, ainsi que le professeur Obenga vient de nous en donner la preuve par sa longue évocation qui, en réalité, est loin d'être exhaustive. On peut citer Joseph Kizerbo qui présida l'encyclopédie de l'histoire générale de l'Afrique sous l'égide de l'UNESCO. C'est le cas aussi de Sédar Senghor, ce grand promoteur du puissant mouvement de la Négritude. Théophile Obenga qui vient de nous en fournir un échantillon ne nous démentira pas. Dans son évocation l'on compte, cela ne va pas sans dire, très peu de noms de l'Afrique centrale.

Mais, le professeur Cheikh Anta Diop est certainement de tous, celui qui a le plus défendu la mémoire nègre. Faut-il voir en cet esprit exceptionnel le défenseur dont parle Esaïe ? Nous ne saurions l'affirmer. En réalité lorsque l'on se réfère à la dimension exégétique de ce texte, c'est l'Éternel lui-même qui se fera fort de défendre l'Afrique. Il s'avère que Dieu ne le ferait que par l'entremise des humains. À défaut d'être le défenseur annoncé, Cheikh Anta Diop devrait être considéré comme le plus grand défenseur de la mémoire nègre que l'Afrique ait pu jusqu'ici connaître.

En effet, à une époque où le discours empesté des miasmes de l'impérialisme occidental faisait rage, avec pour objectif la falsification de l'histoire, ce savant nègre fit montre d'un héroïsme hors pair dans la défense de la mémoire du peuple noir, abandonné sur les bancs de l'histoire. Certains verront des relents de racisme derrière son propos. Il n'en est rien. Mais, réalisant sans avoir lu

Esaïe, l'enjeu que présente l'héritage de l'Égypte dans le rétablissement de l'homme noir, objet de toutes les curiosités, et de tous les sarcasmes, Cheikh Anta Diop est devenu une icône dans la lutte pour la restitution de la mémoire nègre. Avec âpreté il s'élança contre les thèses biaisées des Égyptologues occidentaux, attribuant tout l'héritage des pharaons à la civilisation indo-aryenne. En voici un extrait de ses envolées pour nous en faire une ultime idée :

« Ainsi l'impérialisme, tel un chasseur de la préhistoire, tue d'abord spirituellement et culturellement l'être, avant de chercher à l'éliminer physiquement. La négation de l'histoire et des réalisations intellectuelles des peuples africains noirs est le meurtre culturel, mental, qui a déjà précédé et préparé le génocide ici et là dans le monde. De telle sorte qu'entre les années 1944-1954 où s'est élaboré notre projet de restitution de l'histoire africaine authentique de réconciliation des civilisations africaines avec l'histoire. L'optique déformante des œillères du colonialisme avait profondément faussé les regards des intellectuels sur le passé africain que nous éprouvions les plus grandes difficultés même à l'égard des Africains, à faire admettre les idées qui aujourd'hui sont en passe de devenir des lieux communs.

On imagine à peine ce qui pouvait être le degré d'aliénation des Africains d'abord.

Donc pour nous, le fait nouveau, important, c'est moins d'avoir dit que les Égyptiens étaient des noirs à la suite des autres anciens, l'une de nos principales sources, que d'avoir contribué à faire de cette idée un fait de conscience historique africaine et mondiale, et surtout un concept scientifique opératoire :

C'est ce que n'avaient pas réussi à faire nos prédécesseurs ».[78]

Mais qui donc a pu, mieux que cet érudit, défendre la cause africaine après la mort de celui-ci ? Personne ! Cet homme est-il donc le défenseur que l'Afrique devait attendre, ou bien devrions-nous en attendre un autre ? En tout cas, il est assurément l'ancêtre de la lignée des défenseurs de la mémoire nègre. Plus que Senghor, Césaire et les autres hérauts de la Négritude, Cheikh Anta Diop a par ces percutantes études sur l'Égyptologie, mieux que quiconque, défendu bec et ongles la mémoire nègre. Sans l'appui du prophète Esaïe, il est parvenu à établir que les premiers Égyptiens étaient bien des Africains noirs, contrairement à la thèse des Égyptologues européens du XIXe siècle. Cette thèse va désormais nous valoir plus que de l'or. Et s'il fallait considérer le monument évoqué par Esaïe comme déjà matérialisé, c'est à l'île de Gorée que nous croyons trouver le symbole qui commémore le mieux cette tragique réalité que vécurent les Noirs. Par ce fait, le Sénégal confirmerait donc sa vocation d'être le pays le plus à l'ouest de toute l'Afrique, c'est-à-dire la dernière porte de sortie vers l'outre atlantique, que devaient emprunter l'itinéraire de la séparation entre l'Afrique continentale et son âme, c'est-à-dire ses fils déportés. Une vraie frontière entre la vie et la mort de Mère-Afrique. Le Sénégal offrirait alors sans conteste, les atouts de la terre qui hébergerait le monument à la frontière (c'est-à-dire sur le littoral atlantique), si tant est que le monument dont parle Esaïe soit déjà érigé.

Nos investigations nous ont conduits en effet, à établir que l'Atlantique était bien la frontière indiquée dans la

---

78Cheik Anta Diop, *Civilisation ou Barbarie*, Editions, Présence Africaine, Paris, 1981, p.10.

prophétie d'Esaïe. Séparant les continents américain (terre d'exode des Noirs), et africain (terre d'origine des déportés), l'Atlantique constituait une véritable frontière naturelle entre les deux terres. Le monument de la renaissance africaine, la porte des esclaves, autant de symboles de mémoire qui situent le Sénégal dans sa fonction de gardien de la mémoire. En effet, si l'Afrique de l'Ouest se présente comme la région où se sont le mieux conservées les valeurs traditionnelles africaines, le Sénégal reste incontestablement le pays le plus vital et le plus dynamique dans la tradition du monument. Ainsi, la réalisation du monument de la renaissance africaine à Dakar, à la faveur des célébrations des cinquantenaires des indépendances africaines, confirme cette vocation du pays de Senghor. Et si les pays du milieu tardent à construire le temple ou l'autel, il en va autrement de Dakar qui a déjà programmé la construction du Musée de la culture africaine. Ce serait certainement le plus grand mérite de M. Abdoulaye Wade : avoir compris Esaïe sans vraiment l'avoir lu !

Après avoir circonscrit les contours de la frontière et du monument, il nous reste à situer le paramètre du défenseur. Il est évident, le défenseur et le monument vont de pair, jouant la même fonction. En effet, le rôle du monument est quasiment le même que celui du défenseur. Car, le monument n'est autre chose que la configuration matérielle de la fonction morale et intellectuelle du défenseur. Le monument cristallise l'expression de la mémoire d'un peuple. Alors que le défenseur ressasse la mémoire de la civilisation à des fins de transmission, d'éducation et de conservation. Le fait est que le mémorial dont il est question dans Esaïe doit être un symbole d'alliance entre Dieu et le peuple africain. Peut-on dire qu'il en soit le cas des symboles de mémoire que nous venons d'évoquer ? Là est toute la question.

Cela dit, de la même manière qu'Israël s'attendait à Jean Baptiste et à Christ, de même les Africains devraient s'attendre à leur sauveur et leur défenseur. Il s'agit là d'un impératif catégorique pour que l'Afrique atteigne le rivage de la liberté. Il ne s'agit ni de régime parlementaire, ni de régime présidentiel, le salut de l'Afrique passera par un Homme, sinon deux.

L'Afrique centrale en considération de ce qui précède devrait constituer avec l'Afrique occidentale, les deux principaux pôles du renouveau africain. Brazzaville et Dakar se présenteraient à nos yeux comme les deux têtes de mise à feu de la dynamique du réveil du continent. Cela nous permettrait de comprendre le rôle historique joué par ces deux capitales africaines dans l'histoire. L'une fut la capitale de l'Afrique-Équatoriale Française et de la France libre, l'autre, capitale de l'Afrique occidentale française. En vertu de sa vocation culturelle, Dakar deviendrait alors la cheville ouvrière de la culture, de l'histoire et de la mémoire africaines. Le projet de construire un musée des arts africains obéit à cette vocation de Dakar. Une manière de célébrer la mémoire du nègre que fut Sedar Senghor et surtout, un certain Cheikh Anta Diop, ces grandes figures de la mémoire africaine. Mais, c'est aussi une façon de perpétuer l'âme de l'Afrique occidentale, cette armoire de la mémoire africaine.

Tels sont à nos yeux, les deux paradigmes du réveil africain. Il faudra cependant de la méthode pour que ces différents paramètres conjugués produisent la flamme du réveil attendu

Chapitre IX
L'Afrique centrale au cœur du réveil africain

Trois éléments sont déterminants dans l'histoire de la marche des hommes avec Dieu. Il s'agit du temps, de l'espace et de l'homme providentiel.

Selon des indices relevés sur l'échelle du temps, tout porte à croire que nous amorçons en Afrique à partir des années 2000 et de l'année 2010 en particulier, les temps de ce que nous avons appelé la quatrième génération. Le lecteur trouvera un exposé plus détaillé sur ces considérations temporelles du réveil africain dans l'ouvrage *La Vocation du Congo*. Nous allons évoquer plus loin la question de l'homme, parlant du sauveur. Reste alors la question de l'espace. Dieu sauve l'homme par l'homme, à partir d'une terre de prédilection. On parle de Jésus de Nazareth, né à Bethléem en Judée. Si nous nous accordons à reconnaitre que la dynamique du réveil que notre monde en délitement attend partira des terres africaines, il y a que l'Afrique, c'est 30.000.000 de mètres carrés. De quelle région du continent partira l'élan de restauration comme tel ? Selon le prophète Esaïe, le sauveur sera un homme du milieu du « pays d'Égypte » entendu, de l'Afrique centrale. Il s'avère que cette notion géographique n'est pas statique. Elle varie selon les temps et selon les considérations.

Dans son ouvrage, *Afrique Centrale précoloniale Document d'histoires vivantes*[79] , paru à Présence Africaine, le professeur Théophile Obenga nous présente un espace

---

79 Théophile Obénga, *Afrique Centrale précoloniale, Documents d'histoire vivante*, Éditions Présence Africaine, Paris, 1974.

qui s'étend du royaume de Nubie au nord, Bornou à l'ouest, Luba à l'est, Kazembe et Nola au sud et Kuba au centre. Comme on le constate, un tel espace n'a rien de semblable avec la configuration actuelle de l'Afrique centrale. Le découpage du professeur Obenga nous paraît plus proche de la vision du prophète Esaïe décrivant cet espace qui fera l'objet de l'intérêt du monde, conformément au texte d'Esaïe 18 : 1 disant : « Terre, où retentit les cliquetis des armes, au-delà des fleuves de l'Éthiopie. »

« Vous tous, habitants du monde, habitants de la terre, voyez la bannière qui se dresse sur les montagnes, écoutez la trompette qui résonne ! » Esaïe 18 : 3. Partant du principe que le prophète se situe en Palestine lorsqu'il reçoit la vision, la région décrite est vraisemblablement cette zone géographique qui imbrique la région des Grands Lacs et le bassin du Congo. Cela devient plus précis lorsque le prophète Esaïe décrit cette zone comme montagneuse et traversée par les fleuves. Les montagnes et les fleuves constituent la caractéristique de cet espace d'où le Nil tire d'ailleurs une de ses sources. En effet, 20 % des eaux du Nil à travers le Nil blanc sont tirées d'ici.

C'est donc de l'Afrique centrale et non de nulle part ailleurs que partirait le vent du relèvement de l'Afrique noire si l'on devait se conformer à la prophétie d'Esaïe. Dans l'ouvrage *La Vocation du Congo*, nous allons jusqu'à affirmer que les éclats de réveil partiront de Brazzaville au Congo. Là-dessus, nous nous sommes laissé dire que s'il ne faisait aucun doute que l'Afrique centrale était un foyer de réveil, il y avait à démontrer de manière scripturaire pourquoi le Congo Brazzaville devait être l'allumette qui mettrait le feu à la dynamite. Nous en donnerons plus loin les raisons.

Le Nil en gras, prenant sa source dans les Grands Lacs.

En réalité lorsque Sophonie ou Esaïe parle d'un pays au-delà des fleuves de l'Éthiopie, il est question d'un peuple davantage que d'un pays dans les contours coloniaux du terme. Les montagnes, dans le cas d'espèce, renvoient en effet à des peuples, à la différence de la montagne sainte qui elle, représente Israël, le peuple à part. Il faut donc au-delà du relief, saisir par cette allégorie, un ensemble de peuples qui auront deux caractéristiques particulières : élever l'étendard et sonner la trompette qui est une des fonctions de l'autel. Voilà qui devrait interpeler le Congo dia ngunga, pays du centre de l'Afrique.

Pourtant, rien de cette partie du continent à la traine, ne nous autorise ce ton messianique. En effet, au regard des richesses que concentre cette partie du continent, l'Afrique centrale devrait servir de locomotive pour le reste du continent. C'est curieusement la zone où la situation des populations est la plus précaire. Cela est conforme au sort prophétique de cette partie du continent. Dans la terminologie coloniale, l'Afrique centrale était identifiée comme le cœur des ténèbres. Le Congo-Brazzaville à partir de sa capitale économique est donné pour la pointe noire du continent. La déclaration des kimbanguistes disant que Lucifer dans sa chute avait atterri en Afrique centrale, tend à confirmer l'assertion qui fait de cette partie du continent, le siège des ténèbres. Alors, on ne comprendrait donc pas qu'il revienne à l'Afrique centrale le rôle de cheville ouvrière du réveil africain. Erreur !

En effet, c'est du milieu des ténèbres que la lumière trouve tout son éclat. Cela est conforme à la thèse biblique de la création dans la mesure où c'est du milieu de l'abîme que Dieu crée la lumière. Car le jour n'est jamais aussi proche que de la nuit la plus avancée. Les ténèbres de l'Afrique centrale constituent donc la preuve que la lumière du relèvement continental viendra de là. Car, là où le péché a abondé, la grâce a surabondé, dira l'apôtre Paul. Ce même Paul déclare par ailleurs : « En effet, le Dieu qui a ordonné que la lumière brille du sein des ténèbres a aussi fait briller sa lumière dans notre cœur… »[80] Les ténèbres sont donc source de lumière, aussi paradoxal que cela puisse paraître. Partant de ce principe, l'Afrique centrale

80 2 Corinthiens 4 : 6.

réunit donc les conditions pour servir de foyer pour le réveil de tout le continent.

L'autel au centre

Si nous nous référons au plan de disposition des éléments dans le jardin d'Éden, il apparaît que le centre revêt une importance stratégique. C'est en effet au centre, c'est-à-dire au milieu du jardin, que devait se jouer tout l'enjeu du rapport de Dieu à l'homme et son épouse. Car là, se trouvait le fameux arbre de la connaissance du bien et mal. Cet arbre central était déterminant pour l'équilibre du royaume de Dieu. Le centre est donc une position stratégique pour Dieu. Au regard de l'importance stratégique du centre, on comprend pourquoi celui-ci est choisi pour y installer l'autel. Nous y reviendrons plus loin.

L'autel peut se définir comme un foyer sur lequel on faisait des offrandes. Dans les temps bibliques par exemple, les patriarches ont présenté des offrandes à partir des autels qu'ils se sont construits. On voit Abraham faire des sacrifices à Sichem et à Bethel. (Gn. 12 : 6-8). L'on rencontrait déjà des autels de pierres plâtrées à l'âge du bronze ancien (3150-2200 av. J.C) utilisés pour les offrandes d'animaux et de nourriture, d'après le Grand Dictionnaire biblique. Mais ils pouvaient aussi être faits de briques comme ceux que l'on rencontrait dans le temple de Megiddo à l'âge du Bronze moyen (2200-1550). Ceux-ci étaient faits de briques et de pierres plâtres.

Mais ces autels pouvaient en plus être faits de métaux particuliers comme ceux que l'on rencontre dans le tabernacle de Moïse. (Ex. 20 : 24-26). L'autel représente des lieux de rencontre, voire d'alliance avec Dieu. Si donc le Dieu des juifs, Seigneur de l'univers, doit réparer comme il l'avait promis à Esaïe, la cabane délabrée de l'Afrique, cela ne saurait se produire ailleurs que là où se trouve l'autel. Cet autel est pour l'essentiel construit en matériau dur, car il doit subir en permanence l'épreuve du feu.

Deux éléments l'accompagnent absolument ; il s'agit de l'eau et du bois. L'eau pour le nettoyage à la fois des victimes et des ustensiles sacrificiels. C'est pour cette raison que l'autel des holocaustes dans le temple de Salomon est assorti d'un foyer et d'une cuve d'eau en airain en contrebas.

Dans la vision du torrent sortant du temple, le prophète Ézéchiel décrit un temple surplombé d'un autel sous lequel coule un torrent qui devient une rivière bordée d'arbres de part en part. Ces indications nous aideront à comprendre le fait que l'autel soit situé au milieu du « pays d'Égypte » autrement dit l'Afrique centrale, région du continent où l'on rencontre de l'eau et du bois en quantité. Cela nous permet de soutenir que nous sommes en Afrique centrale, en présence d'un autel tout naturel.

C'est donc ici que l'on devra offrir les sacrifices nécessaires à la guérison du peuple noir. C'est d'ici en effet, que partira le feu de la restauration du continent noir. Mais encore faut-il que le sauveur soit trouvé. C'est-à-dire, l'homme providentiel annoncé par Esaïe.

Les rites sacrificiels même dans la religion africaine se font selon des cérémonials hyper réglés. L'opérateur principal ou prêtre dans la terminologie hébraïque, est un homme aux qualités exceptionnelles. Le prêtre Aaron et ses enfants par exemple, était mis à part pour l'exercice du sacerdoce. C'est-à-dire que ceux-ci avaient pour fonction de réconcilier le peuple d'avec Dieu. L'autel marque le début et le lieu de l'alliance de Dieu avec l'homme. Lorsqu'Abraham est appelé au service d'Adonaï, il commencera par construire un autel pour marquer son alliance avec Dieu, mais aussi pour sceller son accord au projet de Dieu. (Genèse.12 : 8) Jacob fera autant suite à sa rencontre avec l'ange de l'Éternel. Jacob avait noué une alliance avec Adonaï à partir de son nom nouveau. De retour à Canaan, cela est scellé par un autel (Genèse.33 : 8). L'Éternel appelle l'Égypte : « ***Mon peuple*** » au verset 25 d'Esaie19. Expression consacrée jusqu'ici à Israël et à Israël seul, en vertu de l'alliance que Dieu avait avec ce peuple tout à part. Le fait que Dieu appelle l'Égypte (entendez l'Afrique), son peuple, introduit nécessairement un rapport nouveau entre Adonaï et les nations, en particulier le peuple africain (c'est-à-dire le peuple qui habitait l'Égypte du temps du prophète Esaïe, et plus particulièrement le peuple noir. Si tant est que les Égyptiens étaient des Noirs comme nous nous attelons à le montrer par ces travaux. C'est là une des plus grandes vérités de la Bible sur l'Afrique. Le fait qu'un peuple si méprisé parmi les nations puisse être adopté comme le peuple de Dieu, en lieu et place d'Israël, est une grande première, quoiqu'annoncé depuis le livre de Deutéronome.

Comment construire l'autel

Il s'agit ici, non d'un autel matériel, mais d'un autel spirituel. La construction de l'autel se fera donc par la restauration du culte, et de la prédication. Le culte peut-être défini comme l'expression de notre dévotion à l'égard de Dieu. D'après Alexandre Vinet, la différence entre le culte et la prédication consiste en ce que le culte s'adresse à Dieu, tandis que la prédication consiste en un exposé des vérités divines. La prédication s'adresse donc à l'homme. La construction de l'autel implique en conséquence les deux volets : l'homme et Dieu. Pour que l'Afrique centrale entre dans sa fonction leader en Afrique, au nom de l'alliance spécifique qui sera conclue entre l'Éternel et le continent noir, la construction de l'autel sera un préalable indissociable. L'Afrique aura alors, fort de cette alliance, une telle connaissance approfondie de Dieu que cela finirait par impacter notre façon de présenter et de célébrer Dieu. L'Église en Afrique centrale doit s'attendre à des mutations profondes à cet effet. C'est tout l'enjeu du concept autel évoqué par Esaïe. L'autel devrait donc être bâti en Afrique centrale conformément à la prophétie. Cela se ferait à partir d'un réveil spirituel qui devra embraser le continent depuis l'Afrique centrale. La question du lieu géographique de l'autel avait été réglée à la fois par le prophète Sophonie, mais surtout par Esaïe qui déclare sans ambages que l'autel devrait être au milieu du pays d'Égypte, c'est-à-dire au centre de l'Afrique (Esaïe 19 : 19). Cela est donc non seulement conforme à la prophétie de le soutenir, mais aussi conforme à l'histoire.

D'après les monographies tirées des profondeurs des pyramides d'Égypte en effet, le centre de l'Afrique a toujours été la demeure d'origine des dieux égyptiens. Il y a de quoi admettre que le coup fatal qui eut raison de l'esprit de l'Égypte serait parti du centre du continent. Car, il fallut que le peuple noir fût tué spirituellement avant de pouvoir l'anéantir matériellement comme nous venons de le voir avec Cheikh Anta Diop. Quand l'Éternel descendit en Égypte pour sévir, les dieux de l'Égypte étaient sa première cible d'après le texte d'Esaïe 19 : 1. C'est peut-être pour cela que le peuple qui habite cette partie du continent paraît être le plus maudit de tous les peuples d'Afrique. On dirait que ces peuples d'Afrique centrale ne savent pas ce qu'il convient de faire de leurs innombrables richesses.

En se penchant sur les parois de la pyramide d'Ounas, un égyptologue du nom d'Amélineau y relèvera à son tour les écriteaux suivants : « Le ciel se fond en eau, où le ciel parle et la terre tremble »[81]. Il y a ici, une grande vérité qui révélera bientôt le rôle dynamique que va jouer l'Afrique centrale dans le relèvement africain. En effet, « en Égypte il ne pleut presque pas » dira Cheikh Anta Diop. Il s'agit vraisemblablement ici, des réminiscences des scènes ou réalités d'origine équatoriales. Des scènes qui révèlent l'Afrique équatoriale au cœur des enjeux égyptologiques. « On comprend mieux aussi pourquoi le terme Égyptien qui désigne la royauté ; signifie étymologiquement : [l'homme] qui vient du Sud » [le professeur fait des signes hiéroglyphiques de nature inintelligibles pour le non-initié], mais qui veulent dire : ce qui appartient au Sud, c'est-à-dire, le roi de l'Égypte...). **Maintenant, on comprend mieux pourquoi l'Égyptien s'oriente par réflexe vers le Sud, le cœur de l'Afrique, pays de ses origines, pays de ses ancêtres pays des dieux**, comme le musulman s'oriente aujourd'hui vers la Mecque. C'est pour cela que la main droite désigne l'Ouest et la main gauche l'Est. Il ne s'agissait donc pas comme l'avait supposé Naville, d'une marche vers le sud, supposant une origine nordique des anciens Égyptiens. Les dieux Égyptiens eux-mêmes, le dieu Min en particulier, faisaient ce retour symbolique vers le sud : le dieu était sorti et on le promenait quelque temps vers le sud, puis on le ramenait dans son sanctuaire »[82]. Cela peut aussi expliquer pourquoi le tout premier roi chrétien d'Afrique devait être un ressortissant d'Afrique centrale, un Kongolais pour être précis. Il s'agit du Mani-Congo, c'est-à-dire le seigneur de Kongo.

81 Émile Amélineau, *Prolégomènes à l'étude de la religion égyptienne*, Ernest Leroux, Paris, 1908, pp.133-134.
82 Cheikh Anta Diop, *Civilisation ou Barbarie*, Editions Présence Africaine, Paris, 1981, pp.136-138.

Sans exclure un foyer nègre de l'intérieur de l'Asie (Chamito-sémitique), en considération des thèses bibliques, l'émigration du peuple égyptien à partir du centre de l'Afrique nous paraît nettement plus plausible. Dans la mesure où le récit d'Amélinaeu que nous venons de mentionner se marie parfaitement avec l'itinéraire décrit par le prophète Ézéchiel.

D'après Ézéchiel en effet, une fois les Égyptiens dispersés, Dieu devait les ramener vers le pays de Patrhos, pays de leur origine. Il s'avère que ce pays de Patrhos se trouve situé en haute Égypte, c'est-à-dire au sud de l'Égypte. Pour cette raison précise certaines versions de la Bible comme la Tob, mentionnent directement pays du sud en lieu et place de Patrhos. D'après ce texte, les Égyptiens viennent de l'intérieur de l'Afrique, autrement dit des régions au sud de l'Égypte actuelle. (Ézéchiel 29 : 14-15). Ceci est conforté par la géographie de la région.

En effet, si l'Égypte doit sa vie au Nil, ce fleuve prend une de ces sources dans la région des Grands Lacs en Afrique centrale. Ainsi que nous venons de le soutenir sur la base de notre toute première illustration, on peut penser que le cours du Nil blanc ait pu conduire les peuples du cœur de l'Afrique pour s'établir sur cette terre que l'on appellera Égypte. Par conséquent, il est tout indiqué que l'élan de restauration du continent parte du centre, le lieu d'où serait partie la malédiction, le lieu où se trouve potentiellement l'autel de la réconciliation entre Dieu et l'homme africain. On peut à présent comprendre pourquoi cette partie du continent a jusqu'ici résisté à l'islamisation de l'Afrique, entreprise depuis plusieurs siècles. Il s'agit ici, d'un domaine réservé comme qui dirait.

Tout semblait sourire à Aboubakar Chékaou tant que celui-ci se contentait de mener ses opérations dans les contours territoriaux du Nigéria. Dès lors que Boko Haram s'attaqua aux pays d'Afrique centrale, c'est-à-dire le Cameroun et le Tchad, le décompte de sa survie était mis en marche. J'avais déclaré à Alexis, un ami avec qui nous partageons cette passion sur l'Afrique, que les jours de cette organisation étaient comptés. L'aventure de Céléka n'a guère été meilleure en Centrafrique. Pour les mêmes raisons, nombre d'observateurs avertis pensent que l'ambitieux projet de construction de la plus grande mosquée d'Afrique centrale au Congo Brazzaville est voué à l'échec. Ce projet concocté par le guide libyen Mouammar Kadhafi, repris par une des pétromonarchies des émirats arabes, végète désormais dans les oubliettes de l'agenda architectural du Congo, alors que les fonds sont disponibles, les travaux entamés.

L'Afrique centrale est assurément un foyer potentiel de réveil de portée mondiale. Comme le soutenait le professeur Cheikh Anta Diop, cette partie du continent offre en effet, toutes les conditions sinon presque, pour le lancement d'une industrialisation à l'échelle du continent, voire au-delà. L'Afrique centrale est-il besoin de le rappeler, est arrosée de plusieurs cours d'eau dont le fleuve Congo, le plus puissant au monde après l'Amazone. Les opportunités agricoles sont telles que cette partie du continent peut à elle seule nourrir toute l'Afrique. Mais, cela va sans dire, ce n'est pas la zone la moins comblée en termes de matières premières, sur tout le continent. Les populations habitant cette partie de l'Afrique sont donc interpellées à plus d'un titre quant au rôle combien précieux qui leur incombe.

D'après Cheikh Anta Diop s'appuyant sur les travaux de Naville, égyptologue d'origine suisse, sous les temps antiques les astrologues égyptiens avaient prédit l'avènement d'une grande étoile en Afrique centrale.

Les études du professeur Lafond sur la question iront dans le même sens.

Au XIIe siècle, ce sont les francs-maçons catholiques qui percevront à leur tour, une étoile sur cette même partie du globe. L'Occident se montrera dès lors, particulièrement attentif sur l'évolution de cette partie du continent africain pour des raisons d'ordre stratégique. C'est ainsi que le martyre de Kimpa Vita, brûlée vive, celui des saints de l'Ouganda dont un certain Kizito, lui aussi brûlé vif le 3 juin 1886 et l'emprisonnement fatal de Simon Kimbangu, mort en prison le 12 octobre 1951, seront mis à l'actif des milieux franc-maçonniques européens. Au regard de la cruauté avec laquelle ces crimes seront perpétrés, tout laisse penser que le mobile de ces actes odieux était à situer au-delà des banals faits qui leur seront reprochés. Voici par exemple le contenu de l'interrogatoire que subiront Simon Kimbangu et ses collaborateurs, lors de cette audience de guerre qui le mènera à la mort. Le commandant de Rossi, en juge président du conseil de guerre, posera les questions que voici :

« De Rossi : Kimbangu, reconnaissez-vous avoir organisé un soulèvement contre le gouvernement colonial et avoir qualifié les blancs, vos bienfaiteurs d'ennemis abominables ?

Kimbangu : je n'ai créé aucun soulèvement, ni contre les blancs ni contre le gouvernement colonial, je me suis borné à prêcher au nom de Dieu.

De Rossi : es-tu le Mvuluzi ?

Kimbangu : Oui !

De Rossi : as-tu ressuscité les morts ?

Kimbangu : Oui !

De Rossi : comment as-tu fait ?

Kimbangu : par la puissance de Dieu le père créateur.

De Rossi : on vous a entendu dire que les blancs deviendront les noirs et les noirs deviendront les blancs, n'est-ce pas la preuve de vos intentions de chasser tous les blancs de la colonie ?

Kimbangu : cette phrase signifie, situ crois à Dieu le père créateur et son envoyé, ton âme sera blanchie de tous ses péchés.

De Rossi : les collaborateurs, présentez-vous à la barre et déclinez vos identités en vous faisant aider d'un témoin. (Les collaborateurs de Kimbangu se sont présentés à la barre devant le commandant De Rossi.)

De Rossi : que pouvez-vous dire de ces soi-disant miracles qu'aurait opérés votre maître ?

R/ ces miracles avaient effectivement eu lieu et nous sommes des témoins oculaires. »

Le commandant De Rossi rendit le verdict et condamna Kimbangu à la peine capitale tandis que, ZolaMatufueni, Lenga, Nkelani-John, Batoba-Samson, Batoba-David, et Malaeka-Sosthène furent condamnés aux travaux forcés à perpétuité, les autres coaccusés reçurent des peines allant de deux à dix ans d'emprisonnement.

Simon Kimbangu

Est-il raisonnable de condamner une personne à la peine capitale sur la base des faits sus mentionnés ? Certes non ! En effet, Kimbangu était dans le collimateur des francs-maçons catholiques dont nous venons de faire mention avant même que celui-ci ne fût né. Car, on ne saurait comprendre que les Occidentaux reprochent à celui-ci de prêcher l'Évangile, alors même que c'est eux qui ont fait de lui un catéchiste ; donc un prédicateur de l'Évangile qu'ils eurent raison de voir en cet homme aux charismes bien particuliers. L'Afrique centrale est dès lors, l'objet d'une surveillance soutenue de la part des milieux occidentaux dits éclairés jusqu'à nos jours. La déclaration de Monsieur Henry Berry, Sénateur américain de l'État de Virginie, en 1832 devant la chambre des délégués, est édifiante à plus d'un titre :

« Autant que cela fût possible, nous avons fermé chaque passage par lequel la lumière pouvait entrer dans la pensée de l'esclave. Si nous avions pu éteindre la capacité même de voir la lumière, notre travail aurait été complet. Ils seraient alors au niveau de la bête des champs et nous aurions été saufs », rapporte Luc Daniel Adamo Mateta.[83]En tuant nos prophètes, l'Occident s'est avisé d'éteindre la moindre lumière qui aurait pu émanciper les peuples africains. De cette manière, ils étaient sûrs de maintenir l'homme africain dans les fers de la servitude. Mais s'ils sont parvenus par ces méthodes à anéantir nos héros, il en va autrement de l'auréole qui environnait ceux-ci.

Peu avant la fin du XXe siècle en effet, des évangélistes américains ont vu la même lumière sur l'Afrique centrale. Tommy Osborne, Roger Oustma et Maurice Cérulo comptent entre autres, parmi les hommes de Dieu les plus il-

83 Luc Daniel Adamo Mateta, *Réflexion pour une Afrique nouvelle*, Editions Paari, Paris, 2006, p.86.

lustres des États-Unis d'Amérique, qui sont venus en Afrique centrale attester de ce que cette sous-région était le creuset d'un bouillonnement évangélique de portée mondiale. Terminant son ministère, Osborne avait par exemple tenu à Brazzaville, au mois de juin 2002, une grande réunion *interdénominationnelle* en la paroisse évangélique de Makélékélé, où celui-ci exhorta les peuples d'Afrique centrale à se préparer à jouer un rôle de premier plan dans l'évangélisation du monde. Au mois de septembre 2006, Maurice Cérulo, un autre grand homme de Dieu des USA, fit autant lors d'une réunion au gymnase de Ouenzé à Brazzaville pendant laquelle il martelait sans cesse : « Maintenant c'est votre temps ! ». Roger Oustma est quant à lui, celui qui n'ayant pu persuader le bon Dieu de détourner cette lumière sur l'Afrique en faveur de l'Amérique, au nom de sa « mission mondiale », dut se résoudre à faire construire un institut biblique pour aider les hommes de Dieu de l'Afrique centrale à gérer cette grâce particulière. Telle est l'histoire de l'I.B.C (Institut Biblique de Brazzaville). Mais, au regard des querelles qui caractérisent encore si fortement les rapports entre certains dirigeants et États d'Afrique centrale encore si aveuglés, l'Église sur cette partie du continent a plus que jamais la mission de trompeter le message du réveil afin d'espérer le ressaisissement de ces peuples sur qui repose l'avenir de notre planète, si nous avons bien compris Esaïe.

La prédication : la trompette

Une trompette est un instrument à vent qui sert à produire des notes de musique avec une certaine puissance, du fait de son écho. L'évocation de la trompette peut donc être une allusion de l'adoration de notre Dieu. Car, l'adoration fait partie des offices de l'autel quant à son objet. Mais, ici, il s'agit davantage de la prédication, au-delà de l'adoration. Cette prédication à deux volets sera orientée vers l'Église comme nous l'avons montré d'entrée de jeu, mais aussi à l'endroit des non atteints par l'Évangile, qui demeurent encore trop nombreux pour que Jésus puisse déjà revenir. Les rapports de missiologues établissent en effet que le monde compte encore des milliards de non convertis. Cette population de non atteints est une cible de choix que doit viser l'Église par ces temps eschatologiques. Par ailleurs, une fois réveillés, les chrétiens doivent à la fois veiller sur leur propre salut dans l'attente de l'Époux, et assurer les meilleurs soins aux convertis qui seront versés à l'Église. Dans la très longue attente du retour du Seigneur, l'Église, comme nous l'enseigne le Christ dans la parabole des vierges (Math. 25), s'est assoupie. Le réveil fait donc partie des nécessités prophétiques de notre temps et des choix stratégiques de cette génération. C'est là une des fonctions de la trompette. Des prédicateurs on dirait « Champignons », poussent dans l'Église aujourd'hui. Le mercantilisme pastoral est même devenu la marque déposée de l'Église africaine. Le désordre est tel qu'il serait hasardeux de se lancer dans ce qu'il va falloir qualifier de bataille des guerriers des derniers jours. La restauration de l'autel devient une nécessité. Et c'est là une fonction de la trompette.

Une Église qui célèbre le mariage homosexuel par exemple, devrait-elle faire de la conversion des musulmans une priorité ? Certes, les musulmans ont besoin d'être sauvés. Mais ces musulmans eux, jeûnent pour la conversion des pasteurs homosexuels de plus en plus nombreux. Il incombe pourtant aux chrétiens d'Afrique, « poumon spirituel du monde » aujourd'hui, de proclamer la restauration de l'Église à l'échelle de la planète. À ce titre, Esaïe déclare en effet, nous venons de le voir, que la terre entière aura le regard tourné vers le centre de l'Afrique pour écouter la trompette qui retentit. Il est vrai, l'on ne peut pas dire que l'Église sous la gouverne de l'Occident, ait échoué dans l'évangélisation du monde. Dans la mesure où les chrétiens constituent la plus grande force religieuse au monde à ce jour, juste devant les musulmans.

Mais, au regard des progrès de l'impiété dans le monde, on ne saurait dire non plus de l'Église qu'elle prend réellement le dessus. Il est donc question de revisiter les stratégies d'évangélisation qui ont cours dans le monde jusqu'ici, si les chrétiens tiennent à gagner la partie devant la montée irrésistible de l'islam d'une part, et eu égard à la perversion satanique du monde d'autre part. Le fait est que l'Afrique ignore lamentablement la tâche qui lui incombe urgemment aujourd'hui. Les Africains attendent encore l'Occident, alors que les Occidentaux eux, ont de bonnes raisons de s'attendre au réveil de l'Église à partir de l'Afrique aujourd'hui. Seulement, voilà, l'adversaire des chrétiens aura entre temps gagné du terrain. Il a miné l'Église, détruit la famille et déstructuré l'école. Quant à l'appareil de l'État, il en a fait son marchepied. Depuis l'institution de la laïcité de l'État, consécutive à la fin des monarchies en Europe, l'Église a perdu le contrôle effectif du rouage social, de la même manière que le contrôle réel d'Israël avait « échappé » à l'Éternel d'une certaine manière, à un moment donné de l'histoire. Des entités sataniques assez organisées gouvernent le monde en imposant leur ordre et leur règne à un tel point qu'on se demande par où est passé le règne de Dieu. Où est passée la clé remise à Pierre par Jésus ? Tel est l'état des choses au moment où l'Afrique s'apprête à passer à l'action.

Réaliser la prophétie de Matthieu 21 : 43 est un véritable challenge pour un continent qui a perdu tous les repères de sa propre histoire. Car, si Israël, le peuple élu de Dieu a brillamment échoué dans sa mission royale, il y a légitimement lieu de se demander comment un peuple trié sur le volet, troublé en plus dans sa mémoire comme l'est la nation nègre, peut-il parvenir à combler le cœur d'un Dieu qui leur est presque inconnu. Nous savons en effet comment depuis Abraham, les Sémites ont noué alliance sur alliance avec Adonaï qu'ils connaissaient intimement. Cela se vérifie par le fait que ceux-ci appellent l'Éternel par ses différents noms, selon ses différents attributs. Dieu de paix ; le Dieu qui pourvoit, le Dieu de paix qui fait justice ; le Dieu présent ; le Dieu qui guérit, etc. Les Africains ont tout au plus une idée vague d'un Dieu en qui ils croient points et yeux fermés. Une alliance entre Adonaï et l'Afrique sera donc primordiale. Ce qui donnera à la prophétie d'Esaïe 19 : 25, faisant de l'Égypte, c'est-à-dire l'Afrique, le peuple de Dieu, toute sa substance. Le réveil africain sera donc une conséquence du réveil de l'Église à la suite du réveil islamique. Et l'Église d'Afrique centrale nous l'avons dit, a la responsabilité de déclencher ce réveil attendu.

Autel de prière

Il est vrai, la restauration du culte en Afrique se fera pour l'essentiel par l'enseignement de la parole authentique et de la prédication, vecteur essentiel de l'édification du peuple pour le témoignage. Mais le rôle de la prière ne sera pas moins déterminant pour cela. Nous l'avons montré, la prédication s'adresse à l'homme, alors que dans la perspective du réveil de l'Église africaine, l'intervention du divin est fondamentale. La prière reste en la matière le principal recours comme dans l'épisode des ossements desséchés dont parle le texte d'Ézéchiel au chapitre 37. À la lecture de ce passage biblique, le prophète ne se contentera pas de proclamer la parole. En plus, il lui sera recommandé d'invoquer le Saint-Esprit pour redonner vie aux ossements desséchés. Le continent tout entier devra désormais être entouré par une ceinture d'intercession en faveur de l'Église et des gouvernements. C'est là, un des paramètres déterminant de la restauration du continent africain.

Une nouvelle semence d'hommes : les nouveaux bâtisseurs

Il ya un temps pour chaque chose et des hommes pour chaque temps. Il est en effet, des défis que seuls des hommes bien particuliers peuvent relever. Ceux du continent noir, en ce troisième millénaire commençant, relèvent d'une génération de nouveaux bâtisseurs.

D'après le chanteur Jamaïcain Jimmy Cliff, le monde traverse en ce troisième millénaire commençant, une période de transition selon le calendrier égyptien. Le calendrier des Mayas établit quant à lui, le passage d'une époque à une autre en cette année 2012. Le monde est en effet entré dans une ère nouvelle. Nous trouvons cela conforme au chronogramme qui nous tenons sur les étapes du relèvement du continent noir, à partir des années 60.

D'après ce calendrier que nous avons déjà rendu disponible dans nos publications antérieures, depuis l'année 1960, jusqu'à l'année 2002, nous devons compter un total de 42 ans. 42 ans de tâtonnements, 42 ans d'aliénation, 42 ans de surplace pratiquement dans tous les domaines de la vie des peuples africains. Mais à partir de 2002 commençait une phase de transition caractérisée par le repos ; c'est-à-dire une période préliminaire à la phase de relance ou de restauration qui a cours depuis l'année 2010. Que l'on ne s'y méprenne pas, l'Afrique est entrée dans une phase irrévocable de sa restauration. L'idéogramme d'une Afrique nouvelle est en cours de réalisation.

Mais il faut bien qu'un pays commence à s'illustrer en leader et montre le chemin aux autres. De l'avis du prophète Simon Kimbangu, d'après les témoignages recueillis, le Congo Brazzaville représenterait l'angle à partir duquel les fondements spirituels de la nouvelle Afrique seront bâtis. Par conséquent, ce qui se conçoit à Brazzaville dans une perspective pan africaine est pédagogique à plus d'un titre. L'histoire de la France ne démentira pas cette assertion. C'est une vérité qui a en effet été davantage intériorisée sur le plan laïc que prophétique. Les hommes d'État à la tête du Congo ont de tout temps, donné de manière presque naturelle, à ce pays, de jouer une partition continentale surprenante, au regard de la stature de ce modeste pays de 342.000 km^2 et de quelques 3.000.000 d'habitants.

Le Congo aura été un acteur de premier plan dans les mouvements de libération qui se déclencheront ici et là en Afrique, dans le sillage des indépendances africaines. Des pays comme la Namibie ou l'Angola, et d'une certaine manière l'Afrique du Sud, doivent particulièrement leur indépendance au Congo Brazzaville. C'est à Brazzaville que le général de Gaulle tiendra la conférence dite de Brazzaville, là où seront proclamées les indépendances des colonies françaises d'Afrique. Tous les pays impliqués se sont retrouvés dans la capitale congolaise autour du général de Gaulle pour être fixés sur leur sort. De plus, lorsqu'en 1965 la jeunesse sportive africaine décide de se réunir, ce sera encore à Brazzaville qu'auront lieu les premiers jeux africains. Sur le plan mondial, le rôle de ce petit pays ne sera pas des moindres.

Lorsque Brazzaville est érigée en capitale de la France assiégée par les troupes allemandes, c'est là, à Brazzaville, au bord du puissant fleuve Congo que l'homme d'État français prendra ses marques avant de se résoudre à des décisions qui seront d'un impact déterminant sur le cours de l'histoire du monde. Les troupes parties de la capitale de l'A.E.F auront raison de celles de l'axe. Brazzaville qui dispose d'une radio ondes courtes, jouera donc un rôle déterminant quant à l'issue de la Seconde Guerre mondiale.

On aurait pu rallonger la liste. Brazzaville est réellement la capitale des causes africaines. Le défenseur de la cause prolétarienne que fut le Bolivarien Roberto Guevara dit le Che, dut s'en rendre compte lorsque, réalisant sa tournée en Afrique, l'étape de Brazzaville donna un essor particulier à sa mission, de son avis propre. En tant que souverain de l'histoire, Dieu nous parle aussi à travers la nature et les événements de l'actualité. C'est ce que l'on appelle en systématique, la révélation générale. Il est vrai, la Bible ne mentionne pas le Congo Brazzaville comme tel. Mais en cherchant en Afrique centrale, à travers l'histoire, le Congo Brazzaville qui se situe sur la rive droite du puissant fleuve Congo, se présente sans contredit comme un pays, aux atouts historiques propres au pays leader qui devra impulser l'élan de restauration que l'Afrique attend depuis l'Afrique centrale.

Cependant, cette phase de restauration ne produira ces pleins effets qu'avec l'intervention d'une nouvelle génération d'acteurs religieux, scientifiques, économiques, culturels, sociaux et politiques. Cette nouvelle semence d'hommes seule a le secret du défi africain : prendre l'avant-garde de la marche de l'histoire. Le discours du président français François Hollande lors du sommet de la francophonie tenu à Kinshasa courant octobre 2012 ne nous démentira pas. « L'avenir du monde, déclare en substance l'homme d'Etat français, se jouera ici en Afrique. » Mais il s'agit d'agir en acteur d'avant-garde, de manière à impacter le réel du sort actuel de l'homme à la face du monde. L'heure n'est donc plus à la critique simpliste des acteurs politiques, encore moins à la stigmatisation systématique du colonisateur que l'on veut rendre responsable de tous les maux qui minent l'Afrique. Le temps est à l'action. Il s'agit d'agir selon le paradigme défini par le prophète Esaïe. À savoir : agir en sauveur d'une part, et en défenseur de l'autre. Ce qui dans la société Égyptienne correspond au double volet initiatique et élitiste, c'est-à – dire, une démarche qui imbrique à la fois l'intemporel et le temporel. Ce sont là, les deux vecteurs de l'élévation pyramidale. « La civilisation égyptienne était initiatique et élitiste : la franc-maçonnerie moderne, issue d'elle, est la dénaturation abusive de son modèle », [84]fait constater Cheikh Anta Diop.

Après la faillite des francs-maçons, déjà constatée par le professeur Cheikh Anta Diop, responsable de la plupart des conflits qui minent notre continent aujourd'hui, il ne nous reste plus qu'à opérer un retour réel vers le Dieu de l'univers, parlant du premier paramètre de la restauration à savoir l'autel et le sauveur. Il s'agit de donner à l'Afrique renaissante, une superstructure spirituelle qui assurera une fondation stable à la nouvelle Afrique. La jeunesse chrétienne, la génération des nouveaux bâtisseurs en particu-

84 Cheikh Anta Diop, *Civilisation ou Barbarie*, Op. Cit, p.422.

lier, est à cet égard, interpelée à plus d'un titre. L'étendard, voilà le nom biblique de cette génération qui fera en sorte que le monde entier ait le regard tourné vers le continent, selon Esaïe. La spiritualité ésotérique qui est au service de l'impérialisme occidental est un des maillons puissants de l'eurocentrisme. Cette spiritualité empoisonnée est en fait, à travers ses différentes obédiences, l'une des causes responsables de l'atonie de l'élite africaine. Par conséquent, la renaissance africaine devait commencer par ici. La liberté de ton et d'action qui devait caractériser l'intelligentsia africaine est désormais diluée dans des cercles de filiation occulte où les grands professeurs de nos cités universitaires, en bons disciples, sont conseillés par des gourous qu'ils auraient dû en réalité conseiller eux. Un des dogmes de ces sphères dites philosophiques, c'est la loi du silence. Alors le silence prévaudra aussi longtemps que nous serons dans cette inversion des rôles. Or, il n'y a pas de liberté sans esprit critique. Et il n'y aura pas de développement sans liberté de penser. Par conséquent, l'entrée en scène d'une nouvelle élite de bâtisseurs devient une nécessité de développement. La vieille élite étant, au-delà de l'obsession de l'enrichissement qui l'étreint, engourdie par une psychorigidité séculaire, de même qu'une spiritualité euro centriste, donc nocive. Lorsque, réalisant le danger, certains d'entre eux ont fini par ouvrir des obédiences occultes africaines, ce qui est une volonté de rupture louable, c'est pour glisser malheureusement dans des considérations animistes. Ce serait agir sans avoir compris la reine du Midi. C'est opérer un retour de plusieurs siècles en arrière sur l'itinéraire de notre histoire. Serais-je très dur ? Alors c'est à considérer comme les bistouris du chirurgien qui doit déchirer le corps pour soigner le malade.

Sur le plan intemporel donc, cela relève plutôt de l'élite chrétienne de se mettre en évidence. Autrement dit, il revient à la « génération étendard », dont parle Esaïe, de relever le défi africain. L'étendard c'est l'enseigne par laquelle une écurie, une équipe ou une armée se distingue. Dans la Bible par exemple, Dieu s'est défini comme un étendard, lorsqu'il devait aller combattre pour Israël son peuple : YHWH NISSI.L'étendard que le prophète Esaïe aperçoit sur les montagnes, quelque part en Afrique, annonce en conséquence le réveil et le triomphe d'un peuple en mouvement, à partir d'une génération de vainqueurs. L'étendard s'est pour ainsi dire, le symbole à la fois de l'audace, de la vélocité et du triomphe. Cette armée de vainqueurs, d'une certaine manière sur pied de guerre, qui va relever les défis de ce millénaire, concerne essentiellement une génération bien déterminée. Une génération caractérisée par l'intelligence, la force, la sagesse et la vélocité. Car, il est question de se mettre en marche ainsi qu'il convient à une armée sur le champ de bataille. Cette génération se lèvera donc avec l'Esprit et la force de l'Éternel. C'est donc ici, pour le continent, la matérialisation du sec que Moise décrit en Genèse.

Le portrait physique de cette génération étendard devient aisé à décrire dès l'instant qu'il est question de force et de vélocité. Cette génération sera pour ainsi dire, caractérisée par sa fraicheur. Il s'agit pour être précis, du peuple né pendant la marche, dans le désert africain des années 60, jusqu'à l'année 2009. Un désert long de 49 ans. C'est à cette génération à laquelle appartient le président Obama, du moins d'un point de vue temporel, qu'il incombe d'enclencher le réveil africain. Il s'agit de proclamer « l'Église du royaume. »

Il sera édifiant d'écouter ce que déclare à ce sujet Derek Prince, missiologue américain, lorsque, parlant de la dernière grande tâche, celui-ci déclare :

« L'Épopée de cet âge ne sera pas amenée par les actions d'un gouvernement ou d'une puissance militaire, ni par les flots de tromperie et d'anarchie sataniques. L'activité décisive finale sera la prédication de l'Évangile du royaume »[85]. Cette tâche ne peut être accomplie que par l'Église soutient Derek Prince. L'Évangile du royaume est fait de la réponse que le Christ donne à la question de ses disciples, à savoir quel signe annoncera la fin ? Le Maître répondit par une périphrase avant de préciser : lorsque l'Évangile du royaume aura été prêché dans le monde entier et dans toutes les nations.

L'Évangile du royaume se distingue de celui qui a succédé à celui des premiers âges de l'Église, et qui a cours jusqu'à nos jours. Un Évangile édulcoré du fait des compromis multiples avec le monde. Un Évangile qui aura donc perdu toute sa substance royale. En effet, la parole du roi se caractérisait autrefois par sa force irrévocable : sa puissance. C'est ce que stipule le texte de l'Ecclésiaste 8 : 4. Il est donc question de donner à l'Évangile du royaume comme le soutient la DD dans son ouvrage portant le même titre (c'est-à-dire l'Évangile du royaume), toute l'autorité et la puissance du Roi. En d'autres termes, il sera accompagné des signes et des prodiges authentiques et non préfabriqués, donnant l'image d'une Église au témoignage minable et douteux. C'est donc la raison pour laquelle la génération qui incarne cette ère paraît sous le signe de l'Étendard, symbole de force et de puissance, nous l'avons dit. Le Saint-Esprit agira en conséquence selon la promesse de l'arrière-saison qui avait été faite par Joël.

En effet, autant les saints apôtres ont bénéficié des atouts de la pluie de l'avant-saison pour bâtir la toute pre-

---

83 Derek Prince, *Comment façonner l'histoire par la prière et le jeûne*, Éd. DPM, p. 156.

mière Église, autant cette génération jouira de la fraîcheur de la dernière pluie pour bâtir le second temple. C'est-à-dire, l'Église du temps de la fin. C'est donc avec cette portion du Saint-Esprit en réserve que la génération de nouveaux bâtisseurs se mettra en action. C'est alors que l'Évangile atteindra toute la terre et toutes les nations, usant des atouts de la science et des technologies modernes. La puissance sera donc un des traits distinctifs de cette génération. Nul doute que c'est là, une des raisons pour lesquelles le Seigneur de la terre ait tiré cette génération des peuples d'au-delà des fleuves d'Éthiopie. Symbolisés par les montagnes, ces peuples ont la puissance pour trait principal, d'après Esaïe (Esaïe 18 : 7).

Soit dit en passant, lorsque l'émérite explorateur portugais Diégo Câo fit la découverte de l'estuaire du fleuve Congo, celui-ci est impressionné par un fait : la puissance des flots charriés par ce fleuve. « Il rapporta que ce fleuve était si puissant que ses eaux chargées de limon décoloraient l'Océan à de nombreux milles du rivage »[86]. Arrêtez-vous un tant soit peu sur cette image.

Diego Cao est un des explorateurs les plus férus de son époque. Les fleuves il en a vu dans sa vie de navigateur. Si donc il se laisse impressionner à ce point par le Congo, c'est bien parce, qu'au nombre des fleuves que compte le monde, celui-ci avait quelque chose de bien particulier. Plutôt que de se diluer dans l'Atlantique, le Congo impose ses couleurs à l'Océan qui est tout de même une représentation du monde. C'est un langage que les nouvelles générations avec le recul sauront mieux intérioriser que les anciennes générations. Le monde verra bientôt les couleurs et les limons du Congo, annoncés par le prophète Esaïe, huit siècles avant notre ère. Ce texte d'Esaïe 18 : 7

---

86 Bazil Davidson, Op. Cit. p.110.

nous fixe donc sur les enjeux de l'entrée en scène de la reine du Midi. Le prophète déclare en effet que le peuple qui portera l'étendard du royaume aura mission d'arriver sur la montagne des montagnes, c'est-à-dire Israël (Esaïe 2 : 2), avec les chants de triomphe peut-on imaginer, jetant ses armes aux pieds du trône royal. Le prophète Esaïe a vu le spectacle de ce peuple venant d'Afrique, faire des offrandes à l'Éternel. Des Africains, fussent-ils juifs ou Bantous, devenus « des grands » d'après le roi David que nous venons d'évoquer (Ps.68 : 32) ?

Béni soit Adonaï de ce qu'il sera pourvu à la montagne de l'Éternel. Car la proclamation de l'Évangile du royaume nécessitera la mobilisation de ressources importantes sur le plan spirituel, humain, matériel et financier. C'est certainement pour cette raison que l'Éternel promet de remuer le ciel et la terre ferme, afin que les biens enviables des nations viennent à être rendus disponibles pour bâtir le second temple spirituel. Aggée 2 : 9-10. Mais dans Esaïe 60 : 5, une telle disposition était déjà prise. Adonaï a promis à l'Église des guerriers des derniers jours, « les richesses de la mer et le trésor des nations ». La provision spirituelle sera donc doublée de la provision matérielle. Mais au-delà des ressources, il sera question d'une discipline et une organisation d'une rigueur insoupçonnables.

Élever l'Étendard

Tous ceux qui ont pu expérimenter l'autel savent que pour accessoire que soit le feu, celui-ci est un élément fondamental du foyer. C'est ici une image du Saint-Esprit qui rend l'homme propice au ministère. L'Étendard typifie donc le Saint-Esprit qui va élever une génération de jeunes Africains, pour être à l'avant-garde du combat des guerriers du temps de la fin. Il s'agit ici d'une armée de vainqueurs qui partirait en particulier du milieu de l'Afrique, pour la proclamation de l'Évangile du royaume. Une génération de serviteurs de Dieu va en effet se dresser sur le pied de guerre, avec la force et la puissance de la quatrième génération du souffle de l'Esprit de Dieu. Nous l'avons évoqué plus haut, de même que dans les premiers âges de l'Église, l'Église des derniers jours sera couverte d'une onction particulièrement puissante du Saint-Esprit. Car il s'agit plus que jamais de donner toutes les forces dans la bataille pour reconquérir le terrain encore occupé par l'ennemi, et permettre enfin le retour du Roi des rois. C'est ici la manifestation de la double portion que réclama Élisée.[87]

De Guilgal au Jourdain, en passant par Béthel et Jéricho, quatre étapes seront notées comme dans l'histoire des torrents d'Ézéchiel. Mais dans le récit palpitant d'Élisée, la dernière étape est marquée par une manifestation particulièrement puissante de l'Esprit : Élie est enlevé dans un tourbillon. La dernière expérience par la laquelle Élie est enlevé dans un char de feu, est nettement plus épique. Cela est typique de l'arrière-saison dont prophétisa Joël. C'est cette puissance qui devra caractériser les colonnes de la quatrième génération, pour la commission du Sud, faisant suite à celle de l'Orient, du Nord et de L'Occident.

Ces colonnes de renards de Samson, essentiellement constituées de jeunes Africains, devront d'après la prophétie de la Bible, arriver à Jérusalem (Esaïe 18 : 7 ; psaume 68 : 32). Doublée de la puissance de l'arrière-saison, cette génération donnera à l'Évangile un souffle nouveau, jusqu'à ce que la prophétie de Math. 21 : 43 soit accomplie.

87 2Rois 2 : 9-10.

Telle est la fonction de l'autel que les pays du milieu du continent doivent incarner dans la perspective du réveil évangélique qui devrait bientôt se déclencher dans le monde à partir du continent noir. Les islamistes auront alors une réponse à leur furie meurtrière. Tel se définit la responsabilité de la quatrième génération, la génération des nouveaux bâtisseurs. Cependant, la notion d'autel doit être entendue au sens le plus large du temple. C'est-à-dire de l'Église. C'est pourquoi le son de la trompette qu'entend Esaïe doit, lui aussi, partir de cette partie du monde.

Tailler l'étendard

Ceux qui ont vu défiler les armées organisées ont dû remarquer le sceau artistique dont l'étendard est marqué.

L'étendard peut être de forme rectangulaire ou tabloïde, il incarne l'ordre, l'autorité et la puissance. Par conséquent, l'ordre et la discipline doivent caractériser cette génération chargée d'une mission aussi grandiose. Rappelons-nous ce détail de la vie de Josué qui devait prendre tout son temps pour circoncire les mâles nés pendant la marche avant d'aller à la conquête de la terre promise. Le fait même de se hisser sur les montagnes implique des exigences qu'on ne remplira pas toujours par le simple fait d'appartenir à une génération. Il est d'une nation comme d'une maison. L'on ne peut envisager de construire une maison que dans la mesure où nous aurons rassemblé des briques uniformes que l'on disposera les unes sur les autres. On ne saurait construire une maison avec des briques disparates. C'est bien pour cette raison que l'éducation et la culture seront d'un enjeu stratégique majeur pour cette génération. Nous devons avoir en Afrique des programmes scolaires qui soient à la hauteur des défis à relever. L'Afrique a perdu toute idée de civilisation. Le rendez-vous du donner et du recevoir se réduirait alors au simple recevoir pour une servile consommation de la culture des autres. Les programmes scolaires sont de véritables moules sociaux grâce auxquels les Africains pourront se définir une idée de civilisation. La construction d'une université digne de ce nom sera la marque d'un changement de cap substantiel.

En effet, lorsque l'Europe devait s'affranchir de ses antiquités païennes, pour basculer dans le christianisme dominant, la construction de nouvelles universités était le signe caractéristique du changement. Le passage d'une idée de civilisation à un autre impliquant les substrats de la vie culturelle d'un peuple, la filière de l'éducation représente le principal moule par lequel passe la cristallisation de la nouvelle conscience nationale. Dans le cas de l'Afrique, il est question de passer d'une conscience de damnés à une conscience de leaders. C'est tout l'intérêt du combat mené de haute main par le professeur Obenga aujourd'hui. Cela nous permet d'aborder le paramètre élitiste dans le processus du relèvement africain.

Là aussi, l'imaginaire de la jeunesse africaine devra être mis à prix. Après tous les bouleversements que le continent a traversés pendant des siècles, l'Afrique a besoin d'un modèle d'organisation sociale authentique.

Dans un ouvrage à paraître, intitulé : « *C'est fini l'Occident ; la lettre d'un Africain à Barak Obama* », nous faisons remarquer que la démocratie à l'occidentale nous paraît peu appropriée à la société africaine en devenir. L'Afrique ne prendra pas l'avant-garde de la marche de l'histoire en se colletant sur des systèmes de gouvernement ayant échoué là où ils étaient censés produire du succès. On ne saurait décréter la démocratie et soutenir par la suite que ça ne marche pas parce que la démocratie africaine n'a pas suffisamment intégré de femmes et d'homosexuels dans les gouvernements.

Nous avons avant les matières premières et l'argent, besoin d'une élite à la hauteur du défi africain et celui que nous imposent les problèmes du monde moderne. L'Afrique a besoin des sauveurs de la trempe de Kimbangu certes, mais aussi des défenseurs susceptibles de poursuivre l'œuvre de restitution entreprise par cheikh Anta Diop, Senghor, Césaire et les autres, pour mettre fin au charlatanisme, à l'occultisme, au spiritisme et à l'amateurisme qui caractérisent tant l'élite africaine actuelle. Il revient donc à l'élite de nouveaux bâtisseurs de prendre ses responsabilités dans le domaine de la science et des technologies sans la maîtrise desquelles tout le discours de Kimbangu, nous disons bien de Kimbangu et non pas du kimbanguisme, sera réduit à un vœu de piété. Il est question d'opérer une véritable mutation sur le plan épistémologique. C'est le lieu d'indiquer le rôle particulièrement déterminant que doit jouer le système éducatif, depuis la famille à la production, en passant par l'école.

Kwame Nkrumah écrivait : « L'histoire du progrès humain montre que, quand une intelligentsia s'éveille et émerge d'un peuple assujetti, elle devient l'avant-garde de la lutte contre l'occupation étrangère. Il y a une relation de cause à effet entre cette constatation et le fait que les puissances impérialistes ne font pas ce qu'il faut pour que l'instruction se développe normalement dans leurs colonies. Très tôt dans ma carrière, j'ai découvert ce lien, et c'est l'une des principales raisons pour lesquelles j'ai fait de l'enseignement pendant quelque temps. »[88]La conver-

88 Kwame Nkrumah, *L'Afrique Doit S'unir*, Editions Payot, Paris, 1964, p.63.

sion mentale qui demeure un facteur déterminant de qualification de la génération montante passe par l'école. Ce sera la principale raison pour laquelle l'administration coloniale ne s'embarrassa pas d'une filière scolaire adéquate sur le continent sinon à titre utilitaire. Théophile Obenga, à la suite de Cheikh Anta Diop aura eu raison, le paradigme culturel est une des clés du relèvement africain. L'Afrique a besoin du génie inventif pour combattre l'obscurantisme qui caractérise jusqu'ici le plus gros de ses élites. Et cela passe par le moule de l'éducation et de la culture. Le mal africain étant avant tout d'un ordre mental. Les peuples africains doivent prouver à la face du monde qu'ils sont bien les héritiers de ces Égyptiens dont parle l'histoire. Et si nous sommes cette quatrième génération dont avait parlé Simon Kimbangu, nous devrions être à même de relever le défi de l'Afrique noire maintenant. Nous avons dit maintenant ! Mais, la faillite morale et éthique des institutions politiques sur le continent place la structure étatique dans une position bien fragile face à un tel défi.

Chapitre X
Le réveil de l'Église : la quatrième vague

« Une génération demande un miracle » dit le Christ, réagissant à la sollicitation des pharisiens. « Il ne leur sera donné autre miracle que celui de Jonas » renchérit Jésus. Le Maître annonçait par-là, sa résurrection qui devait intervenir au troisième jour. Le troisième jour, c'est donc le jour de Christ, c'est-à-dire le jour de sa résurrection.

Si le créateur rassemble d'un côté les eaux qu'il appelle mer, et de l'autre, permet l'émergence du sec qu'il nomme terre, c'est dans le but de mettre en présence les deux éléments fondateurs du troisième jour. Il s'agit là des deux éléments typiques qui devront gouverner ce siècle. Le choc de civilisation qui caractérise notre siècle, constitue à tout le moins, le principe actif qui propulsera la roue de l'histoire en ce millénaire. En réalité, la mer et le sec préfigurent ici, les deux blocs de civilisation que sont : le bloc arabo-islamique d'une part et d'autre part, le bloc judéo-chrétien.

Il nous faut à présent ramener ces affirmations aux évidences. Autrement dit, en quoi est-ce que le premier bloc doit-il être assimilé à la civilisation arabo-islamique, et le second à la civilisation judéo-chrétienne ?

C'est une fois encore la Bible qui nous édifiera à cet égard.

Les Arabes comme les juifs appartiennent au groupe sémitique avec pour ancêtre commun Abraham. Voilà pourquoi les arabo musulmans célèbrent le souvenir de l'acte par lequel Abraham voulut sacrifier son fils : Fête de Tabaski. Mais la Bible hébraïque, de même que dans la Bible chrétienne, mentionne Isaac en lieu et place d'Ismaël. Certes, Ismaël aussi fut béni pour devenir une grande nation comme nous l'avons mentionné. Mais Isaac seul était consacré fils de la promesse. Au sujet d'Ismaël, nous avons noté qu'il devait naître sous le signe de l'âne sauvage. Lorsque l'on sait que Jésus, descendant lui aussi d'Abraham fit son entrée à Jérusalem assis sur le dos d'un ânon, non pas sauvage cette fois, mais domestique (car attaché dans une concession), on peut à présent comprendre les enjeux de ce duel frontal qui va désormais se dérouler à la face du monde. L'âne sauvage, fort de la culture de l'arc, selon ce qui est écrit voudra donc prendre sa revanche comme qui dirait, en usant de son arme. En face de celui-ci, l'âne domestique. La confrontation entre les deux blocs qui ne fait donc que commencer sera longue.

Le rassemblement des eaux en mer annonce ipso facto l'émergence du sec. La reconfiguration du monde arabo-islamique en cours de réalisation depuis le déclenchement du printemps arabe (janvier, février 2011), préfigure le déclenchement d'un réveil chrétien à l'échelle planétaire. Le sec est en fait, une typification du Christ, sorti sec du tombeau au troisième jour de son ensevelissement. Cela nous rappelle un petit détail que nous trouvons dans l'arche de l'alliance de Moïse. Il s'agit du bâton d'Aaron, pourtant sec, mais qui avait fleuri sur le bout (Nombres 17 : 23). En effet, si la fleur a besoin d'eau pour pousser, ce ne sera pas dans l'eau (de la mer) que la fleur du troisième jour poussera en premier. Mais, c'est sur le sec que la vie se produisit d'abord. La terre qui s'est pourtant formée après le rassemblement des eaux, aura eu la prééminence de porter la vie. Comme cela nous rappelle la situation des fils d'Abraham (Ismaël et Isaac) face à la bénédiction de leur père Abraham !

Nous avons désormais les yeux attentifs pour observer l'émergence de la montagne, c'est-à-dire, l'apparition du sec, après la montée de l'islamisme, la mer agitée. Quand le sec sera apparu, il portera la vie, autrement dit les réponses que notre misérable monde peut encore attendre avant le retour du Christ. Arabes, musulmans et Occidentaux, bref, les habitants de toute la terre auront le regard tourné vers les montagnes. Tels sont les enjeux du réveil spirituel qui va bientôt marquer notre millénaire en guise de réponse au réveil islamique. Comment cela se produira-t-il ?

Dès ses premiers âges à nos jours, l'Église est passée par plusieurs résurrections dirait-on. De manière globale, nous savons qu'après Jérusalem (Orient) hormis le cas isolé des chrétiens coptes de la corne de l'Afrique, de l'Égypte et ceux du Maghreb, nous y reviendrons, le tour revint aux Européens (Europe ou le Nord), avant les États-Unis d'Amérique (l'Occident), d'évangéliser le monde. Peter Wagner, évangéliste américain, a écrit en compagnie d'autres auteurs comme Reinhard Bonke (Européen) et Paul Yongy Cho (Oriental), un ouvrage, à nos yeux, très révélateur, intitulé : *la troisième vague.*

Dans cet ouvrage, ces auteurs essaient de soutenir la thèse selon laquelle le monde était, dans le sillage du XXe siècle finissant, visité par ce que ceux-ci ont nommé : la troisième vague. Une telle manifestation de l'Esprit jusqu'ici jamais connue, dont ils étaient eux, l'incarnation. Si nous devons considérer ce réveil comme le vent de l'Occident, alors le vent du sud est de toute évidence attendu. Ce sera donc la quatrième vague.

Ce sera assurément le souffle le plus puissant après celui de la Pentecôte conformément à la vision des torrents sortant du temple selon le livre d'Ézéchiel au chapitre quarante-sept. Le prophète Ézéchiel y décrit quatre mesures selon que l'eau sera au niveau des chevilles, des genoux, des reins avant que cela ne devienne un fleuve abyssal. Car, c'est vraisemblablement le tout dernier que l'Église connaitra sous les temps de la domination des nations sur Israël. Nous trouvons cela non seulement conforme au texte d'Ézéchiel 37 : 9 où il est question du Saint-Esprit qui doit souffler des quatre vents, c'est-à-dire la pleine mesure, mais aussi conforme au texte de la Genèse (Gn.2 : 10), qui met en évidence un fleuve aux quatre torrents qui arrosaient le jardin. Nous avons là, une image renvoyant au Saint-Esprit dans ses quatre manifestations universelles.

Des quatre bras de l'Euphrate, il est notifié qu'il y en a un qui entourait le pays de Kusch. Peut-on demander plus claire allusion à l'Afrique ? Kusch est effet, un des identifiants les plus indiqués du continent noir dans l'herméneutique biblique appliquée au contexte africain. Il est vrai qu'il est des chercheurs qui distinguent le Kush africain localisé entre la deuxième et la quatrième cataracte du Nil, au sud de l'Égypte, du kush asiatique. Il s'agit d'une zone qui partait autrefois du nord de l'actuel Soudan, vers l'actuelle Zambie. Le kusch du nord dont il est en fait question en Genèse 2 : 13, serait d'origine asiatique. Il s'agit du père d'un certain Nemrod, le chasseur légendaire. Il s'avère qu'en Genèse10 il est question du Pays de Kush. Le pays de Kush semble être une mention plutôt consacrée pour désigner l'ancienne Nubie ; donc un territoire africain. Holter l'attestera à sa manière lorsque se prononçant sur la question il déclare : « Traditionnellement de nombreux interprètes de Genèse 2 situent Guillon et Cush en Mésopotamie, mettant ainsi Cush en relation avec les Kassites. Mais la localisation africaine demeure la plus plausible. Il existe une vieille tradition (cf. septante de Jérémie 2 : 13 ; Ben Sira : 24 : 27) qui établit un lien entre le nom Guillon et le Nil. Ce qui permet d'interpréter le nom de Cush en Genèse 2 : 13 dans son sens traditionnel. Cela ne signifie pas que l'auteur de Genèse 2 ; 10-17 situe l'Éden en Afrique, mais que l'Afrique est comprise dans la carte du monde reflétée ici. »[89] Cela devient un peu plus clair lorsque J. Daniel Hays déclare : « ***Les noirs ne sont pas une addition moderne de l'histoire du salut. Ils y étaient depuis le début*** ». (cf. 1996 ; 409). Il ne fait donc aucun doute, le pays de Kush est une nette allusion à l'Afrique.

Après le vent d'orient (incarné par Israël), le vent du nord (incarné par l'Europe) et celui de l'ouest (représenté par l'Amérique du Nord), il reste de toute évidence le vent du sud. Nous avons de bonnes raisons de croire que ce vent du sud soufflera depuis le continent africain, avant de pouvoir gagner le monde entier. Ce sera alors la quatrième vague. Celle qui balayera le monde avant le retour de Jésus-Christ. Ce sera la plus puissante de l'histoire en à croire, à la suite de Derek Prince, Billy Graham, lorsque celui-ci déclare :

« Je crois qu'à l'approche de la fin des temps, nous allons voir un retour phénoménal des signes et des prodiges qui démontreront la puissance de Dieu à un monde incrédule ».[90]Parlant du même vent Rick Joyner déclare :

« Il est de la plus haute importance que l'Église des derniers temps comprennent les enseignements de ce

---

89Knut Holter, Op. Cit, p.65.
90Benny Hinn, *Bienvenu Saint-Esprit,* Éditions La Parole de foi Diffusion, France, 1997, p. 176.

grand réveil parce qu'elle va voir la plus grande de toutes les moissons ».[91]

Ceci amène un autre Rick, Rick Warren cette fois-ci, à la conclusion suivante : « Les plus grandes églises restent à construire ».[92]

C'est le prophète Esaïe (un Sémite), qui le décrit particulièrement à travers l'Étendard qu'il aperçoit sur les montagnes, *au-delà des fleuves de l'Éthiopie*, donc en Afrique, au sud de l'Éthiopie pour être précis. Ce réveil de la quatrième génération ou cette quatrième génération du réveil de l'Église universelle sera essentiellement incarné par des leaders africains. Le prophète Simon Kimbangu l'avait en son temps déjà, annoncé. Le prophète Kimbangu parlait en effet de la quatrième génération qui elle, aura la mission de relever le défi du renouveau africain. Quand cette génération rentrera en scène, le continent aura alors amorcé la phase cognitive de son développement par la science, la maîtrise des techniques, des Arts et des cultures. « L'homme blanc sera devenu l'homme noir ; et l'homme noir deviendra l'homme blanc », dit le prophète Kimbangu. Ce sera le produit du réveil religieux. Que faut-il entendre par là ?

Le réveil religieux est un état d'esprit qui se caractérise par la capacité de l'homme à vivre la norme divine. Une telle corrélation avec le divin que l'homme se dresse en bon défenseur de la norme légale et des valeurs. L'homme qui devient comme Dieu manifeste ostensiblement une haine féroce contre le péché et toute forme de mal. Une

91 Rick Joyner, *Le monde en feu, le réveil du Pays de Galles et les enseignements à en tirer pour notre temps*, Editions J. F. Oberlin, Macon, France, 1996. p.18.
92 Rick Warren, *Une Eglise motivée par l'essentiel,* Editions Motivé par l'essentiel, Paris, 2010, p. 400.

allégresse et une paix intérieure couronnent son âme avec une telle abondance que cela déborde sur son entourage. Bientôt, il aime tout autour de lui. L'homme quel qu'il soit (laid, beau, gros ou petit, blanc ou Noir, etc.) et l'environnement : faune, flore font l'objet d'une attention particulière de sa part ; l'homme qui est traversé par le vent du réveil restaure à son tour toute chose autour de lui. Son élan à aimer est tel que rien ne saurait l'émousser. Il aimera jusqu'à ses ennemis. Un tel homme est tout ce que notre société attend aujourd'hui, au regard des défis de notre siècle. L'immoralité, l'injustice, la violence, la corruption, le vol, l'égoïsme trouvent ici une réponse appropriée, car, avec le réveil spirituel, l'homme a désormais l'intelligence et l'âme renouvelées. Le réveil religieux n'est donc autre chose que la révolution de notre âme qui se dilate au contact de la vérité, orientant désormais les pas de l'homme de manière conforme à la vérité, c'est-à-dire la norme divine. Simplement dit, c'est le règne de Dieu parmi les hommes.

Un tel état n'est accessible que par la proclamation authentique de la parole de Dieu, la vérité par excellence. Une telle proclamation ne se fera que par des hommes qualifiés. Pour Charles Finey, un des artisans du réveil qui balaya les USA au XIXe siècle, il s'agit des hommes mis à part. C'est pour dire qu'il serait erroné d'assimiler de tels hommes à de simples instruments dans la main de Dieu. « Le prédicateur est un agent moral : il agit ; il n'a pas la passivité d'un instrument, c'est volontairement qu'il travaille à la conversion des pécheurs »[93] dans l'accomplissement de l'œuvre dira Finey.

93 Charles Finey, *Les réveils religieux*, Editions Villa Emmanuel, Haute-Savoie, France, 1951, p. 7.

En effet, plus que de simples instruments, les acteurs du réveil ont mission d'enflammer l'âme corrompue pour la porter à la régénération. Ce sont des collaborateurs de Dieu. Il est donc aisé d'imaginer ce qu'une telle entreprise va requérir en terme de caution morale et spirituelle. Cette espèce des Prométhée, ou de renards de Samson,[94] ça ne court pas les rues. Alors il nous faut les trouver. Eux seuls auront le secret du réveil que le monde attend. Il est parfois choquant de réaliser que certaines boutiques inscrivent crânement à leur enseigne : Église de réveil. Autrefois, les vrais acteurs du réveil vivaient le réveil sans avoir besoin de la publicité qui accompagne nos actions évangéliques aujourd'hui.

Selon la direction de la prophétie de la Bible, les acteurs du réveil du troisième millénaire se lèveront de l'Afrique. L'Église se lèvera. Et avec elle, les chrétiens authentiques de par le monde. Alors le chrétien n'attendra plus du dehors qu'on lui dise ce qu'il doit faire comme dans le cas de Jonas.

Jonas, prophète juif, se refusant sur ordre de Dieu de se rendre à Ninive, une métropole au nord de la Palestine, se rendit par sa désobéissance, responsable d'une tempête que le maître de l'univers fit souffler contre la barque dans laquelle ce dernier avait confortablement pris place. Alors que tout le monde était préoccupé par la nouvelle situation ainsi créée, le prophète qui non seulement dans ce genre de cas aurait dû se révéler comme une solution, mais en plus, est la cause du problème, se réfugia dans la soute.

Ce sont les matelots de ce bateau dans lequel il s'était embarqué qui le réveillèrent et lui dirent ce qu'il devait faire. La barque était fort menacée par les flots, mais Jo-

---

94Juges 15 :1-5.

nas, « ce prophète du troisième jour » devrait-on dire, dormait paisiblement dans la soute. Trop d'églises ne sont plus que des soutes où dorment tranquillement les chrétiens dans la barque de notre monde pourtant si menacé. Alors que la barque de l'humanité s'est échouée sous un ciel obscur, menacée par toutes les tempêtes, c'est dans la soute de l'Église que le chrétien attend tranquille, loin « des souillures du monde », le retour du Seigneur.

Notre environnement est menacé par le réchauffement du climat du fait d'une science sans conscience, et ce sont les écologistes qui se mobilisent. Ce sont les « Verts » qui rappellent aux gardiens légitimes du jardin ce qu'il convient de faire ! Et quand les hommes ont faim, y compris les chrétiens eux-mêmes, ce sont les ONG qui se chargeront de sonner l'alarme, alors que, face à une foule affamée, Jésus dit un jour à ses disciples : « donnez-leur vous – mêmes à manger ! »[95]. Par ailleurs, les pauvres, les enfants, les femmes sont piétinés dans leurs droits les plus fondamentaux, et ce sont les humanitaires, là encore, qui se lèvent pour la défense des faibles contre les puissants de ce monde, contrairement à ce que recommande l'Écriture : « libérez les faibles, arrachez-les à la main des méchants ».[96]

Pourtant, ces chrétiens se prennent pour la lumière du monde. Alors que leur Dieu se définit comme un juge, un Roi et un législateur, c'est-à-dire un acteur dynamique et non un spectateur passif du théâtre de l'histoire. Non seulement ils établissent sur eux des princes étrangers à la lumière de la révélation dans des pays où ils disent constituer la majorité, mais en plus, ceux-ci trouvent un malin plaisir à se laisser aller à la critique des mêmes dirigeants,

95 Matthieu 14 : 16.
96Psaumes 84 : 4.

leur reprochant de ne pas avoir une grille de lecture chrétienne de l'histoire. Tenant à leur pureté, ils n'entendent pas se souiller dans ces cercles de décisions où le dominateur des peuples règne sans partage. Le don de présider qui leur a été disposé sert tout au plus à gouverner les « soutes évangéliques ». Mais, nous avons de bonnes raisons de croire que les chrétiens vont devoir se lever, en Afrique en particulier, aussi vrai que le continent noir est appelé à prendre ses responsabilités devant l'histoire face au défi d'ordre éthique et moral qui se pose à notre société, et conformément à la prophétie. Mais avant l'avènement de cette vague annoncée, le travail devrait pouvoir commencer par ce que nous appelons la stratégie missionnaire du rideau 10/40.

LE RIDEAU 10/40

Le rideau 10/40 est une stratégie missionnaire attenante à la vision de la fenêtre 10/40.

En effet, dans les années 90, il est apparu, selon les études menées par les missiologues, que les attentes les plus urgentes en termes d'évangélisation concernent la partie du globe qui inclut l'Afrique du Nord, le Moyen-Orient et des régions entières d'Asie.

D'après des calculs informatisés obtenus à partir de l'encyclopédie chrétienne du monde, éditée par David Bareh, rapporte Peter Wagner,[97] 95 % des peuplades qui n'ont pas encore reçu l'Évangile, sans parler des non-chrétiens, se trouvent dans cette région.

---

97 Peter Wagner, *Le combat dans la prière*, Editions Vida, Miami, Floride, 1992, p.143.

Ce qui amena Unis Bush à partir de cette étude, à dessiner un rectangle établissant que l'essentiel de ces pays se situe entre le 10e et le 40e parallèle nord. D'où le concept fenêtre 10/40. Dans les années 90 cette région du monde a concentré en effet, l'essentiel de l'attention missionnaire au monde.

Plus de deux décennies plus tard, il apparaît que cette région offre une situation bien plus complexe.

En effet, suite aux attaques des tours jumelles aux États-Unis d'Amérique, au mois de septembre 2001, cette cartographie spirituelle du monde offre une réalité tout autre.

Le Choc de civilisations

Quelques années seulement après la chute du mur de Berlin, symbole du bouclier communiste, le monde chrétien doit faire face à un autre défi : la poussée de l'Islam. Le fondamentalisme musulman, depuis lors, se développe de manière à contrecarrer la perspective de la mission mondiale d'après la prophétie.

Car, au lieu d'aller vers les peuplades identifiées selon la vision de la fenêtre 10/40, c'est le contraire qui se produit. Les jeunes gens se convertissent avec entrain aux valeurs de l'Islam fondamental, en Europe, en Amérique et en Afrique. En effet, les jeunes Français, Belges ou Anglais qui vont grossir les rangs des fondamentalistes de Daesh en Syrie ou en Irak, impressionnent par leur nombre et leur détermination.

Grâce aux fonds Koweitiens et d'autres pétromonarchies, en Europe, des clubs de football, à l'exemple de

Manchester en Angleterre ou de Paris Saint Germain en France, sont achetés. Des chapelles sont transformées en mosquées. L'ironie du sort est telle que, en France aujourd'hui, le pays de Calvin, l'on compte plus de musulmans que dans tous les émirats arabes : plus de 4 millions. Avec les ruées migratoires qui s'opèrent suite au désordre orchestré dans le Moyen-Orient après la guerre d'Irak et « les révolutions arabes », la situation en Europe n'est pas plus enviable sur le plan évangélique.

De ce côté de la Méditerranée la vision de la fenêtre 10/40 tourne dans le sens plutôt opposé. On peut donc se poser quelques questions.

Pourquoi cette vision si noble tourne-t-elle dans le sens opposé à l'Évangile ? Que faut-il faire ?

Pour répondre à la première question, nous consacrons tout un livre : *Maintenant l'Afrique*. Après les flammes de la mission portées par la puissante machine occidentale au sens propre du terme, c'est-à-dire l'Amérique du Nord, ce après l'Europe et l'Orient, le tour revient à l'Église du Sud dont le Continent africain fait partie.

Le monde attend un grand réveil et ce n'est qu'à partir de celui-ci que nous croyons capitaliser assez d'énergie pour la fenêtre 10/40. Car, les peuplades ciblées ici, sont fondées sur des formes de religiosités d'ancrage solide. Pour cette grande tâche, la stratégie devrait consister à équiper la « reine du Midi ». Il sera intéressant de rappeler une expérience mnémonique faite par Rick Joyner, au sujet de ce que celui-ci a nommé, la grande marée à venir, celle que nous avons nommée, la quatrième vague. Voici son récit.

« Le 11 mai 1992, j'ai vu l'Église semblable à un surfeur sur une courte planche, en train de regarder la plage et se laissant aller nonchalamment tout en rêvant d'une belle grosse vague. Pendant ce temps la vague qui faisait précisément l'objet de son rêve, approchait de plus en plus, mais il n'en était pas conscient. Je compris que, à moins qu'il ne sorte de sa rêverie et ne regarde très vite autour de lui, elle allait venir l'écraser. Et cela n'allait pas se faire en douceur ! Je compris également que sa planche était de toute façon trop petite pour l'énorme vague. De toute évidence, la cause de sa nonchalance, la vague dont le surfeur rêvait allait le mettre en grand danger. Le temps qu'il entende le bruit et se retourne, il était trop tard. Ce que son cœur avait désiré devint un sujet d'effroi, parce qu'il n'y était pas préparé quand cela se produisit. Je vis la vague le balloter dans tous les sens, le projetant plusieurs fois sur le fond et brisant la planche. J'ai craint pour sa vie. Mais couvert de blessures et avec quelques os brisés, il survécut. Je l'observais, étendu sur la plage, souffrant beaucoup. Bientôt, la terreur d'une mort imminente s'éloigna de lui, faisant place à une profonde sagesse. Il se tourna pour regarder la mer. Bien que blessé et meurtri au point de pouvoir à peine bouger, il se laissa envahir d'une magnifique détermination, pleine de dignité. Je sus qu'il reviendrait surfer sur les vagues.

Ensuite, je le vis observer l'océan de sa chambre d'hôpital. Mais là, au lieu de rêver, il élaborait des plans. Puis je le vis debout sur la plage, non seulement guéri, mais beaucoup plus musclé qu'avant. Il avait près de lui la plus grande planche de surf que j'ai vue. Et, bien que la mer fût calme, nous savions tous les deux que la plus énorme de toutes les vagues se trouvait déjà en mouvement, au-delà de l'horizon. Il était prêt à se tenir dessus, mais des craintes se levaient en lui. Je compris alors que, s'il ne rejetait très vite, il ne parviendrait pas à nager à une distance suffisante en temps voulu, et s'exposerait à nouveau à un grand danger devant la vague. Sur la même plage se tenaient d'autres surfeurs qui ressemblaient à des body-builders professionnels. Tous étaient munis de la même planche, aussi courte que celle de notre surfeur, au début. Il semblait plus s'intéresser à l'apparence physique qu'à la mer. Ils en étaient grotesques. Je savais que leur musculature s'était bâtie artificiellement et qu'elle était loin d'avoir la force du vrai surfeur, dont les muscles étaient naturels ».[98]

Rick Joyner interprète en résumé son rêve comme suit : lors des déclenchements des réveils dans l'histoire, la plupart des ministères ou églises existants se trouvent traumatisés par le nouveau mouvement, parce qu'ils n'y étaient pas prêts. Les églises aujourd'hui ne sont pas plus prêtes en pratique, pour accueillir la grande vague de réveil qui va se déverser sur le monde. « La planche du surfeur était trop courte et nettement inadéquate pour une vague de taille normale, à plus forte raison pour celle qui approchait. Cette vision nous parle de l'Église, quant à ses moyens d'action, ses diverses branches de ministères, qui sont complètement inadaptés pour l'avenir (...) Comme le surfeur, l'Église est en danger de recevoir, du prochain mouvement du Saint-Esprit, des coups et une sérieuse leçon. Car bien qu'ayant entendu le Seigneur nous parler du grand nombre à venir, nous n'avons pas agi sur Ses paroles, ni fait les efforts pratiques nécessaires pour être prêts. »[99], poursuit Rick Joyner. Nous nous inclinons devant la solennité de cette grande vision qui d'ailleurs, confirme tout le propos que nous avons tenu au sujet de la quatrième vague.

Cependant, au sujet de l'interprétation qui en est faite, nous craignons que cette vague ravageuse décrite par Rick

---

98 Rick Joyner, *La vision de la Moisson*, Editions Chic Duplication, pp.14-15.
99 Rick Joyner, Op. Cit, pp.16-17

ne ressemble à quelque chose d'extérieur à l'Église. En effet, depuis l'entrée dans le troisième millénaire, une vague ébranle le monde de par sa furie et sa puissance destructrice. Il s'agit de la poussée de l'Islamisme mondial. Le monde a été surpris par la soudaineté de cette vague qui rampait, mais qui frappe le monde de plein fouet. Les chrétiens encore plus, n'étaient pas préparés à celle-ci. Fait curieux, les choses se présentent exactement comme le décrit ce songe de Rick Joyner.

Avec le déclenchement de la guerre d'Irak, l'on a vu d'Occident les chrétiens s'élancer à la conquête des peuplades cibles, identifiées sous le concept de la fenêtre 10 /40. Aujourd'hui, tout se présente comme si les agences missionnaires chrétiennes internationales se sont jetées dans un guêpier sans y être préparées de manière conséquente.

Au lieu de gagner les peuplades ciblées, c'est l'effet inverse qui se produit. Les religions d'Asie font une percée en Occident. Les conférences du Dalaï-lama par exemple, font florès en Europe et en Amérique. Les jeunes en Europe adulent la rhétorique islamiste et se font recruter en masse, pour rejoindre les rangs des combattants djihadistes. Si autrefois les poseurs de bombes devaient partir de loin, aujourd'hui, en effet, ceux qui posent les bombes en Europe ou en Amérique sont des natifs du peuple.

Lorsqu'ils ont échappé au martyr, les chrétiens sont persécutés partout dans le monde. Ce sont les jeunes islamistes qui font l'histoire et non les chrétiens. Comme on est tenté de voir en cela, la scène de la vision de la planche du surfeur fracassée ! La fenêtre 10 /40 tourne donc dans le sens inverse. L'Évangile est pris à rebrousse-poil.

Il y a péril en la demeure, il faut agir et vite. Mais, si nous considérons que la vague attendue devrait partir du

Sud, l'Église du Sud, et d'Afrique en particulier, devrait être particulièrement outillée pour préparer ce que nous avons appelé la commission du Sud. L'Église doit se préparer à l'effusion de la quatrième vague.

Mais en attendant, on devrait ériger des rideaux sur les deux faces les plus dynamiques de la fenêtre 10/40 aujourd'hui. Il s'agit des pays du continent noir et de l'Europe, qui jouxtent les eaux agitées du bassin méditerranéen, sans perdre de vue que même les religions orientales représentent une menace pour le témoignage évangélique en Occident de nos jours.

La stratégie du rideau consiste donc à doter les pays les plus exposés aux affres de la furie islamiste, d'un programme particulier d'évangélisation, pour ainsi espérer contrer les effluves cet islam déchaîné. Il s'agit en Afrique, des pays ci-après : le Kenya, l'Éthiopie, le Sud-Soudan, la Centrafrique, le Cameroun, le Nigéria, le Bénin, le Togo, le Ghana, la Côte d'Ivoire, le Libéria, la Sierra Léone.

Sur la côte nord de la Méditerranée le rideau 10/40 portera sur les pays côtiers que sont : la France, la Grèce, l'Italie, l'Espagne, ainsi que les pays qui leur sont frontaliers. Il s'agit par exemple de l'Allemagne, de l'Angleterre et de la Belgique, sans oublier les pays du Balkan, traversés par les colonnes des migrants venant de l'Orient. En attendant la grande vague qui sera la réponse appropriée à la vague islamiste, conformément à ce que nous avons présenté comme la bataille du troisième jour, tous ces pays devront bénéficier de la couverture de la stratégie du rideau. Le combat contre l'islamisme ne sera jamais gagné dans les formes où la bataille se mène aujourd'hui en Occident. En cédant à la logique du tout sécuritaire, les démocraties occidentales sécularisées font le jeu des islamistes dont la violence fait partie des terreaux de prédilection. Les djihadistes excellent et nichent dans la psychologie de mort. Sur ce plan, le combat est perdu d'avance. La seule réponse qui vaille face à cette menace, sans mépriser les offres de dialogue qui peuvent s'ouvrir ici et là, reste le réveil attendu de l'Église.

Chapitre XI
Le retour de l'État religieux

Le premier problème pour qui voudra se pencher sur l'avènement d'un état religieux c'est la lancinante question de laïcité de l'État. Les gens ne sont pas prêts à aller au dépassement de l'état laïc quand bien même l'État laïc a produit les preuves de ses limites aujourd'hui : l'écroulement vertigineux des valeurs morales en milieux politiques, le délabrement de la cellule familiale, la faillite de l'école et la délinquance financière des magnats de ce monde, ainsi que l'égarement de la jeunesse en constitue les faits. Il y a donc un défi d'ordre spirituel et éthique à l'origine. Sans vouloir toucher à la susceptibilité des individus, imaginons quel président la France aurait pu avoir si seulement le scandale Nafissatou Diallo n'avait éclaté. Et ils sont nombreux dans cet état d'esprit à la tête des États. Mais il y a des raisons bien plus profondes pour lesquelles Esaïe projetterait la constitution des États religieux en Afrique.

En prenant le relais de l'Occident dans l'accomplissement de « l'ordre suprême » en ce troisième millénaire, l'Afrique devrait s'attendre à un problème principal : le défi financier. Atteindre des milliards de non atteints de par le monde pour permettre le retour du Christ, suppose non seulement de la puissance spirituelle, mais en plus, de la puissance financière. Car, une telle entreprise dans un monde en mutation perpétuelle comme le nôtre, doit prendre en compte les moyens de technologie modernes disponibles. Les nouvelles technologies de l'information et des télécommunications devront ainsi être visiblement mises à profit à des fins indiquées. Associés aux moyens de transport qu'une telle opération devra mobiliser, les moyens financiers à réunir sont à la dimension des États et non des individus. C'était d'ailleurs le cas lorsque l'Occident devait remplir la mission de l'évangélisation du monde.

Des États comme la France, la Belgique, et quasiment tous les pays anglo-saxons, se sont impliqués certes non sans intérêt, au plus haut niveau, dans la mission d'évangélisation du monde. Cela fait quelques années à peine que l'Église suédoise par exemple, a cessé de bénéficier des subventions de l'État. Le fonctionnement de l'Église était jusqu'ici, dûment inscrit au budget de l'État suédois. L'heure est bientôt arrivée où notre pétrole, notre diamant, ou notre Or devront participer à alimenter cette guerre plutôt noble de la mission évangélique mondiale. La crise qui sévit en Occident va s'aggraver et il serait aléatoire d'attendre des subventions de ces pays dits riches, qui demain ne le seront plus. Par ailleurs, il serait indécent que ces pays qui seront la cible de nos plans missionnaires soient ceux-là qui devront financer la mission des guerriers des derniers jours, comme si on devait leur demander une rançon.

Par ailleurs, les ressources humaines à mobiliser dans une telle aventure impliquent toute la politique de l'éducation d'un peuple. Des pays encore gangrenés par des maux aussi nocifs que la corruption, la concussion ou la fraude, comme nous le sommes, seront d'autant moins aptes à aller, que le contrôle des secteurs aussi stratégiques que l'éducation, la culture ou la justice ne devra pas échapper à l'Église. Des milieux aussi sensibles que les centres hospitaliers, les écoles, sont confiés à des managers sans foi ni loi, pour des conséquences que l'on peut aisément imaginer. Des États missionnaires que nous sommes appelés à être dans un avenir proche, doivent donc, avant tout, être des modèles d'ordre éthique que les pays africains n'ont pas su être au bout de 50 ans d'indépendance. Désormais régénérés par le souffle de l'Esprit, nous le serons.

Le contrôle des pôles de décisions dans nos pays est important à ce titre, et non pour bâtir un quelconque royaume des cieux en lieu et place de Jésus. Nous comprenons la prudence des auteurs chrétiens chaque fois qu'il s'agit d'aborder la question du royaume des cieux sur terre. Il, n'est guère question d'une quelconque passion à développer autour des considérations politiques comme si notre royaume était de ce monde. Par contre, en prenant comme dans les États islamiques aujourd'hui le contrôle des sphères de décisions, nous aiderons à éclairer tant soit peu, la marche des hommes, dans ce monde si enténébré. Il est vrai, il est plus aisé pour un chrétien, de vivre sa foi dans un pays sous le contrôle des chrétiens que dans un pays dominé par les charlatans ou les occultistes. Il est par exemple, des pays où le recrutement des citoyens dans la fonction publique ou dans quelque autre structure employeur, est sujet à des cooptations ou filiations occultes. Ainsi, beaucoup de gens qui ne demandaient légitimement que de l'emploi à la limite se sont retrouvés adeptes du satanisme du jour au lendemain.

Les cinq villes dévouées à Dieu

Ceux qui en doutaient encore ont ici la preuve que les Égyptiens dont parle Esaïe 19 n'ont rien de commun avec les descendants d'Arabes qui ont envahi la côte du sud de la méditerranée au VIIIe siècle après Jésus-Christ. Soit seize siècles après la période où vécut Esaïe. Les Égyptiens concernés par la prophétie d'Esaïe en effet doivent articuler la langue de Canaan. Il y a nécessairement ici un code qu'il va falloir élucider. Canaan c'est bien le petit fils de Noé, maudit par son grand-père. Parler la langue de Canaan peut donc vouloir dire connaitre le même sort que Canaan. C'est-à-dire l'esclavage. Il s'avère que l'histoire de ce peuple ne mentionne aucune trace d'un tel sort. Les peuples arabes n'ont pas connu cette humiliation que vécut de plein fouet le peuple noir. Mais, parler la langue de Canna peut aussi vouloir dire faire l'expérience d'un peuple qui assimilerait à bon escient, la culture, mieux, la religion de Canaan. C'est exactement le contraire de ce qui se produit en Égypte aujourd'hui. Nous sommes plutôt dans le cas d'un État islamique en voie d'institution, avec l'arrivée des frères musulmans au pouvoir. Le peu de chrétiens qu'on y compte est malmené, réduit à la portion congrue. La minorité copte en particulier, vit chaque jour dans une psychologie de la peur face au lendemain.

Esaïe parle de villes qui parleront la langue de Canaan. Mais en fait de villes, il s'agit d'États qui à l'image des États islamiques dans le monde arabe, vont adopter et proclamer des États chrétiens. Figurez-vous que les deux Congo feraient bien partie de ces pays. On peut imaginer d'un côté des visages s'éclairer et de l'autre, se rembrunir à l'idée de la constitution des États chrétiens. Au regard de la terreur que les fondamentalistes musulmans inspirent par l'institution de la Charia, nombreux sont ceux qui redoutent le retour des guerres de religion. Quoi de plus normal, le monde aspire à la paix ! Les visages qui s'illuminent sont ceux de certains chrétiens qui croient saisir là, une opportunité historique pour se remettre de leur frustration. On connaissait l'État franc-maçonnique. Discrète, mais combien puissante, la « Religion » franc-maçonnique est parvenue de manière impériale à infiltrer les États, les religions et toutes les sphères d'influence de la société. L'Afrique est essentiellement régie par l'ordre franc-maçonnique, sans compter certains autres cercles occultes et ésotériques qui s'expriment sous couvert des mouvements humanitaires et philanthropiques. On ne peut ne pas constater leur capacité à s'organiser et à se renouveler. Mais la délinquance morale et économique à laquelle ce système usé et mafieux a malheureusement conduit le monde, notamment dans l'état actuel du système occidental, fait de déconfiture sociale et économique, de déviances morales innommables, peut expliquer le retour en force du discours religieux (islamique et chrétien en particulier), dans le sérail politique. Le retour annoncé de l'État Chrétien après l'État islamique en cours de réalisation est donc une conséquence logique au regard de la déconfiture de l'ordre franc-maçonnique qui a gouverné le monde jusqu'à la fin du XXe siècle.

Foi et politique

Lorsque face aux chrétiens l'on aborde la question du rapport au gouvernement de la cité, on doit s'attendre au moins à deux réactions : À césar ce qui est à césar, à Dieu ce qui est Dieu, nous diront les uns ; la politique est du diable, diront les autres. En réalité, il s'agit là de raccourcis erronés des uns et des autres.

Pour commencer, Lucifer qui est devenu Satan n'a jamais été établi gouverneur de la terre. C'est à l'homme plutôt que cela était donné. Il fut donné à l'homme de dominer sur la terre tout en la cultivant. Nous savons désormais que l'homme a cédé à Satan les clés que celui-ci tenait du créateur. C'était dans le jardin d'Éden. Depuis, le diable est devenu « le maitre » de la terre en lieu et place de l'homme. Satan le reconnait lui-même en disant que les royaumes de la terre lui ont été donnés[100]. Celui-ci a alors bâti un système sur la terre que l'on nomme le monde. Satan est donc prince de ce système de l'avis même de Christ. Mais il a été toujours dans la pensée de Dieu de gouverner les hommes qu'il a créés. C'est bien pour cela qu'il s'est choisi un peuple sur lequel il se donna des devoirs et des droits politiques : Israël. À la différence d'autres peuples qui avaient des rois humains, Dieu seul était le Roi d'Israël jusqu'à ce qu'un jour, Israël lui demande un roi. Ce sera la principale pomme de discorde entre Dieu et Israël à ce jour. Car personne ne peut mieux que le créateur, gouverner les hommes qu'il a créés à son image et à sa ressemblance. L'expérience de ce peuple s'est révélée, hélas, catastrophique sur le plan politique.

Lorsque Christ décline l'offre que Satan lui fait de prendre la gestion de quelques royaumes qu'il tenait du premier Adam, il ne renie pas sa fonction politique de Seigneur et de Roi des rois, mais il ramène Satan à sa juste place. Devant Pilate, Jésus reconnaît qu'il est le roi des juifs. Mais, Jésus n'était pas venu pour gérer un lopin de terre sous l'autorité de celui qu'il a vu déchoir des cieux. Mais il est Seigneur et Roi d'un royaume plus vaste qu'il rétablira à temps opportun.

Cependant, il est venu arracher les clés entre les mains de Satan pour les rétrocéder à l'homme avant de s'écrier : tout est accompli ! Il dit à Pierre : « Je te donnerai les clés du royaume des cieux : ce que tu lieras sur la terre sera lié au ciel, et ce que tu délieras sur la terre sera délié dans le ciel ».[101] Aucun domaine n'est exclu ici.

Certes, le royaume des cieux ne consiste pas à une quelconque conquête politique dans ce siècle, mais c'est

---

100Luc 4 : 6.
97 Matthieu 16 : 19.

de la responsabilité des enfants de Dieu de dominer au point d'influencer toutes les sphères de décision concernant la terre. C'est dans ce sens qu'un chrétien peut se retrouver à la tête d'un État et ainsi faciliter les intérêts du royaume. Telle nous semble la philosophie de ces cinq villes dont parle Esaïe. La parabole du bon Samaritain[102] peut nous être utile à cet égard.

Assez souvent, face aux problèmes du monde et aux plaies de la cité l'Église a gardé l'attitude du sacrificateur et du Lévite qui devaient certainement se dire trop consacrés pour se mêler des souillures de la cité. Oui, l'Église a une destination qui ne consiste pas à bâtir des tentes politiques dans ce monde. Mais notre chemin du royaume peut être jonché de cadavres, d'affamés, ou d'orphelins, ou encore de blessés. Devrions-nous dans ce cas enjamber ces cadavres pour atteindre notre royaume bien aimé ?

Par Amour ou par nécessité, il nous revient de dégager à l'image du bon samaritain, la voie et nous occuper des infortunés qui jonchent notre parcours terrestre, avant de pouvoir poursuivre notre marche vers le ciel. Que cela soit donc clairement entendu, il n'est pas dans la vocation de l'Église de faire des conquêtes politiques une de ses priorités ici-bas. Cependant, par nécessité prophétique, historique ou sociale, les chrétiens ne devraient pas hésiter à prendre leur responsabilité politique lorsque les circonstances le disposent. C'est exactement le cas en Afrique aujourd'hui.

---

102 Luc 10 : 25-37.

Foi et politique dans l'Ancien Testament

La principale cause de discorde opposant Dieu à Israël vient du fait qu'Israël avait demandé d'être gouverné par un roi humain à l'image des nations qui l'entouraient, plutôt que d'être conduit par Dieu comme c'était le cas jusqu'à ce que le roi Saül soit établi sur le peuple. C'est le début de l'une des premières formes de démocratie sur terre. À partir de ce moment, Israël connaîtra une histoire politique des plus troublées de son existence. Les assassinats, les coups d'État seront légion. Plusieurs fois, le pays sera assiégé par les troupes extérieures. Dieu qui tire ainsi sa revanche tient à se poser en juste juge d'une part, et Roi par excellence d'autre part. Dieu n'a donc jamais manifesté le moindre mépris pour la gouvernance des peuples bien au contraire. Il dit : « J'ai vu la misère de mon peuple qui est en Égypte et j'ai entendu les cris qu'il pousse devant ses oppresseurs. (…) je suis descendu pour le délivrer… »[103] Il s'avère que Dieu ne sauve jamais que par la main d'un homme.

L'Éternel est souverain de l'histoire. Par conséquent, notre mission d'évangéliser le monde devrait nous conduire à imaginer toutes les stratégies susceptibles de nous permettre de façonner l'histoire. Quand Jonas se rendit à Ninive à son corps défendant, il ne se contenta pas de prêcher la parole de Dieu aux citoyens ordinaires. Le roi des Ninivites est lui-même converti. Ce qui facilita la conversion de toute la ville. C'est là un exemple typique de l'évangile du royaume. Nous devons atteindre les rois même au-delà du domaine de la politique. Ils sont dans le monde de la culture, des sports, des jeux, etc. « Tous les rois de la terre célébreront l'Éternel, en entendant les pa-

103 Exode 3:7 -8.

roles de ta bouche ». [104] C'est donc un de nos devoirs les plus impérieux que d'aller à la conquête de ces rois.

Les chrétiens n'ont certainement pas encore réalisé l'intérêt qu'il y a à faire des gens élevés en dignité, des cibles prioritaires de l'évangélisation. Jérémie recommande au peuple croyant de prier pour la ville où ils se trouvent. Car de leur paix dépend celle de cette ville. En d'autres termes, l'état de la ville dépend aussi de l'état d'esprit du roi qui est établi sur le pays. Esaïe 60 stipule que les rois doivent marcher à la lumière de notre clarté et les nations, c'est-à-dire les peuples, à la suite de notre aurore. C'est aussi cela le sens de l'Évangile du royaume. Comment peut-on faire des rois, des serviteurs de Dieu tout en évitant que les États que ceux-ci sont censés gouverner ne bénéficient de la lumière de leur clarté. Aussi longtemps que nous nous contenterons de faire du salut de l'âme le but unique de notre action sur la société, nous aurons tendance à proclamer un règne illusoire de Dieu dans le monde. En réalité, c'est plutôt Satan que l'on voit, régner chaque jour, du fait du peu d'impact de notre témoignage dans la société.

Foi et Politique dans le Nouveau Testament

À en juger par l'indifférence que le Messie tant annoncé affiche vis-à-vis de la question politique, on devrait conclure que le Dieu du Nouveau Testament n'est pas aussi politique que celui de l'Ancien Testament. C'est pourtant un Roi qui, naissant un matin de Bethléem, attire l'attention au point que le roi Hérode se vit menacé dans son trône. Les juifs eux-mêmes crurent que l'avènement de Christ devait sonner le glas des siècles de domination et

104 Psaumes 138:4-5.

d'humiliation, depuis les Séleucides jusqu'à la domination romaine, en passant par les Babyloniens et les Médo-Perses. Mais, le Roi des juifs était tout, sauf un gladiateur.

Le peuple déchante et répugne d'entendre Jésus se réclamer d'être le sauveur d'Israël. Car, ni par ses actes, ni par son discours, le Christ n'interfère dans la chose politique. Il aura deux occasions de choix pour s'illustrer politiquement.

D'abord par l'impôt à César, puis l'opportunité que lui offre Satan pour devenir leader sur un de « ses royaumes. » Nombreux sont les chrétiens apolitiques qui règlent leur point de vue sur la question politique par rapport à l'attitude de Jésus dans ces deux épisodes. Jugez-en !

Satan le dominateur des peuples suggère à Jésus de lui obéir en échange de quoi il lui donnerait un de ses royaumes. En occurrence le Christ rejette l'offre en soulignant : « Mon royaume n'est pas de ce monde… ». Alors ces chrétiens rebondissent en disant non sans à-propos, en soutenant que les chrétiens ne devraient pas se mêler des considérations politiques. Car, d'après ceux-ci, la politique est du diable. Et c'est la raison pour laquelle le Christ s'en est gardé dans cet épisode. Si donc Christ s'en est gardé, comment en serait-il autrement des chrétiens qui tiennent le Christ pour modèle ? Il faut dire qu'il ne manque pas de pertinence à ce raisonnement à première vue. Mais à y regarder de plus près, il n'en est rien. Déjà dans le tout premier cas, le fait de payer ou de ne pas payer l'impôt constitue en soi un acte politique. En payant l'impôt en effet, Christ reconnait l'autorité politique de César sur lui, légitimant par ce fait l'autorité de Rome sur Israël. C'est un acte hautement politique.

Quant au second fait, on notera que le Christ est bien né sous le signe d'un Roi. Ce à quoi il ne renoncera jamais. Même pas à l'étape la plus critique de sa vie : « Es-tu le roi des Juifs ? » lui fit le gouverneur romain Pilate. « Tu l'as dit »,[105]répliqua sans façon le Christ. C'est d'ailleurs davantage pour des motifs politiques que pastoraux que Christ est mis à mort ;(INRI) tel est l'épitaphe que portera sa croix. Christ ne renonce donc pas à sa fonction politique.

Mais il faut que cela soit clairement saisi, Christ en Roi de l'univers avait trouvé réducteur d'être établi sur un des royaumes de la terre dont il avait confié la gérance à l'homme. C'est d'ailleurs, essentiellement, pour rétablir l'homme dans ses droits sur la terre que le Christ vint dans ce monde, nous l'avons dit. Ce que Satan reconnaitra, lorsque celui-ci déclare : « la gloire de ces royaumes m'a été donnée... »[106] S'il se trouve donc que Satan s'est approprié la terre au détriment de l'homme, il revient à l'homme en propriétaire initial, de se réapproprier son domaine. Christ n'avait pas à se mêler de cette confrontation d'un niveau plutôt inférieur. Le Christ avait tout au plus pour mission de reprendre les clés de la gouvernance de la terre entre les mains de Satan et les confier à qui de droit. En effet, après avoir rétrocédé les clés à l'homme à travers la personne de Pierre, celui-ci détient de nouveau, les mêmes pouvoirs de domination que le premier Adam avait sur la terre. L'homme est seul responsable de son sort sur la terre depuis que le « Tout est accompli ! » du Christ fut prononcé. Au surplus, le monde dont parle Satan est un système de gouvernement établi par l'homme, aliéné par le péché. Il aurait été malséant que le Christ eût servi dans le système où Satan règne en maître des

105 Matthieu 29 : 11.
106 Luc 4 : 5-6.

peuples. Christ dit : « Mon royaume n'est pas de ce monde ». Autrement dit, mon royaume n'est pas de ce système corrompu. En tant que Souverain de l'histoire, Christ aurait eu tort d'accepter l'offre de Satan.

La même attitude est d'ailleurs recommandée aux chrétiens face au système du monde. En effet, la Bible stipule de ne pas aimer le monde et tout ce qu'il y a dans le monde. Car l'amour du monde est incompatible avec Dieu. Nous sommes dans le monde sans être du monde. C'est aussi clair que cela ! C'est-à-dire, ce système corrompu, aiguillé par les forces du mal, si actives dans le monde de nos jours, est plutôt contraire aux intérêts du royaume de Dieu. Ce système au nom duquel l'injustice, la violence, les déviations sexuelles, le vol… sont élevés en paradigmes. Que faire donc face au progrès de l'iniquité ? Nombreux sont ceux qui ont une attitude attentiste, voire, démissionnaire. Car Christ viendra au temps marqué pour changer l'ordre des choses. Il s'agit de ceux qui prient pour hâter la fin du monde. Mais cela fait plus de 2000 ans depuis que ceux-ci prient à cette fin, constatons-nous.

D'autres par contre, pensent que dès lors que le Christ est venu rétrocéder les clés de la propriété terrestre à l'homme, il est de la responsabilité de ce dernier de prendre de nouveau le contrôle du monde. C'est-à-dire de combattre l'injustice, la violence, l'immoralité et toute forme de corruption et de déviance. Car, d'après Platon la gestion de la cité suppose un certain nombre de présupposés idéels dont la justice constitue la valeur cardinale. Il s'avère que seuls les justes peuvent incarner la justice. Les chrétiens ont-ils compris la parole de l'Écriture qui stipule qu'une nation est élevée par la multiplication des justes ? Il ne faut pas s'attendre à ce que l'Afrique s'élève si la gestion de la chose publique devait être le seul fait des brigands politiques. C'est pour cette raison que Christ sacre les chrétiens, sel de la terre, et la lumière du monde. Il est par conséquent hors de question de se complaire dans l'ordre actuel des choses. Les chrétiens doivent combattre l'injustice et libérer le faible. Ils doivent donner à manger aux affamés et assurer l'éducation aux incultes. Ils doivent se porter aux soins des malades, des veuves et des orphelins. Certes, il y aura toujours des risques à se mêler de politique. Mais, la meilleure manière de combattre les injustices, la famine, ou la corruption, c'est de s'engager dans la gouvernance du monde. Cette manière de faire, Christ ne l'interdit nullement à ses disciples. Pour preuve, il reprochera tout aux pharisiens, aux saducéens ou aux zélotes, sauf leur engagement politique. C'est au point que Judas Iscariote et Pierre sont membres du parti des zélotes. Jésus lui-même est parfois donné pour un révolutionnaire zélote.

On le voit bien, le Dieu du Nouveau Testament n'est pas moins politique que celui de l'Ancien. Son attitude obéit plutôt à une question de mandat et de temporalité. Son mandat ne lui autorisait pas de se poser en Roi pour l'ordonnancement de la cité d'une part, et d'autre part, le temps pour lui d'entrer en scène n'était pas propice. Nous avons dit que le second argumentaire des attentistes c'est de dire :

« A César ce qui est à César, à Dieu ce qui est à Dieu ! ». Nombreux, y voient la séparation inaliénable entre le temporel et l'intemporel. Tant s'en faut ! Jésus apparaît dans un contexte politique où Israël continue de consommer sa sanction politique de la domination étrangère. Comme tel le Christ n'est pas exempt des obligations auxquelles Israël était astreint face au pouvoir romain. Il était certes venu pour la libération de l'homme. Mais pour autant, s'engager à jouer une quelconque fonction politique dans ce périmètre si réduit de la Palestine ne figurait pas dans son agenda. Il doit donc payer l'impôt comme tout bon citoyen tenu à ses devoirs civiques. C'est le sens de soumission à l'autorité qui nous est ici enseigné. Il ne s'agit pas d'un renoncement aux droits politiques. Jésus prendra position devant les nations quant aux abus d'autorité : « Les chefs des nations les tyrannisent, et que les grands abusent de leur pouvoir sur elles »[107] dit-il. Ce n'est donc pas tant le fait de diriger une nation que de la tyranniser que le Christ stigmatise.

Nombreux de ceux qui ont apprécié notre discours sur l'Afrique, trouveront dans notre recours à la foi chrétienne comme facteur relèvement politique et social, une limite à notre approche. Car, les pharaons n'étaient pas des chrétiens pourrait-on s'entendre dire. Certes, les pharaons n'étaient pas chrétiens, mais la société égyptienne était une structure fondamentalement initiatique et donc très spiritualisée. Il fallait avoir la maîtrise du sens spirituel pour pouvoir domestiquer jusqu'à ce point, la matière.

Cependant, non seulement il est impossible de reconstituer cette structure d'un autre âge, mais en plus, la franc-maçonnerie qui peut être considérée comme une évolution dénaturée et abusive de cet ordre, d'après Cheikh Anta Diop, est depuis un certain temps, loin de sa vision initiale et sous la coupe du jugement. La décadence actuelle du monde occidental est, s'il en est, la preuve que la bulle franc-maçonnique perd chaque jour davantage, le contrôle du monde. Il lui faut un système de substitution si nous voulons arrêter la corruption à la tête des nations. Lorsque nous parlons d'arrêter la corruption, nous ne faisons aucune illusion. Car, le Christ seul l'arrêtera le moment venu. Mais, il y a que la gouvernance de notre continent de-

---

107 Matthieu 20 : 25.

vra se faire sur une base spirituelle plus saine que le système occulte euro centriste qui gouverne encore le monde aujourd'hui.

Cela, les mouvements islamistes l'ont réalisé. En s'attaquant au Wall Trade center, le 11 septembre 2001, les fondamentalistes musulmans posent en réalité un acte qui va au-delà d'un simple fait relevant du terrorisme international. La franc-maçonnerie qui est une évolution moderne du système spirituel qui gouvernait l'Égypte, devient caduque, ne serait-ce qu'au regard des tensions internes qui la traversent aujourd'hui. Nous parlons d'évolution moderne et contemporaine, car, en réalité, c'est dès les premiers âges de l'Église qu'un courant dit gnostique, en son sens ésotérique ou obvie, se distinguant par le goût prononcé du mystique et de l'élitisme, parvint au bout d'un long processus, à détrôner l'Église qui dominait jusqu'ici la gestion de la cité (notamment à travers la communauté des Jésuites), en introduisant la notion de laïcité. En réalité, la séparation entre le temporel et l'intemporel n'est qu'une supercherie dans laquelle les « fils du Père, les parfaits, les enfants royaux… » ont fini par rouler les chrétiens, considérés à juste titre comme les « non-initiés », à qui il fallait absolument retirer la gestion de la cité. L'homme est doublement esprit et une seule fois corps. Il n'est pas possible de gérer décemment la cité en évacuant la dimension spirituelle de la gouvernance citoyenne. C'est donc la spiritualité chrétienne en tant que dogme qui poserait problème aux Africains, plutôt polythéistes ou animistes, et non le fait spirituel comme tel.

Mais voyez-vous, nous avons plongé dans les profondeurs de l'histoire pour saisir les arcanes du monde négro-africain. Il est apparu que notre antiquité n'est pas mieux défendue que par ces civilisations africaines qui jouxtent le Moyen-Orient antique. C'est le cas de l'Éthiopie et de l'Égypte. Ces royaumes ont donc mieux que nous, expérimenté et développé la cosmogonie africaine. Mais il est arrivé une fois dans le parcours à la fois de l'Éthiopie et de l'Égypte, d'avoir des énigmes que le Dieu des juifs seul devait élucider. Rappelez-vous donc l'intervention de Joseph en Égypte. Devant l'énigme actuelle que représente le monde, le pharaon n'hésiterait donc pas à faire appel au Dieu de Joseph qui est, vous l'avez compris, le Dieu des chrétiens. La reine de l'Éthiopie de même, ferait appel au Dieu de Salomon qui est là encore, le Dieu des chrétiens. Elle qui n'hésita pas de faire le déplacement de Jérusalem pour puiser aux sources de YHWH.

La déchéance actuelle de notre planète consacre le déclin du système occidental échafaudé sur le socle d'un mysticisme désormais décadent comme nous venons de le montrer. Ainsi se justifie le retour de la religion dans le giron politique. C'est aussi cela la mode en rétro. Partout dans le monde nous assistons à un retour aux valeurs du passé. Cela est donc valable dans le domaine de la religion. Mais, c'est en étant instruit des échecs du passé que les chrétiens feront leur retour dans le champ politique. Le monde n'est pas près d'oublier les bûchers, l'inquisition et autres abus des milieux religieux de la période moyenâgeuse. Mais, nous sommes conscients d'un fait, le témoignage chrétien est en lui-même une limite à l'intégration et l'émancipation d'autres communautés. Les musulmans par exemple, pourraient être frustrés dans un tel état des choses. En réalité, il n'en est rien, dans la mesure où les chrétiens se sentent intégrés dans des États de nature islamique comme l'Égypte, l'Iran ou dans certains pays de la péninsule arabique. Il s'agit d'établir une base saine de collaboration interculturelle.

Cependant, lorsque nous parlons de l'engagement des chrétiens en politique, cela n'est pas sans exclure les personnes consacrées que sont les pasteurs, les prêtres et autres évêques. Certes, les intérêts élevés de la société ne leur sont pas étrangers. Le pasteur est un citoyen à part entière de sa société. Il est d'ailleurs des évêques détenteurs de savoir éclatant. « La nature de ses études et l'exercice de ses fonctions développent en lui des facultés qui trouveraient, dans les différentes sphères de la vie humaine, une application féconde », soutient Alexandre Vinet. Talleyrand s'en ira plus loin lorsque celui-ci déclare : « Rien ne prépare à la diplomatie comme la théologie ». Les études de théologie sont les plus ouvertes que nous puissions connaître, de toutes les sciences sociales. Il serait donc suicidaire de se taire ou de se contenir avec une telle érudition face à l'ignorance par exemple. Il est curieux de savoir que des évêques soient accusés d'immixtion politique au seul motif que ceux-ci se soient prononcés sur telle ou telle autre déviance sociale comme s'ils étaient des sans droits. Le pasteur a donc les mêmes droits et devoirs que tout autre citoyen, pouvant l'amener à applaudir un exploit ou dénoncer un méfait. Ce serait, là encore, une rubrique à y consacrer un livre entier. Il y a cependant une restriction.

Il serait malséant en effet, que des personnes qui incarnent l'unité de l'Église au plus niveau, s'embarrassent à ce point des affaires de la cité comme tout bon citoyen ordinaire. Il n'y a pas meilleur moyen de détourner l'Église de sa mission. D'ailleurs, même dans le cas des laïcs qui voudront s'engager politiquement, ceux-ci auront besoin d'être formés et instruits des subtilités du monde politique si complexe, pour ne pas avoir à jouer le corbeau de Noé qui un jour partit en mission sans jamais connaitre le chemin de retour. La tradition orale soutient que celui-ci, loin de sa mission, se serait attardé sur les cadavres flottant à fleur d'eau. Beaucoup de chrétiens mal équipés pour la tâche ont lamentablement été défaits, et happés par le manichéisme politique. Pendant les épisodes de guerre que connut la ville de Brazzaville entre 1993 et 2000, nombreux des jeunes chrétiens engagés dans les partis politiques à la faveur du vent de la démocratie qui secoua le continent au lendemain du sommet de la Baule en France, seront utilisés dans les milices de triste mémoire, mettant le pays à feu et à sang. On dénombrera plus de 30 000 morts dans des conditions ignobles. Certes, le champ politique doit faire partie de nos stratégies d'évangélisation. Mais cela requiert de la méthode. Les chrétiens pourront par exemple créer des organisations politiques homogènes pour être sûrs d'agir dans une unité d'esprit. De cette manière, ils pourront être sûrs d'agir avec à-propos. De manière plus globale, l'Église devrait interagir dans la formation de l'élite nationale. Au-delà de tout, il faudra réunir un certain nombre de conditions pour espérer réellement gagner le salut de ce continent.

La Conférence pour la proclamation du Jubilé africain

En 1885, les Occidentaux convoquèrent à Berlin en Allemagne une conférence où le pillage du continent noir, qui suivit sa balkanisation, fut programmé comme nous l'avons évoqué plus haut. En conséquence, il ne faut pas moins qu'une conférence pour la proclamation de l'affranchissement du continent noir. En effet, nous tenons par les canaux de la révélation spéciale que les années 2000, et l'année 2010 en particulier, ont enclenché le principe de la délivrance de l'Afrique d'un point de vue temporel : c'est ce que nous appelons le jubilé africain. Autrement dit l'affranchissement du continent.

Le jubilé d'un point de vue historique était une célébration juive qui intervenait tous les cinquante ans. À la cinquantième année, tous les esclaves étaient élargis et toutes les hypothèques retournées aux propriétaires initiaux. Le jubilé juif était donc l'expression de la liberté retrouvée. Cela va devoir s'appliquer dans le cas de l'Afrique noire dont l'aliénation a duré non pas une cinquantaine, mais plusieurs cinquantaines d'années.

À partir des données chronologiques rassemblées, l'Afrique centrale est donnée pour être un angle dans le temps, sur l'échelle de la restauration du continent. De ce fait, il apparaît que l'année 2010 marque le point de départ d'un horizon nouveau pour le continent : le réveil de l'Afrique.

Cette perspective peut être ignorée, mais pas effacée, ralentie, mais pas détournée. Le continent est résolument sur le chemin de son relèvement inexorable. L'histoire retiendra que le réveil de l'Afrique est parti de l'Afrique centrale, à partir des deux Congo et fondamentalement de la « capitale de la France libre », qui est aussi la capitale des indépendances africaines.

On peut déjà noter la particularité de l'année du cinquantenaire des indépendances. Alors que seuls quelques pays célébraient leur cinquantenaire en cette année, la Maison-Blanche célébrera l'événement en invitant une délégation africaine, représentative de la nouvelle génération, à déjeuner aux côtés du président Obama.

La France quant à elle, organisera un 14 juillet bien particulier en cette année. Les armées africaines d'expression française sont appelées à battre le macadam sur les champs Élysée. Mais, pour montrer que les maîtres des peuples avaient désormais le regard tourné vers l'Afrique dans un élan de restauration, le monde entier aura, les yeux rivés sur l'Afrique. Il se tient sur le continent pour la toute première fois de l'histoire, une phase finale de la coupe du monde de football.

Que cette compétition ait lieu en Afrique n'a rien de particulier. Mais que sa tenue corresponde au Jubilé d'or, lorsque l'on réalise que toutes les nations en compétition concourent pour une coupe en or, n'a rien de hasardeux. L'or reste le symbole de la dignité, de la majesté ou la royauté : du règne. Le monde se dispute une coupe en or en Afrique en 2010.

Analysons l'image de cette coupe en or dans les mains de « sa majesté » Nelson Mandela !

Bien évidemment, tout ceci ne vaut que pour les symboles. L'Afrique ne va gagner son or qu'une fois la conférence élitiste du jubilé tenue.

Une sainte convocation devra rassembler d'une part, l'élite religieuse dans un pays d'Afrique centrale, potentiellement donnée pour le poumon spirituel du continent, pour procéder à la proclamation prophétique de l'Affranchissement de l'Afrique. D'autre part, un symposium devra réunir toute l'élite intellectuelle et scientifique dans un pays de l'Afrique de l'Ouest, en occurrence le Sénégal, pour concocter les schémas de sortie pour l'affirmation de l'identité nègre dans le concert des nations.

— Une pastorale à l'échelle continentale devra être envisagée dans le but de procéder à une sorte de bilan, avant de pouvoir projeter les nouvelles bases de l'évangélisation du monde vue d'Afrique. Il sera par exemple question de :

— Recenser toutes les prophéties relatives au sort de l'Afrique.

— Porter un regard rétrospectif sur l'apport de l'érudition africaine depuis les premiers âges de l'Église. (Y compris les livres dits apocryphes d'origine africaine.)

— Envisager une édition africaine de la Bible.

— Bâtir une stratégie pour une nouvelle évangélisation du monde au regard du fait islamiste, mais aussi en fonction du nouveau poids missionnaire du continent.

— Envisager une approche de réconciliation entre l'Église du nord et celle du sud de l'Afrique et par ricochet, bâtir des passerelles de dialogue entre le monde musulman d'une part, et le monde chrétien de l'autre.

La conférence pour la proclamation du jubilé africain est en définitive cette assise qui rassemblera toutes les élites africaines dans le but de rendre public ce schéma unique de la renaissance africaine.

Conclusion de l'Alliance entre Adonaï et l'Afrique

Il est vrai, le troisième millénaire ouvre une ère nouvelle pour les peuples d'Afrique. Le clin d'œil fait à l'Afrique à travers l'organisation de la coupe du monde de football a beau passer inaperçu, le continent ne sera plus le même à partir de ce moment-là. Le déclenchement des révolutions arabes sur le continent africain dès décembre 2010, en constitue s'il en est, la preuve. À l'aune des années 2000, nous avons dans l'ouvrage la vocation du Congo montré sur la base de calculs chronologiques, pourquoi 2010 devait être l'année du jubilé africain. Il reste que ce jubilé soit prophétiquement constaté et proclamé conformément à la prophétie de l'Écriture. Nous trouvons écrits dans le livre d'Esaïe par exemple : « Ainsi Dieu frappera les Égyptiens, il les frappera**, mais il les guérira** ; ils se convertiront à l'Éternel qui les exaucera et les guérira. » (Esaïe19 : 22). La guérison ici, correspond à ce que nous appelons l'affranchissement du continent noir. Cela doit être attesté par un acte solennel et proclamé à la face du monde entier pensons-nous. C'est seulement alors que la nation africaine devrait de nouveau entrer en scène sur le théâtre de l'histoire. Telle est la mesure du réveil de la quatrième génération dont l'Afrique noire servira de tremplin dans un avenir proche, croyons-nous.

En effet, depuis les années 2000, l'Afrique est entrée dans une phase de restauration irréversible d'après nos observations. L'année 2010 étant donnée pour l'année du jubilé africain : c'est-à-dire, une année à partir de laquelle le continent noir va progressivement sortir de l'expérience calamiteuse, selon la sentence prononcée par Esaïe. C'est là, la plus grande vérité de ce chapitre 19 du livre d'Esaïe ! Car, à cette vérité s'attache maintenant une bénédiction et pas des moindres ; c'est que Dieu appelle cette nouvelle Égypte son peuple. Un seul peuple méritait jusqu'ici ce possessif : le peuple d'Israël. Car, le possessif « Mon », introduit la notion d'alliance avec Adonaï. L'Afrique est désormais sacrée première devant l'Assyrie (autrement dit : l'orient ou l'Asie) et devant Israël qui doit se contenter de la troisième place. C'est là une vérité qui devrait bientôt bouleverser certaines certitudes historiques, mais aussi les termes des rapports internationaux. D'ores et déjà, l'avènement d'hommes africains à la tête des organisations aussi prestigieuses que ceux du système des Nations Unies, le cas de M. Coffee Annan, et l'élévation à la tête des États-Unis d'Amérique, d'un homme de couleur, peut être perçu comme des signes avant-coureurs de la prééminence annoncée du peuple noir africain.

Cela ne sera cependant atteint qu'à certaines conditions. Il s'agit avant tout de bâtir « l'autel » qui occasionnera la conclusion de cette Alliance, permettant par la même occasion de trompeter le message du salut d'une part, et d'autre part, en érigeant le monument qui amènera l'homme africain à se réconcilier avec sa vraie et propre histoire, grâce au discours du défenseur. Certes, Cheikh Anta Diop ne ressuscitera pas pour la circonstance. Mais, comme dans le cas du sauveur, un contemporain se liera avec l'esprit du défenseur pour recadrer la démarche épistémologique du réveil de notre mémoire à des fins de stimulation cognitive. Ce sera la meilleure manière d'exciter le génie inventif africain. C'est toute la raison de la conférence du jubilé africain.

Conclusion

Les mutations observées à l'échelle de la planète aujourd'hui traduisent l'agonie d'un monde qui se meurt en annonçant par ce fait même, les prémices « … d'une civilisation qui se débat pour naître », dira Martin Luther King. Une civilisation où l'Afrique, mère des civilisations, jouera un rôle d'avant-garde. Mais ce ne sera pas sans un séjour passé dans le souvenir. Guérir de l'amnésie collective reste en réalité le plus précieux effort que le continent noir puisse réaliser. Alors se fera jour la nécessité d'un long voyage au cœur de l'histoire, arrimé sur les navettes de l'historiographie, de l'archéologie, et de la prophétie, c'est-à-dire la métaphysique. En effet, à la recherche de la vérité, autrement dit la révélation, les outils de l'historien ou du prophète seront d'une utilité sans pareil dans cette odyssée de la démythification du sort de l'Afrique noire.

Portée par les ailes de l'élitisme et de l'initiatique, principaux vecteurs de l'élévation pyramidale, l'âme de l'Afrique noire pourra désormais s'émanciper sur les plans spirituel, culturel, économique et politique. Telle cette Orphée noire de Sartre, l'Afrique sortira de la caverne de l'oubli, libre et épanouie, les annales de l'histoire des peuples en mains. Alors la pyramide cessera d'être une tombe sans vie pour redevenir une école, un tableau qui s'offrira à lire.

Lire que l'Afrique est bien la mère des civilisations.

Lire que cette civilisation à doubles paramètres a gouverné l'histoire sur des millénaires avant de s'endormir.

Lire que l'élan de la renaissance africaine impulsé d'Afrique centrale « terre des dieux », à partir des flots du Congo, gagnera la côte ouest-atlantique, armoire culturelle du continent, avant d'atteindre la côte Est, foyer potentiel de l'essor de la science en Afrique. Le nord et le sud symbolisant la bigarrure, le brassage et par conséquent la réconciliation des peuples si écartelés d'Afrique. *L'inculturation* des peuples éclatés en autant d'ethnies et de croyances est un autre défi que le continent devra relever en priorité. Berceau des civilisations, le continent africain peut en effet servir de théâtre pour une amorce de dialogue entre différentes civilisations en conflit aujourd'hui. Notamment entre les chrétiens et les musulmans qui se regardent en chiens de faïence dans un monde qui cherche désespérément son rivage. À l'heure où l'on parle de mondialisation, il serait incompréhensible que l'unité africaine, réclamée à cor et à cri par Nkrumah depuis les années 1960, demeure à ce jour un simple vœu pieux.

Enfin, au regard de la place de l'éducation dans le nouvel environnement ainsi créé, la construction d'un système éducatif viable devient une priorité. La construction d'une université de la renaissance africaine sur la base des deux principaux vecteurs qui structurent l'âme de l'Afrique, de l'Afrique noire en particulier, sera le signe avant-coureur d'un réveil authentique. Car, un peuple ne peut se développer avec une culture d'emprunt. Le développement de notre continent ne sera jamais la somme des intelligences des autres sauf la nôtre propre. Par conséquent, une conférence à l'échelle continentale sera nécessaire pour définir les priorités de développement et procéder à une hiérarchisation des savoirs. C'est ce que nous avons appelé la conférence pour la proclamation du jubilé africain. Il est passé le temps ou la dénonciation du fait colonial suffisait pour justifier notre état d'impotence. Il ne suffit pas non plus de stigmatiser les extravagances des dirigeants africains pour pouvoir tout justifier. Il nous faut réveiller les héros pour le défi de la renaissance de notre continent.

Lorsqu'une génération prend conscience de sa responsabilité, disait Franz Fanon, deux attitudes s'imposent à elle : soit démissionner, soit l'assumer. Nous avons assumé la nôtre en mesurant le risque et l'audace de dire : **« Maintenant l'Afrique ! »**

Table des matières

Religion

aux éditions L'Harmattan

Dernières parutions

DE QUOI DIEU EST-IL LE NOM ?
Les fièvres religieuses actuelles et l'esprit du capitalisme
Croizer Jacques
«Quand il s'agit d'argent, tout le monde est de la même religion.» La réalité est bien différente aujourd'hui. Alors que les néolibéraux tentent de transformer la planète en un immense marché soumis à ses lois propres, de très violentes fièvres religieuses la déchirent au contraire et l'ensanglantent. Pour comprendre comment nous en sommes arrivés là, l'auteur commence par faire la genèse de Dieu. D'un espace culturel à un autre, un fossé d'interprétations, sur l'argent notamment, s'est creusé.
(Coll. Questions contemporaines, 24.50 euros, 244 p.)
ISBN : 978-2-343-09549-3, ISBN EBOOK : 978-2-14-001358-4

CHARITÉ COMME FONDEMENT DU DROIT CANONIQUE
Kikwanga Sylvain
Cette thèse met l'importance de la vie quotidienne au centre du droit ecclésial. La charité, le sens du droit et la philosophie du droit, dans leur quête de justice, ne trouvent plus que dans l'écriture juridique mais aussi dans l'exposé de motif, le fondement sinon la finalité. L'acceptation de la complexité d'expression de la loi pour réussir à la faire correspondre aux différents cas permet d'affirmer la disposition du Canon 1752, que la finalité de la loi ecclésiale est le salut, le soin des âmes.
(Coll. Religions et Spiritualité, 49.00 euros, 660 p.)
ISBN : 978-2-343-09394-9, ISBN EBOOK : 978-2-14-001320-1

MÉDITATIONS DOMINICALES D'UN CURÉ DE PAROISSE
Pindi Giraud Mwanza
Au curé revient de façon spéciale, selon le droit canon, le devoir de l'annonce de la Parole de Dieu à ses paroissiens. C'est dans ce souci d'instruire et d'apporter une parole de vie que je me suis engagé à publier près de 90 méditations bibliques. Le langage est accessible au large public, dans le souci de transmettre non pas des enseignements ou des conférences aux allures académiques, mais une parole de vie débordant du cœur de pasteur pour être capable de toucher le cœur du fidèle.
(Coll. Religions et Spiritualité, 19.00 euros, 178 p.)
ISBN : 978-2-343-08953-9, ISBN EBOOK : 978-2-14-001336-2

LE CHRISTIANISME : UNE PENSÉE PUISSANTE D'APRÈS CLAUDE TRESMONTANT

Catéchèse en vue de la nouvelle évangélisation

Juin Michèle

L'œuvre de Claude Tresmontant est un formidable appel à un développement théologique digne des défis actuels du XXIe siècle, fondé sur les bases solides théologiques reconnues par l'Église, en particulier les conciles. Tresmontant qui connaît parfaitement l'hébreu, s'est livré à une recherche approfondie sur le véritable contenu du christianisme. Sa pensée est celle d'une métaphysique qui nous réconcilie avec le réel : il donne toute sa place dans la réflexion à ce que les sciences de la nature nous enseignent.

(Coll. Religions et Spiritualité, 19.50 euros, 192 p.)

ISBN : 978-2-343-09841-8, ISBN EBOOK : 978-2-14-001581-6

ABRAHAM M'EST TOMBÉ SUR LA TÊTE

Achor Robert

L'auteur s'est intéressé à l'histoire des religions essentiellement monothéistes. Tout naturellement, il s'est plongé dans les Écritures de l'Ancien Testament, des Évangiles et du Coran ainsi que dans bien d'autres ouvrages. Après des années de lectures appropriées et de réflexions, l'auteur s'est toujours refusé à « suivre un Maître ». Il s'est forgé ses propres idées et livre ici son interprétation des trois religions du Livre, de leurs « acteurs » et de leurs parcours. Si elle apparaît un tant soit peu « burlesque », elle ne manquera pas d'interpeller le lecteur.

(SPM, 14.00 euros, 134 p.)

ISBN : 978-2-917232-48-4, ISBN EBOOK : 978-2-14-001580-9

DES CLÉS POUR COMPRENDRE LA QABALAH

Soued Albert

Qabalah est un mot hébreu qui signifie aussi bien réception qu'acceptation. La tradition ésotérique hébraïque a traversé le temps, transmise par voie orale, et s'est enrichie par des apports extérieurs jusqu'à sa transcription écrite progressive. Tout en plongeant le lecteur dans l'univers de la transcendance, ce livre a surtout un but pédagogique. Il présente notamment une analyse originale et exhaustive du *Zohar, Livre de la Splendeur*, document essentiel de la Qabalah.

(Coll. Religions et Spiritualité, 28.00 euros, 284 p.)

ISBN : 978-2-343-09784-8, ISBN EBOOK : 978-2-14-001603-5

LA PLACE ET LE RÔLE DE LA FEMME DANS L'ÉGLISE

Lecture biblique et ecclésiologique

Ngono Honorine

L'ambiguïté, c'est ce qui caractérise, en un sens, la condition de la femme dans l'espace ecclésial et religieux aujourd'hui, sans sombrer dans un féminisme désuet et idéologique. En même temps qu'elles sont les plus nombreuses et les plus actives en capital humain, les femmes semblent aussi parallèlement faire la difficile expérience d'un manque de visibilité, pour ne pas dire d'exclusion totale, dans les différents espaces ecclésiaux où leur apport est appréciable. D'où vient une telle situation ?

(Coll. Églises d'Afrique, 21.50 euros, 202 p.)

ISBN : 978-2-343-08345-2, ISBN EBOOK : 978-2-14-001372-0

VÉRIDIQUE HISTOIRE D'UNE RELIGIEUSE, D'UN MONASTÈRE ET D'UN CERCUEIL, DE LOUIS XIII À RENÉ COTY
Duquesne Jean-Pierre
Secrétaire général de la Société historique du 6e arrondissement, Jean-Pierre Duquesne retrace le parcours d'exception de Catherine de Bar (connue sous le nom de Mère Mectilde), de la guerre de Trente Ans et de la communauté qu'elle a fondée avec le soutien d'Anne d'Autriche, du rayonnement de ce monastère au Grand Siècle puis de ses vicissitudes pendant et après la révolution française, et enfin de la rocambolesque recherche du cercueil de cette femme par les religieuses de son ordre, entreprise par deux fois dans le sous-sol du monastère d'où elles furent chassées, rue Cassette, à Paris.
(Coll. Histoire de Paris, 13.00 euros, 118 p.)
ISBN : 978-2-343-09709-1, ISBN EBOOK : 978-2-14-001549-6

VIE CHRÉTIENNE
De l'interprétation de la Bible à la discrimination des Frères
Takalé N'Goumba Romuald
Cet ouvrage traite des divisions qui se font présentement en milieu chrétien suite à l'interprétation des Écritures. Aujourd'hui, les chrétiens passent le plus clair de leur temps à jouer les disciples et à revendiquer une connaissance profonde de la Bible, mais leurs interprétations sont souvent divergentes. Or, leurs différents points de vue les divisent et les éloignent inexorablement de la braise spirituelle en faisant une part belle au diable. Ce livre met en exergue cet imbroglio des chrétiens.
(Harmattan Congo-Brazzaville, 13.00 euros, 112 p.)
ISBN : 978-2-343-07504-4, ISBN EBOOK : 978-2-14-001571-7

400 QUESTIONS SUR LA BIBLE
Quiz pour toute la famille - parents & enfants (nouvelle édition, revue)
Nkansa Mbienga Erick
Où le Christ s'entretient-il avec la Samaritaine ? Qui meurt foudroyé pour avoir indûment touché l'arche de Dieu ? Quel psaume est attribué à Moïse ? Qui était Schaaschgaz et quelle était sa fonction ? Quel disciple imposa les mains sur Paul afin qu'il recouvre la vue ? Quel âge avait Abraham à la naissance d'Isaac ? À travers ces questions, le souhait de l'auteur est de présenter Jésus-Christ ressuscité, qui a accordé à tous ceux qui l'ont reçu comme Seigneur et Sauveur la véritable paix intérieure et la vie éternelle.
(12.50 euros, 98 p.)
ISBN : 978-2-343-07523-5, ISBN EBOOK : 978-2-336-39784-9

VOUS AVEZ DIT CONCORDAT ?
Sortir progressivement du régime dérogatoire des cultes
Seelig Michel
Les mots concordat, concordataire, reviennent dans le débat public. Mais qu'est-ce que le Concordat ? Pourquoi dit-on de certains territoires qu'ils sont concordataires ? Quelle est la réalité concordataire de l'Alsace et de la Moselle ? Pourrait-on étendre le Concordat à tout le territoire national ? Quel rapport entre le Concordat et le droit local d'Alsace et de Moselle ? Telles sont quelques-unes

des questions auxquelles cet ouvrage souhaite apporter des réponses claires, aux références juridiques incontestables.
(Coll. Débats Laïques, 20.00 euros, 226 p.)
ISBN : 978-2-343-07749-9, ISBN EBOOK : 978-2-336-39747-4

ET SI LE CHRISTIANISME N'ÉTAIT PAS DU TOUT UNE RELIGION
Le testament révolutionnaire de Dietrich Bonhoeffer enfin restitué – Essai
Delahaye Christian
Le Christ est venu libérer les hommes du carcan des religions : c'est la découverte révolutionnaire faite par le théologien luthérien allemand Dietrich Bonhoeffer, résistant à Hitler, exécuté en 1945. Voici pour la première fois réunis des textes issus de l'ensemble de son œuvre sur le christianisme en dehors des religions. Bonhoeffer adresse un message authentiquement chrétien, c'est-à-dire pacifiste et areligieux à un monde gravement menacé par les violences identitaires et fondamentalistes.
(23.50 euros, 234 p.)
ISBN : 978-2-343-07617-1, ISBN EBOOK : 978-2-336-39789-4

SCHISMES ET RELIGIONS
Problèmes actuels
Hirsch Jean
L'auteur fait le constat d'un schisme important au sein de l'islam entre sunnites et chiites. Avec la montée en puissance de Daech qui poursuit un processus fondamentaliste sunnite visant à éliminer tout ce qui peut entacher l'unicité divine et qui s'oppose ainsi aux chiites, les divergences semblent s'aggraver. Mais qu'en est-il des deux autres monothéismes ? Existe-t-il des fractures d'intensité telles qu'on en trouve dans l'islam ?
(19.50 euros, 188 p.)
ISBN : 978-2-343-07019-3, ISBN EBOOK : 978-2-336-39797-9

PRIÈRES DE L'ANCIEN TESTAMENT
Mille ans de dialogue avec Dieu
Lapierre Francis, Watremez Pierre
Francis Lapierre rend hommage à Pierre Watremez en proposant une relecture des prières disséminées dans l'Ancien Testament. Trois grandes périodes apparaissent : les prières de la conquête de la terre promise, les prières de l'exil et, enfin, les prières de sagesse de l'époque perse puis grecque. On découvre que le texte le plus achevé est celui du dernier Esaïe (ch. 56-66). Comment méditer et prier avec ces textes que Jésus connaissait par cœur ?
(Coll. Religions et Spiritualité, 31.00 euros, 304 p.)
ISBN : 978-2-343-07104-6, ISBN EBOOK : 978-2-336-39727-6

L'HARMATTAN ITALIA
Via Degli Artisti 15; 10124 Torino
harmattan.italia@gmail.com

L'HARMATTAN HONGRIE
Könyvesbolt ; Kossuth L. u. 14-16
1053 Budapest

L'HARMATTAN KINSHASA
185, avenue Nyangwe
Commune de Lingwala
Kinshasa, R.D. Congo
(00243) 998697603 ou (00243) 999229662

L'HARMATTAN CONGO
67, av. E. P. Lumumba
Bât. – Congo Pharmacie (Bib. Nat.)
BP2874 Brazzaville
harmattan.congo@yahoo.fr

L'HARMATTAN GUINÉE
Almamya Rue KA 028, en face
du restaurant Le Cèdre
OKB agency BP 3470 Conakry
(00224) 657 20 85 08 / 664 28 91 96
harmattanguinee@yahoo.fr

L'HARMATTAN MALI
Rue 73, Porte 536, Niamakoro,
Cité Unicef, Bamako
Tél. 00 (223) 20205724 / +(223) 76378082
poudiougopaul@yahoo.fr
pp.harmattan@gmail.com

L'HARMATTAN CAMEROUN
BP 11486
Face à la SNI, immeuble Don Bosco
Yaoundé
(00237) 99 76 61 66
harmattancam@yahoo.fr

L'HARMATTAN CÔTE D'IVOIRE
Résidence Karl / cité des arts
Abidjan-Cocody 03 BP 1588 Abidjan 03
(00225) 05 77 87 31
etien_nda@yahoo.fr

L'HARMATTAN BURKINA
Penou Achille Some
Ouagadougou
(+226) 70 26 88 27

L'HARMATTAN SÉNÉGAL
10 VDN en face Mermoz, après le pont de Fann
BP 45034 Dakar Fann
33 825 98 58 / 33 860 9858
senharmattan@gmail.com / senlibraire@gmail.com
www.harmattansenegal.com

L'HARMATTAN BÉNIN
ISOR-BENIN
01 BP 359 COTONOU-RP
Quartier Gbèdjromèdé,
Rue Agbélenco, Lot 1247 I
Tél : 00 229 21 32 53 79
christian_dablaka123@yahoo.fr

Achevé d'imprimer par Corlet Numérique - 14110 Condé-sur-Noireau
N° d'Imprimeur : 132946 - Dépôt légal : octobre 2016 - *Imprimé en France*

www.ingramcontent.com/pod-product-compliance
Lightning Source LLC
LaVergne TN
LVHW011257061026
849535LV00005B/1290
* 9 7 8 2 3 4 3 0 9 9 6 9 9 *